"十二五"国家重点出版物出版规划项目

基于集群的产业发展：
亚洲和非洲的比较研究

[日] 园部哲史　大冢启二郎　著

包胜勇　尉建文　李国武　译

民主与建设出版社

图书在版编目（CIP）数据

基于集群的产业发展：亚洲和非洲的比较研究 /（日）
园部哲史,（日）大冢启二郎著；包胜勇，尉建文，
李国武译. —北京：民主与建设出版社，
2014.4
　　ISBN 978-7-5139-0337-0

Ⅰ.①基…　Ⅱ.①园…②大…③包…④尉…⑤李…
Ⅲ.①产业发展—对比研究—亚洲、非洲　Ⅳ.① F130.3 ② F140.3

中国版本图书馆 CIP 数据核字（2014）第 055538 号

Cluster-Based Industrial Development
© Tetsushi Sonobe and Keijiro Otsuka 2011
"First published in English by Palgrave Macmillan, a division of Macmillan Publishers
Limited under the title Cluster-Based Industrial Development byTetsushi Sonobe and
Keijiro Otsuka. This edition has been translated and published under licence from Palgrave
Macmillan. The authors have asserted their right to be identified as the author of this Work."
Simplified Chinese edition copyright: 2014 DEMOCRACY & CONSTRUCTION PRESS
All rights reserved
版本登记号：01-2014-1883

基于集群的产业发展：亚洲和非洲的比较研究

出 版 人	许久文	
著　　者	（日）园部哲史　大冢启二郎	
责任编辑	李保华	
整体设计	逸品文化	
出版发行	民主与建设出版社有限责任公司	
电　　话	（010）59419778　59417745	
社　　址	北京市朝阳区曙光西里甲六号院时间国际 8 号楼北楼 306 室	
邮　　编	100028	
印　　刷	北京明月印务有限责任公司	
版　　次	2015 年 1 月第 1 版　2015 年 1 月第 1 次印刷	
开　　本	880×1230　1/32	
印　　张	11.5	
字　　数	255 千字	
书　　号	ISBN 978-7-5139-0337-0	
定　　价	46.00 元	

注：如有印、装质量问题，请与出版社联系。

出版说明

　　中国与非洲相距遥远，但自古以来，两地人民就有了从间接到直接、从稀疏到紧密的联系，这种联系增进了两地人民的沟通与了解，为两地的发展不断发挥着作用。特别是 20 世纪中叶以来，因为共同的命运，中国和非洲都走上了反殖民主义革命与争取民族独立的道路，中非之间相互同情，相互支持，结下了深厚的友谊。迈入新世纪以来，随着我国经济的发展，中非经贸关系日益深入，及时了解非洲的政治、经济、法律、文化的情况当然也就具有十分重要的现实意义。

　　有感于此，我社组织翻译出版这套《非洲译丛》，所收书目比较全面地反映了非洲大陆的政经概貌以及过去我们很少涉及的一些重要国家的情况，涵盖多个语种，具有较强的系统性和学术性，意在填补我国非洲研究的空白，对于相关学术单位和社会各界了解非洲，开展对非洲的研究与合作有所帮助。

　　译丛由北京大学、中央财经大学、浙江师范大学、湘潭大学等国内非洲研究的重镇以及国家开发银行、中非基金等单位组织，由非洲研究专家学者遴选近期国外有关非洲的政治、经济、法律等方面有较大影响、学术水准较高的论著，汇为一编，涵盖政治、经济、法律等七个方面的内容，共约 100 种图书。

对于出版大型丛书，我社经验颇乏，工作中肯定存在着一些不足，期待社会各界鼎力支持，共襄盛举，以期为中非合作做出贡献。

民主与建设出版社

2014 年 8 月

序　言

　　我们于 1998 年 12 月开始调查日本、中国台湾和中国大陆的基于集群的产业发展过程，旨在探讨为什么这一地区如此多的集群设法获得了成功的发展。我们清楚地意识到，正确理解产业集群的发展过程将为促进发展中国家的工业化制定合适的政策提供线索。完成这三个东亚国家成功的集群发展的八个案例研究后，我们在以前撰写的《基于集群的产业发展：东亚模式》(2006 年) 一书中指出了贯穿于东亚国家这八个案例的产业发展模式中惊人的相似性。我们在序言中写道："我们不能确定自己是否真正制定了东亚模式，因为我们对于其他地区产业发展的研究远远不够……我们的最终目的是通过对不同背景下的案例进行仔细研究，以建立基于集群的产业发展的经验规律。"

　　此后，我们进行了另外的案例研究，其中包括：越南河内(Hanoi) 附近的服装和轧钢制品产业；孟加拉国达卡地区(Dhaka) 的服装产业；巴基斯坦萨果达地区（Sargodha）的电气配件产业；肯尼亚内罗毕地区（Nairobi）的服装和金属加工产业；埃塞俄比亚亚的斯亚贝巴地区（Addis Ababa）的服装、皮鞋和金属加工产业；加纳库马西地区（Kumasi）的金

1

属加工产业；坦桑尼亚达累斯萨拉姆地区（Dar Es Salaam）的服装产业。尽管未能收集到有用的数据，但是我们也尝试了对德里（Delhi）的服装产业集群、科伦坡（Colombo）的金属加工产业集群以及亚洲的其他一些产业集群进行案例研究。这些研究的一个主要目的是辨别东亚、亚洲其他地区以及非洲的案例中发展模式的相似和不同之处。特别是，我们急于弄清楚为什么有些产业集群发展迅速而其他产业集群却不能。

我们发现，迄今为止，我们研究的所有案例中，产业集群的形成过程有着惊人的相似之处；而产业发展结局的不同之处在于，在一个由大量生产低质量产品的企业构成的产业集群形成后，能否成功地引入创新技术。我们也发现，和从先进国家获得技术和管理知识一样，管理型人力资本也是在创新上获得成功的关键因素。

本书的目的是提出一份有关集群产业发展所做研究的"进展报告"，这份报告建立在我们对亚洲和非洲的八个案例研究的基础上。我们想要强调的是，在亚非案例的发展模式中，其相似之处胜过不同之处。特别令人感到鼓舞的是，我们发现埃塞俄比亚皮鞋产业不仅像东亚的许多集群化的产业一样得到了惊人的发展，而且遵循了我们所说的"产业发展的东亚模式"。在这种模式下，成功的企业家以国外转移的技术和管理知识为基础而获得了创新。这意味着如果我们为产业集群，包括撒哈拉以南非洲发展停滞不前的产业集群的潜在企业家提供合适的知识，那么这些产业集群很可能开始发展起来。

正如上面所提到的，这本书只是一份进展报告。这是因为，尽管通过我们所做的案例研究能清晰地推断出政策导向，但并没有得到充分的证实。实际上，我们一直在进行一些实验。通过这些实验，我们和世界银行以及日本国际协力机构合作，在位于加纳、肯尼亚、埃塞俄比亚、坦桑尼亚和越南的研究场所对挑选的企业经理进行为期数周的管理培训。由于这些培训项目的效果不能马上体现，我们期望能多花几年时间来证实是否取得了预期效果。

我们非常感谢从政策研究大学院大学（GRIPS）毕业的前博士生们。我们特别要对武黄楠（Vu Hoang Nam）、约翰·阿克特恩（John Akoten）、巴布尔·瓦西姆（Babur Wasim）以及孔多拉·阿卜杜·莫塔莱伯（Khondoker Abdul Mottaleb）致以诚挚的谢意。第 2 章和第 4 章有关越南的两个案例研究基于武黄楠、园部哲史（Sonobe）和大冢启二郎（Otsuka）（2009，2010）的论文；第 3 章和第 5 章所报告的肯尼亚的两个案例研究分别来源于阿克特恩和大冢启二郎（2007）以及园部哲史、阿克特恩和大冢启二郎（2009）的论文；第 7 章所讨论的一个案例研究基于园部哲史、阿克特恩和大冢启二郎（2010）的论文。此外，巴布尔·瓦西姆的论文《基于集群的产业发展：巴基斯坦萨果达地区的电气配件集群的案例研究》和孔多拉·阿卜杜·莫塔莱伯的博士毕业论文《人力资本与产业发展：孟加拉服装行业的案例研究》分别为第 6 章和第 8 章提供了宝贵的资料。显然，如果没有这些往届学生的优秀研究成果，那么这本书就不可能完成。在此，我们要衷心地感谢他们。

我们还要感谢国际开发高等教育机构（FASID）和政策研究大学院大学的同事：J. P. 埃斯图蒂罗（Jonna Estudillo）、巴田达夫（Tatsuo Hatta）、速水佑次郎（Yujiro Hayami）、加治庆

3

（Kei Kajisa）、K. 卡利拉詹（Kaliappa Kalirajan）、谕吉真野（Yukichi Mano）、松本知也（Tomoya Matsumoto）、管野幸男（Yukio Sugano）以及山野隆志（Takashi Yamano）。我们要特别感谢速水教授的大力鼓舞，使得我们能继续对基于集群的产业发展进行研究。此外，我们在不同的场合从许多研究人员那里得到了有用的评论。我们感谢阿扎凯耶（Olu Ajakaiye）、A. 比格斯特恩（Arne Bigsten）、M. 法肯姆普斯（Marcel Fafchamps）、藤田昌久（Masahisa Fujita）、M. 格布雷耶瑟斯（Mulu Gebreeyesus）、滨田浩一（Koichi Hamda）、阿兰·德杨弗利（Alain de Janvry）、K. 纳德维（Khalid Nadvi）、约翰·佩奇（John Page）、M. 罗森茨维克（Mark Rosenzweig）、S. 罗斯高（Scott Rozelie）、B. 萨都赖特（Betty Sadoulet）、H. 施米茨（Hubert Schmitz）、T. 保罗·舒尔茨（T. Paul Schultz）、万斯·索德鲍姆（Wans Soderbom）、琼·斯特劳斯（Jone Strauss）、F. 蒂尔（Francis Teal）、克里斯·尤迪（Chris Udry）、吉野内丰（Yutaka Yoshino）、M. 尤伊（Marilou Uy）、山村英次（Eiji Yamamura）和张晓波（Xiaobo Zhang）；精心编辑了我们手稿的 P. 坎德萨米（Paul Kandasamy）；给予我们大力支持的优秀编辑田中麻由子（Mayuko Tanaka）；以及为我们准备了所有参考文献的池井健吾（Kengo Igei）。我们在此表示深深的谢意。

最后，我们还要感谢日本学术振兴会的 21 世纪卓越中心（COE）计划和全球卓越中心计划为我们提供的经费资助。

园部哲史、大冢启二郎

2010 年 5 月

目录

1 导论：研究的范围和意义

1.1 为何关注产业集群

大多数发展中国家普遍而长期的贫困是当今世界所面临的最严重问题之一。为了减少贫困，必须为穷人创造足够的就业机会。要实现这个目标，劳动密集型产业的发展是关键，因为农业只能够提供有限的就业机会，而服务业只有在经济发展的后期才能成为领先行业。的确，尽管亚洲的绿色革命大大地提高了谷物生产，但是它对劳动力需求的影响不太大（戴维和大冢启二郎，1994）。因此，非农部门而不是农业部门的就业机会的增长直接促进了亚洲地区贫困人口的减少（大冢启二郎等，2009）。据我们观察，服务性行业并不能成为低收入经济体的发展引擎，因为这个行业的主要创新是知识密集型以及人力节约型的，而这一点对于有大量非熟练劳动力的低工资经济体并不适合。所以，核心问题在于促进这些国家劳动密集型产业的发展。

人们普遍接受的新古典主义的假设是："产业政策"不起

作用，因此政府除了提供诸如道路、电力和通讯系统等基础设施外，对促进产业发展起不了什么作用。然而，这种假设是不正确的，因为政府能够解决以下几个导致市场失灵的重要根源。首先，大家知道，生产企业之间（例如组装厂商和零部件供应商之间）以及生产企业和贸易商之间的交易成本很高，在发展中国家更是如此。不对称的信息以及不能履行的合同可能会导致逆向选择、欺诈和敲竹杠，从而对市场功能的发挥产生不利影响（阿克罗夫，1970；威廉姆森，1985；哈特和摩尔，1990）。其次，正如内生增长文献中所强调的，创新知识发生了溢出效应（如罗默，1986）。这些知识通常是得到默许的，因而不能获得专利或进行交易，以致在这种情况下市场不能发挥作用。其结果是导致生产性观念创新方面的投资不足。第三，在最近的文献中，管理资本和管理实践对企业绩效的重要性得到了重新评估（布卢姆和冯·瑞恩，2007，2010；布鲁恩等，2010；赛沃森，2010）。① 园部哲史和大冢启二郎（2006）指出，企业家的管理型人力资本在产业发展中通过影响创新从而起着关键作用。和普通人力资本一样，由于缺少融资渠道，管理型人力资本方面的投资很可能是非社会最优的。这一问题由于信息溢出而恶化，不能激励人们创新（阿罗，1962）。显然，这就为政府通过纠正市场失灵而采取的干预手

---

① 赛沃森（2010）认为关于管理型资本的作用的文献源于沃克（1887）。后来，卡尔多（1934）、卢卡斯（1978）和罗森（1982）构建了理论模型。这些理论模型吸纳了企业家的管理能力和技术水平，将其作为一个反映企业间生产率差异的因素，但是直到近年才把一种复杂的，特别是实证的检验方法作为其重要的组成部分。

段以促进产业发展留下了一定的空间。①

我们观察到，在低收入国家中，大多数（即使不是所有）内生性发展的产业都是以集群为基础的。在这些产业集群中，大量生产相似和相关产品的中小企业集聚在小片的相邻地区。和许多其他研究一样，黄育川和博奇（2008）以及施米茨和纳德维（1999）的报告中指出：东亚、南亚和拉美地区存在着大量的产业集群。即使在撒哈拉以南的非洲地区（SSA），这样的产业集群也普遍存在（麦克米克，1999）。鞋业、服装、家具、木制品加工和金属加工产业集群是主要的例子。由于这些内生发展的产业集群中的大多数企业都是未注册的非正式企业，它们的存在价值被严重地低估。这些集群之所以吸引企业，是因为它们能降低生产企业之间以及生产企业与贸易商之间的交易成本。② 的确，在集群内，对于潜在贸易伙伴可信度的不对称信息不像在集群外面那么严重。这是因为在集群内，人们相互之间非常了解，并且定期交流关于同一集群内其他企业家和贸易商个性和产品的信息。在这种情况下，不诚实的行为很容易被发现并受到严厉的惩罚，因此，不诚实行为的诱惑往往受到抑制。其结果是促进了市场交易。鉴于这种情况，政府可以通过投资产业区和交易场所来支持产业集群的形成，正如中国各级政府所积极进行的那样（园部哲史等，

---

① 在马歇尔（1920）关于产业集群的开创性研究中，除了熟练工人市场的形成以外，企业间交易和信息溢出也被认为是集聚经济的重要来源。然而，人们仍然没有意识到创新和管理型人力资本的作用。

② 正如本研究将要强调的那样，尽管贸易商在产业集群发展中的重要作用在文献中得不到普遍承认，但它却是至关重要的。

2002，2004；丁，2007；阮和张，2009）。

信息溢出或模仿在产业集群中很普遍。对竞争对手的新产品进行外观检查和逆向工程、从竞争对手处挖走知识型工人、从竞争对手的零件供应商那里获得机密的技术信息，这些都是在模仿中经常使用的手段。技术信息的专利保护只对一组有限的知识有效。此外，至少与技术知识同样重要的管理知识却得不到专利保护。其结果是，如果任由自由市场调节，那么创造和采用新知识（其中包括新的优质产品、生产方式、营销渠道以及内部管理体系的开发）的社会收益超过了私人收益，这会导致新的创新知识方面的投资处于非社会最优的水平。因此，政府对于创新的支持将非常必要，正如台湾工业技术研究院所做的那样——通过适应性的研究和培训来促进国外技术的引进（洪和吉，1993）。请注意，这里所说的"创新"指的是"模仿创新"或"改进"，而非熊彼特（1950）意义上的导致创造性破坏的"创新"。

为了让企业成长，其管理者必须不断地追求新的创新。要想成为一个高效率的企业家，他必须投资其管理型人力资本；然而，不足的资金来源使其做不到这一点。即使经理具有足够的资金来源，他也许不知道要投资哪个领域或者要学习哪些东西。此外，就新的知识能被别人模仿这一点来说，对人力资本投资所获得的私人收益与其社会收益相比微乎其微。确实，我们发现在撒哈拉以南的非洲地区，大部分的小企业家从事经营活动时并没有意识到他们是在赚取利润还是在遭受损失，因为他们没有记录不同生产活动的成本与收益。看起来，管理型人力资本的总投资不足，是妨碍低收入国家企业进行有效经营的主要因素。这为政府进行富有成效的支持留下了足够的余地。

政府的支持不仅仅体现在产业集群的发展上，在政府起着潜在关键作用的其他领域，其支持还体现在提供低息贷款上，这是由于信贷市场失灵所导致的（贝克等，2009；卡兰和莫德奇，2009）。尽管我们赞同这一基本观点，但我们也要指出：东亚成功发展起来的企业很少依赖补贴信贷，特别是在它们生产低质量产品的发展初期（园部哲史和大冢启二郎，2006）。此外，为没有创新、没有发展前途的企业提供低息贷款总是要冒风险的。我们认为，对社会有益的信贷政策应该是只为那些具有成功创新记录的企业提供贷款。

总之，在发展中国家，众多企业即使得不到政府的任何支持，也发展成为了产业集群；还有，政府能够在很多方面扮演潜在的有用角色。这些事实为对基于集群的产业发展进行谨慎的实证研究提供了保证。

1.2 集群发展与停滞的原因

为什么撒哈拉以南的非洲大部分地区没有发展出能够茁壮成长的产业集群？能够在这一地区促进产业的发展吗？如果能够的话，合适的发展战略是什么？对比日本、中国台湾和中国大陆八个产业集群的成长经历，这些议题是我们完成东亚地区基于集群的产业发展的早期研究课题时提出来的（园部哲史和大冢启二郎，2006）。我们对东亚地区进行研究所得出来的惊人结果是：在不同产业以及遍及东亚三个国家和地区的成功的基于集群的产业发展模式中，存在着大量的相似之处。这个结果可以通过表格 1.1 总结出来。

表 1.1　基于集群的产业发展的内生模式

阶段	管理者过去的经历	教育程度	创新、模仿及生产率增长	组织结构
创始	贸易商/工程师	低	模仿国外技术，生产低质量产品	零部件及成品的内部生产
数量扩张	衍生及从不同领域进入	各种程度	大量模仿者的进入，对模仿技术的再模仿，以及停滞不前的生产率	市场交易的逐渐增长，产业集群的形成
质量提高	创始人的第二代及有着新理念的新手	很高	多方位的创新，非创新企业的退出，以及不断增长的生产率和出口	声誉及品牌，直销、分包或垂直整合，大型企业的出现

　　如果生产方式简单但产品销售很难，如服装业和制鞋业，那么很可能是贸易商建立新厂以开拓新的产业。在其他行业，贸易商利用其在商业活动中获取的经验，在大城市郊区或者离大城市不太远的村镇进行生产，这是因为进入大市场至关重要。① 如果生产方式复杂，那么通常是工程师成为新的企业家，他们在创立一个新的产业中起着关键的作用。由于他们通常住在城市或郊区，这种类型的产业往往出现在都市化的地区。总的来说，这些开拓型企业家模仿国外技术；但是，这种模仿并不简单，因为在发达国家可获得的原料、零件以及技术工人通常在发展中国家难以获得。因此，新产业的开拓者付出

---

① 由于新的生产需要大量的原材料和零部件，所以城市化区域更适于开拓新业务。参见雅各布斯（1969，1984）关于因产业多样化而引起的"城市化经济"的讨论。

巨大努力去建立新的生产方式。一旦建立了新的生产方式,尽   5
管这样的产品质量低,但由于贫穷的消费者对于这些产品的需
求量大,新产业的开拓者也能获得相当大的企业利润。

　　我们观察到,随着由开拓者创立的新的有利可图的行业的
出现,大量的模仿者使用与开拓者同样低质量的投入品,生产
同样低质量的产品,蜂拥而入这个行业并在同样的当地市场销
售其产品。这样,一个产业集群就形成了,如图 1.1 所示。然
而,由于新企业的过量涌入,产品供过于求,导致了数量扩张
阶段产品价格和利润的降低。这就引发了围绕提高产品质量所
展开的竞争。值得注意的是,尽管在数量扩张阶段生产率增长
缓慢,但是市场规模的扩张导致了组装厂商与零部件供应商之   6
间的劳动分工(斯蒂格勒,1951;阮和张,2009),并且吸引
了贸易商、工程师和设计师。这些人力资源的获得确立了创新
阶段,只不过按照熊彼特(1912)的说法,这种创新阶段是
"现有资源的重组"。

　　成功地提高产品质量要求使用高质量的零部件和原材料、

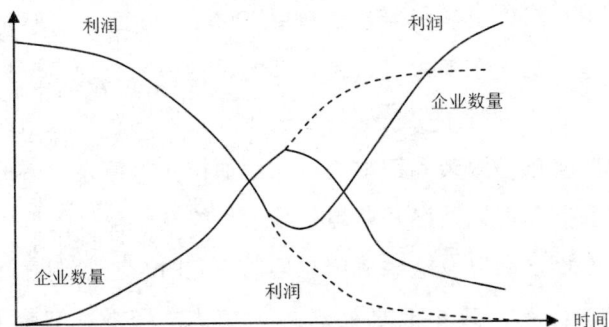

**图 1.1　从不断变化的利润率和企业数量的角度来分
析产业集群发展模式**

雇用较有经验的熟练工人，从而增加了生产成本。然而，通常情况下，消费者并不能马上觉察到产品质量的提高，以至于这些新产品在市场上不能卖出高价。因此，怎样把产品质量提高的信息传递给消费者就成了创新的企业家必须解决的关键问题。一般说来，建立品牌以及发展新的直销渠道，诸如经营自己的商店，把产品直销给批发商、超市和百货公司等，成为至关重要的发展战略。因为新产品通常需要使用融入新理念的差异化的零部件，所以与零件供应商建立基于信任的长期分包关系变得重要起来。此外，必须执行更加严格的产品质量控制和对工人的监控。产品质量的提高促进了产业的巨大发展，并涌现了少量更大型的企业，部分是因为非创新型企业被迫退出，部分是因为创新型企业扩大了经营规模（见图 1.1 的实线）。一旦顺利完成这些生产方式和企业管理的多方位提高，大型的创新型企业就会出现。他们通常会把质量提高了的产品出口到高收入国家。

　　我们把这种发展模式叫做"基于集群的产业发展的东亚模式"（园部哲史和大冢启二郎，2006）。然而，问题是这样的发展模式对于东亚来说，是否真的是独一无二的。所以，从这之后，我们进行了一系列的案例研究，研究对象包括：越南以村镇为基础的服装和钢材集群，孟加拉获得惊人发展的极其庞大的服装集群以及巴基斯坦稳步增长的电气配件集群。尽管这四个案例之间以及这些案例与早期研究的东亚案例之间存在着差异，但是，其相似之处却更为惊人。因此，我们承认，"东亚模式"这个说法用词不当。

　　让我们感到惊奇的是，在撒哈拉以南非洲地区有着大量的产业集群。这些集群由微型、小型和中型企业构成，尽管它们中的大多数尚未成长起来。① 我们对肯尼亚内罗毕地区的小规模服装和金属制品集群，以及埃塞俄比亚亚的斯亚贝巴地区的获得政府支持的出口导向型服装集群和迅速发展起来的皮鞋制造产业集群进行了案例研究。我们在亚非之间的集群形成模式中发现了一个显而易见的相同点：在亚洲和撒哈拉以南非洲，集群都是由包括衍生（spin-offs）在内的模仿者的大量进入而形成的。

我们观察到，亚洲和撒哈拉以南非洲之间的一个主要不同之处在于是否出现了多方位的创新。与亚洲相比，撒哈拉以南非洲地区很少出现多方位的创新。因此，如图 1.1 虚线所示，企业数量持续增加，导致利润率持续下降。从这方面来说，亚洲的产业集群相对于撒哈拉以南非洲的产业集群具有优势，因为前者能从邻近国家成功发展起来的集群中学到大量经验。埃塞俄比亚的皮鞋产业集群是一个例外。它能迅速成长是因为在产品质量、营销和内部管理中进行了多方位的改进——这种发展模式与“东亚模式”相似。这个案例生动地说明，同样的东亚集群发展模式在撒哈拉以南非洲也同样行之有效。

1.3 寻找发展的主要动力因素

本次研究的最终目的是：找到出现或缺乏多方位创新或改 8

---

① 为了找到非正式的产业集群，我们考察了内罗毕（肯尼亚），坎帕拉（乌干达），阿鲁沙和达累斯萨拉姆（坦桑尼亚），亚的斯亚贝巴（埃塞俄比亚）以及库马西（加纳）。

良的关键性决定因素——这些决定因素是产业集群持续发展的动力，从中得到启示以设计有效的产业发展政策。为了实现产业创新，管理型人力资本——表现为企业经营者的学校教育和工作经验——在日本、中国台湾和中国大陆起着关键性的作用。经营者作为市场营销行业的贸易商或者大型企业市场营销部成员的经历往往很重要，因为营销知识是管理型人力资本中不可缺少的一部分。因此，基于来自于这三个东亚国家和地区之外的案例研究，我们将检验如下一些假设。

假设 1：企业经营者的管理型人力资本是成功实现多方位创新的主要影响因素。

贸易商，尤其是本地贸易商，通过为集群内的企业降低营销成本促进了产业集群的数量扩张。此外，如先前所讨论的那样，改进了的市场营销是成功提高产品质量的前提，因为消费者不会马上觉察到产品质量的提高。因此，在中国和日本，成功的企业家自己往往就是擅长市场营销的贸易商（园部哲史和大冢启二郎，2006）。

城市里的贸易商和外国的贸易商常常提供新的生产方式、改进了的营销知识以及高质量的零部件和原材料，因而促进了产业集群中的多方位创新。所以，值得去检验下面的假设。

假设 2：贸易商不仅在数量扩张阶段中为促进低质量产品的销售起着关键的作用，而且还在促进升级产品的生产以及高质量配件和原料的供应方面起着关键的作用，从而提高了产业集群内企业的绩效。

然而请注意，根据东北亚的经验，随着产品质量的进一步提高，由于大型的、成功创新的企业不断地努力提升其营销水平，贸易商的作用降低了（园部哲史和大冢启二郎，2006）。

低收入国家的一个优势是极有可能模仿国外的技术和管理 9
知识。尽管没有什么具体的统计方面的证据，但是毫无疑问，
东亚所有高效率国家（包括日本和中国）的快速成长均是建
立在模仿更发达的国家的基础上（滨田等，2010）。因此，我
们将做出下面的假设。

假设3：多方位创新的成功，关键在于国际知识的成功
转移。

那么，什么样的条件才能激励潜在的企业家去进行多方位
的创新呢？正如前面所提到的，根据园部哲史和大冢启二郎
（2006）的观点，大量集群企业所供应的低质量产品迅速增
长，导致了产品价格和利润的下降，这些因素促使潜在的企业
家进行多方位的创新。除了由于国内竞争的加剧导致产品价格
的下降外，许多发展中国家的制造业产品的价格也因为中国廉
价产品的大规模进口而下降，这种现象可称之为中国冲击。问
题是，这种由于中国冲击的外部原因而造成的产品价格下降，
是否也促使了多方位创新的形成。这个问题的答案也许因不同
的案例而不同。我们发现了两个由于中国冲击而引起多方位创
新的案例：巴基斯坦的电气配件产业和埃塞俄比亚的皮鞋制造
产业。根据假设1至3，我们假定，管理型人力资本、贸易商
以及来自于发达国家的知识转移，在实现这些多方位创新中扮
演着重要的角色。相反，内罗毕地区的服装产业由于做不到创
新而不能与进口的中国产品竞争。我们认为，这种失灵可能归
因于薄弱的管理型人力资本、贸易经验以及知识转移。

倘若多方位的创新是产业发展成功的关键因素，那么如果

不同时支持这样的创新，政府对产业发展的支持就必定会失败。更具体地来说，我们认为，提高补贴和采取其他支持措施而不是支持创新，将不会促使集群企业的成功发展。这就是说，支持管理型人力资本的积累会带来集群的成功发展。

10　　这一章所列出的假设 1 至 3 代表了本次研究的基本主张。同时，我们也将在后面的章节中详细说明更加直接可测的具体假设。我们的策略是通过对大量具体的假设进行缜密的检验，以证明假设 1 至 3 是否成立。

1.4 研究范围

首先，在本书的第一部分，我们将对越南和肯尼亚的服装产业进行案例研究，以此来证明产业集群的发展过程中降低生产商和贸易商之间交易成本的重要性。研究表明，海外越南裔的贸易商促进了越南北部产业集群服装产品的出口，但这种行为严重影响了企业绩效；然而，小商贩的大宗采购却促进了肯尼亚服装企业规模的扩大。这些事实支持了假设 2 的成立，并与园部哲史和大冢启二郎（2006）的早期发现相一致。他们发现，诸如服装这类产品容易生产但难于销售的产业集群的发展是由贸易商引导的。

其次，在第二部分，我们将通过研究越南的钢材产业集群和肯尼亚的金属加工产业集群来证明管理型人力资本的重要性。研究表明，企业管理者的教育和工作经验，包括他们以前从事贸易的经历，是升级产品的生产、市场营销和企业管理的决定性因素，这一点支持了假设 1 的成立。值得注意的是，在肯尼亚，一些以前的微型非正规企业迁移到了产业区后，通过成功地进行多方位创新，发展成为了正规的大型企业。所以，认为撒哈拉以南非洲地区的微小型企业绝不可能发展壮大的假定是错误的。

在第三部分，我们将以巴基斯坦的电气配件产业和埃塞俄比亚的皮鞋制造产业集群为例，强调在面对潮水般涌入的廉价中国产品的激烈竞争时实施多方位创新的重要性。我们发现，在先进国家的技术转移的基础上所进行的多方位创新能够克服中国冲击。这个结论与假设 3 相符。

最后，在第四部分，我们将研究两种截然不同的产业发展战略所导致的不同结果。它们是：孟加拉服装产业集群通过引进国外的生产和管理知识以支持创新的战略和埃塞俄比亚服装产业集群为企业提供金融支持和优惠待遇却不重视创新的政策。这两种不同结果支持了我们的论点，即支持在管理型人力资本的积累以及学习国外的技术和管理经验方面进行投资的战略起着至关重要的作用。

因此，我们的案例研究有着清晰的政策含义。政府必须支持在企业经理的管理型人力资本方面所进行的投资，以促进对国外技术和管理知识的吸收，加强企业的市场营销能力。另外，我们主张，政府应该支持基于集群的产业发展——建设诸如产业园区和交易市场之类的关键性基础设施，改善创新企业获得信贷的渠道，使贷款能分配给真正盈利的投资项目。

11

|第一部分|

贸易商在产业集群发展中的作用

2 越南：服装集群中的海外越南 贸易商 *

正如第 1 章所假设的，贸易商在产业集群的发展中扮演着极其重要的角色（参见假设 2）。企业经营者的管理型人力资本也是非常重要的，因为它们有助于多方位的创新（见假设 1）。基于越南和肯尼亚的服装产业集群的案例研究检验这两个假设是第一编（包括第二章和第三章）的目的。我们着重研究贸易商的作用，因为在这方面还缺乏统计验证。

在过去，越南就形成了大量基于村庄的产业集群，它们由乡村企业构成。这些集群创造了大量的就业机会，因此为经济增长和减少贫困做出了贡献。最近，现代产业集群迅速从传统的村庄中生发出来，在这些村庄里一直生产像丝绸和农具之类的历史悠久的产品（日本国际协力机构，2004；也可参见第 4 章）。对这些基于村庄的产业集群的案例研究为追溯产业集群的发展过程和识别它们从传统产业向现代产业转型的影响因素提供了绝佳机会。不过，据我们所知，尚没有人对越南产业集

---

* 本章利用了武黄楠等人（2010）的研究成果。

群发展进行过严格的经验研究。本章的主要研究问题是贸易商和企业经营者（他们以前也是商人）在多大程度上促进了这个转型过程。

　　本章报告了我们对位于越南北部一个名为罗浮（Laphu）的村庄的服装产业集群的案例研究结果。在其发展的初期阶段，只有小规模的家庭生产，主要使用家庭成员作为劳动力。加工户收到来自合作社和国有企业的外包合同，而原料和样式都由发包商来提供。在过去，他们生产的产品绝大多数是低质量的、简单的、同质化的羊毛衫，并且卖给国内市场。然而，在 1990 年代末，领先的加工户开始转向生产技术更为复杂的产品类型，并且升级为纵向一体化程度更高的注册公司。我们假设，纵向一体化和外包制的减少使用代表了对更高品质产品日益增加的交易成本的反应。我们也假设，这些变化是由以前的商人和海外越南商人所引发的。我们用在罗浮村庄从 136 个针织企业所收集的调查数据来检验这些假设。

　　本章的安排如下。第一节展示了罗浮村庄的历史背景和生产体系的特征。第二节描述了我们的样本企业随着时间而发生的特征变化。第三节估计了回归函数，根据营业收入和附加值来解释企业规模。最后，第四节报告了主要的研究发现和政策含义。

16

2.1 历史背景和生产体系

2.1.1 针织生产的传统

罗浮是一个村庄社区，位于越南河西省（Hatay）省会以西 10 公里处。[①] 从河西省，商品可以很容易地被运送到许多大的内陆城市，比如河内、广宁，以及运送到港口城市海防来出口。这个村庄处在从河西省省会出发的主干道上。这个村庄是一个著名的产业集群，大量的小型私有企业在那里生产针织产品。

罗浮的村民们有着长期的服装生产经验。1945 年之前，许多村民就在河内的法国服装厂工作。1960 年代，他们在位于河西省当前省会的两家国有服装企业中工作，主要生产用于出口苏联的毛巾和袜子。1970 年代，村庄里成立了两个合作社，这两家国有企业将服装生产外包给它们。事实上，这些国有企业和合作社对村庄的服装生产有着实质性影响，因为村民们不仅从它们那里学习到了生产方法，而且从中获得了机器设备。因此，在越南，来自国企的学习效应，类似于中国的服装行业（村上等，1994；刘和大冢启二郎，1998）和机床工具产业（村上等，1996）的案例，在中国，乡镇企业从国有企业学习技术和管理经验。在当时政府是禁止私人从事工业生产

17

[①] 河西是紧邻河内（首都城市）的一省份。市镇是越南最小的行政单位。一个市镇通常由几个小村庄组成。所以，罗浮是一个相对较大的村庄。

的，只有很少的家庭在非法生产服装。

1991 年，村庄里的合作社关闭了，因为苏联市场瓦解后那些国有企业的外包也随之停止。合作社的针织机分给了它们的成员。此外，1986 年越南的改革政策放开了国内市场，并鼓励私人生产。结果，以家庭为单位的服装生产开始出现。起初，一些家庭生产衬衫和外套的领子，订单来自河内的生产商；一些家庭生产低质量的羊毛手套和羊毛袜，这些简单同质的商品销往国内市场。只有少量的家庭能够将它们的产品卖给越南移民或者越侨，这些人为了生意偶尔或定期地从俄罗斯返回越南。① 到那时为止，羊毛制品是通过河内的地方商人卖给越侨，这些地方商人也为罗浮提供原材料。很明显，地方和海外的商人都为罗浮制造的产品的市场营销做出了贡献。海外越南人将产品放在他们的手提行李中带出去，并在俄罗斯的低档市场中销售。

因为越来越多的商人销售它的羊毛衫，罗浮逐渐变得出名了。结果，来自河内和越南其他省份的商人开始来罗浮购买产品。根据我们对河内商人的访谈，在转向罗浮之前，他们过去经常从散落在河内周围的生产能力有限的小型制造商那里购买针织制品。而罗浮的生产能力巨大，以至能够在短时间完成更大规模的订单。

罗浮之所以变得有名，不仅因为越南许多省的商人，而

---

① 这些越侨中，许多人出生在罗浮，20 世纪 80 年代末去俄罗斯和东欧工作并留在当地。他们主要在工厂工作，但也有一些人开始从事小型贸易业务，其中最常见的是服装贸易，因为服装贸易需要的启动资金不多。

且因为许多海外越南人。在罗浮村有亲戚的海外越南人是最
先直接来罗浮村买产品的，其他人也跟着这样做。后来，将
产品直接出口给这些海外越南人成为重要的销售渠道。而且，
在苏联解体以后，许多海外越南人移民到东欧的其他国家。
结果，罗浮产品的出口市场大大扩展了。根据对罗浮村的经
营者的访谈，发现可靠的国内和海外客户已经变得愈发重要。
于是，在外国有从事服装贸易的亲戚的经营者利用这种优势
来出口他们的产品。社区关系也被用作合同实施的主要工具。
这可能解释了为什么生产者倾向于将产品卖给他们的亲戚
（速水，2006）。

18 　　不过，在不改进产品质量的情况下，罗浮村的经营者不能
增加他们的出口量，也不能扩张市场。随着越来越多商人的到
来及其订单的增加，在罗浮生产羊毛衫的加工户的数量也在增
加，因此降低了产品价格，也降低了生产标准产品的盈利水
平。在 20 世纪 90 年代末，领先的企业开始转向生产更为复杂
的产品类型。据罗浮的经营者介绍，要求使用最高质量羊毛的
最难生产的产品是毛衫，然后是帽子，接下来是裤子、手帕、
手套和袜子。

2.1.2 生产体系

　　在生产体系中有三种类型的企业，他们彼此相联：（1）
注册公司；（2）未注册的作坊；（3）分包商。前两类企业生

产最终产品，而最后一类只生产配件。① 本研究集中关注注册公司和未注册的作坊，它们被称之为企业，与分包商发生后向联系，而与购买者发生前向联系（见图 2.1）。

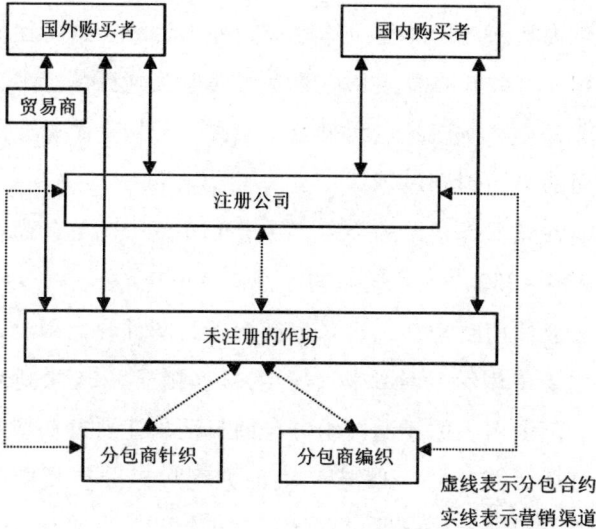

虚线表示分包合约
实线表示营销渠道

图 2.1　越南服装产业集群中企业间的生产关系

　　典型的生产过程包含以下几个阶段：首先，毛线被织成部件；其次，检验过的部件被缝合成半成品；再次，对半成品进

① 注册企业是指在《越南公司法》下注册的企业。注册企业与非注册企业的区别在于前者具有直接进出口的权利；拥有外币账户；除了为雇佣工人支付健康和失业保险外，必须与工人签订劳动合同。办理注册的行政手续不复杂，所要求的最低启动资金数额很小，但许多大型企业并没有注册。企业注册的两个重要优势是具有较好的名声，以及允许直接从外国进口原材料和向外国出口产品。然而，没有注册的工厂能够享有较低的所得税而且不用为工人支付保险。所以，在罗浮，两种类型的企业并存。

行后期整理；最后，对成品进行包装以备销售。分包商是专门进行编织或缝合的加工户。根据地方政府官员提供的资料，大约有60个专门从事缝合的分包商，他们全都分布在村庄里。他们平均只有5到10台缝合机器，从周围的村子雇佣工人。这些分包商从未注册的作坊那里接到外包订单。有时他们也在从3月到9月的旺季直接从注册公司那里接到订单。因为他们的规模非常小，所以分包商很少能一次同时从一家以上的小工厂或公司那里接到外包订单。

根据村党支部领导的介绍，从事部件生产的分包商在本村大约有500~700个，在附近村子里有5000个左右。这些针织分包商主要使用自动针织机来生产裤子的部件，而附近村庄的分包商主要使用手动针织机生产毛衫、帽子和其他制品的部件。有一两个工人的小型针织分包商只从未注册的作坊那里接到外包订单，而有15~18名工人的大型针织分包商则经常直接从注册公司那里接到外包订单。①

直到1995年，针织生产才从罗浮扩散到附近的村庄。1995年，罗浮的一些针织户开始以延期付款的方式将他们的旧机器卖给他们的工人，这些工人来自附近村庄。据我们了解，周围村庄中使用的针织机有半数来自罗浮的企业。因此，很大比例的针织生产现在已转移至其他村庄的加工户中。

分包户与未注册的作坊或注册公司之间的外包合约并不是书面的。它们通常是长期合同，而且建立在信任的基础上。对于想成为新的分包户的家庭来说，来自旧的分包户的推荐是需

① 有些分包商自己从市场购买原材料并向市场出售零部件。

22

要的。当分包户从他们的发包商那里拿到原料时，并不需要交押金。这可能是因为重复的和密集的互动。他们经常造访他们的分包商以获得订单，并与之讨论样品的设计、尺寸、形状、颜色和重量等问题。对分包户的报酬是计件的。令我们吃惊的是，大部分付款通常是在年终一次性结清。

　　尽管分包户位于罗浮村内外，而未注册的作坊则全都在罗浮村里。对于未注册的作坊来说，有三种不同的销售渠道：从注册公司那里获得外包合同；销往国内市场以及销往国外市场。如果销往国内和国外市场，他们就生产最终产品；而如果他们拿到注册公司的外包订单，则将包装过程留给注册公司。小工厂从注册公司那里拿到外包订单，又把订单外包给分包户。就分包商的多层性而言，这种外包制类似于日本的分包制（速水和戈多，2005），但不同于中国服装产业中的乡镇企业系统，在那里，乡镇企业获得分包订单，但并没有又外包给加工户（刘和大冢启二郎，1998）。罗浮的外包制也类似于意大利摩德纳（Modena）的情况，在那里，家庭劳动力仍是主力军，但全职雇工的作用越来越大（拉泽森，1995）。

　　就销售收入而言，一些未注册作坊的规模如同某些注册公司那么大。它们通常有在海外经商的亲戚。尽管根据法律，未注册的作坊不能直接进口原料和出口产品，但是它们通常在注册公司的某些帮助下将产品直接销售给这些商人，注册公司负责诸如与海关的文书工作以及通过其海外银行账户接收货款之类的事情。更小一些的作坊只有通过河内当地的商人来出口产品。这些更小作坊与贸易商之间的关系是纯粹的市场交易关系。

注册公司是大型企业，而且与所有其他类型的企业有生产关系。它们主要与未注册的小工厂发生外包合同，因为相比于直接与许多小分包户打交道，与更少数量的小工厂打交道可以节约交易成本。如同上面所提及的，注册公司帮助未注册的作坊出口其产品，但是在我们的样本中只有少数注册公司提供这种服务。注册公司直接将其产品销往国外和国内买家，通过在河内的中国商人从中国进口原料和工具，主要是工具。

在每年年初，注册公司在从小工厂和分包户收取一些押金后，就将原料发包给他们。这种靠信用联结的合约保证了公司、小工厂和分包户会至少彼此共事一年。如果他们对上一年的生意结果不满意，所有各方都可以在下一年转向其他伙伴。注册公司对未注册的作坊和分包户的迟付款项在数量上通常等于后者给前者的预付款项。延迟付款情况之所以发生，是因为外国商人通常在圣诞节后才支付货款。这样，罗浮村经营者之间高水平的信任明显有助于注册公司节省流动资金。

2.2 样本企业的特征

2006 年夏天，我们在罗浮开展了调查。公社政府办公室有注册公司的完整名单，但没有未注册的作坊的名单。因此，我们决定向村庄领导询问他们村子中未注册作坊的经营者的名字，以准备我们的调查名单。在罗浮我们总共能够识别出 142 家企业，包括注册公司和未注册的作坊，我们决定进行一次普查。我们先对 20 家企业进行了预调查，然后进行正式调查。正式调查完成后，我们从样本中删除了 6 家企业，因为它们的生产和成本数据要么不完整，要么高度可疑。因此，在我们的分析中实际使用的样本包含 136 家企业，其中注册公司 19 家，未注册的作坊 117 家。为了识别出罗浮服装产业集群特征的变化，我们收集了 2000 年和 2005 年关于生产和成本、销售及生产组织的回溯数据。因为有三家分包户直到 2005 年才升级为小工厂，所以我们对 2000 年的分析中去除了这些分包户。①

2.2.1 总体特征

企业一开始建立的时候可能是分包户、未注册的作坊或者注册公司（见表 2.1）。2005 年，一共有 136 家企业，其中 66 家从一开始就是未注册的作坊，有 10 家一开始就成立为注册公司。截至 2005 年底，60 家以前的分包户升级为未注册的作坊，9 家以前的未注册的作坊升级为注册公司。在集群发展过程中家庭生产单位可以成为作坊，非正式的作坊可以成为正规的公司，认识到这一点是极为重要的。从表 2.1 可以看出，2000 年之前比 2000 年之后有更多数量的新办企业。在早期，新分包户的进入特别活跃，但是随后它逐渐衰落，继之而起的是新的未注册作坊的进入，最近是注册公司的进入。从 2001 年起，有 8 家新的注册公司进入这个行业，它们的经营者都是归国越侨。这生动地说明，贸易商在基于集群的产业发展中扮演着关键角色。

22

① 因为分包户不生产成品，所以为了保持分析的连贯性，我们不考虑 2001 年的观察数据。

表 2.1　越南服装集群不同进入时间不同类型新办企业数量

	1984～1995	1996～2000	2001～2005
注册公司	1	1	8
未注册的作坊	27	35	4
分包户	46	14	0
总计	74	50	12

注：在 2005 年，所有 60 家过去是分包户的企业已经升级为作坊或公司，而过去是未注册作坊的 9 家企业已经升级为公司。

如表 2.2 所示，虽然企业的平均规模在增加，但它们在 2005 年平均只雇佣 27 个工人。与每个企业平均工人数量上升相对照的是，平均生产数量却略有下降。不过，实际附加值和实际收入却表现出明显的增加，导致单位产品的实际附加值也在显著上升，2005 年大概是 2000 年的 1.5 倍。这些观察表明，生产已经发生了向更高价格和更高附加值产品的转变。

表 2.2　越南服装产业集群雇佣和生产的总体情况

	2000	2005
雇工数量（人）	15.5	27.4
产量（10 万件）	2.8	2.7
实际收入（10 亿越南盾）	3.3	4.5
实际附加值（10 亿越南盾）	0.8	1.4
单位产品的实际附加值（1000 越南盾）	3.1	5.4
企业数量（个）	121	136

注：本表说明的是平均每个企业的情况（实际附加值、单位产品的实际附加值和实际收入以 1995 年为基年，根据越南国家统计局的服装业价格指数进行了平减处理）。

附加值＝销售收入—原料价格—分包成本—电力成本。

2.2.2　人力资本和贸易商的重要性

表 2.3 展示了不同时期在企业进入时经营者的特征，包括 23
受教育年限、以前职业以及至少有一个亲戚在国外从事服装贸
易的经营者比例。与 1996 年之前的时期相比，在 1996~2000
年期间新进入企业经营者的平均教育水平有所下降，但在
2000 年之后进入的企业的经营者的平均教育水平明显上升。
这可能是因为，在新的生产活动引入初期，只有受过一定教育
的人才能够率先开始，而当生产同质产品的生产活动人所共知
时，教育水平较低的人才有能力进入。不过，当转向质量竞争
时，只有很高教育水平的人才能进入这个行业。过去是销售人
员的经营者比例在 2000 年之后的时期中也表现出明显的增加。
过去是销售人员的经营者在创办他们自己的企业之前，既可能
是在越南国内经商，也可能是在国外经商或者越侨，也可能在
别人的企业里当销售人员。此外，至少有一位在国外从事服装
贸易的亲戚的经营者比例随着时间而上升。如果把受教育年
限、营销经历以及经营者和贸易商之间的紧密联系（用是否
有在国外从事服装贸易的亲戚来表示）作为管理型人力资本
的指标，以上这些观察表明，管理型人力资本在不断增加。

表 2.3　越南服装产业集群不同进入时期的企业经营者的总体情况

	1984~1995	1996~2000	2001~2005
平均受教育年限	10.3	9.8	11.2
平均年龄	34.5	38.3	37.2
以前职业是销售人员的比例(%)	17.6	18.0	58.3

续表 2.3

	1984 ~ 1995	1996 ~ 2000	2001 ~ 2005
是否有亲戚在国外从事服装贸易（是 =1，否 =0）	0.22	0.16	0.42
新进入企业数量	74	50	12

　　表 2.4 根据 2005 年时经营者的特征来分类，研究了企业的规模和企业的行为。[①] 企业规模用雇员数量、营业收入和附加值来表示，企业行为用出口额和毛衫营业收入来表示。数据显示，在教育水平超高过 10 年和少于 10 年的经营者之间，他们的企业规模存在巨大的差距。对于至少接受 13 年教育的经营者来说，这种差距就更大了。这表明，经营者的教育水平是决定企业规模的关键因素。同样的结论也适用于与出口贸易商私人关系的作用上。拥有至少一位在国外从事服装贸易亲戚的经营者的绩效要远远好于没有这样亲戚的经营者。这可能是因为，在国外的亲戚是市场信息的来源，并且将产品卖给亲戚所发生的交易成本更低。此外，过去是销售人员的经营者的绩效也优于过去不是销售人员的。表格中的数据也表明，教育水平更高的经营者、国外有亲戚的经营者、过去是销售人员的经营者在出口销售和生产羊毛衫（代表更高质量的产品）上更为活跃。正规教育和营销经历在企业绩效中的极端重要性的研究发现类似于对日本本州（Bingo）（山村等，2003）、中国吉林（园部哲史等，2002）及孟加拉国（莫塔莱伯，2007；本书第

―――――――

① 在越南，小学（1 至 5 年级）是义务教育。初中是 6 至 9 年级；高中是 10 至 12 年级；大学是 13 至 16 年级。

八章）的服装产业集群的研究发现以及对中国温州的低压电器集群（园部哲史等，2004）的研究发现。

表 2.4　2005 年越南服装产业集群的企业绩效（根据经营者的特征）

	学校教育年限			拥有海外亲属		过去是销售人员	
	少于 10	10～12	多于 12	否	是	否	是
雇工数量	11.2	30.0	153.3	11.9	82.2	9.9	69.9
实际收入 （10 亿越南盾）	1.6	4.6	21.4	1.9	13.5	1.7	11.1
实际附加值 （10 亿越南盾）	0.5	1.2	7.6	0.6	4.1	0.6	3.3
实际出口收入 （10 亿越南盾）	0.3	2.2	18.7	0.4	11.1	0.7	10.5
实际毛衫收入 （10 亿越南盾）	1.3	1.7	20	1.4	9.3	1.2	7.9
企业数量	71	57	8	106	30	106	30

注：表中数据反映的是平均每个企业的情况（以 1995 年为基年，根据越南国家统计局的服装业价格指数进行了平减处理）。

教育和培训提供了对变动中的机会的反应能力（舒尔茨，1975），基于紧密社会网络的相互信任提高了行动各方的交易效率（速水和戈多，2005），正因为如此，企业经营者的管理型人力资本及其与海外越南商人的联系在决定企业规模和绩效中将被预期扮演越发重要的作用。

所有这些观点可以被总结为下面的假设：

假设 2 - 1：在针织品的村庄产业中，经营者的管理型人力资本及其与海外越南商人（越侨）的私人关系带来了生产单位的规模扩大。

2.2.3 销售渠道和产品质量的变化

表 2.5 展示了通过不同渠道销售的产品的收入所占的比例。来自出口产品的收入比例在增加，与此同时，其他销售渠道所占比例在下降，特别是来自注册公司外包订单的收入所占比例下降更大。出口的重要性在增加，这不仅因为近来进入的大型注册公司将它们的大部分产品出口，而且因为已有企业不断增加的出口。

表 2.5 越南服装产业集群销售渠道的变化（%）

	2000	2005
从注册企业获得外包订单	26.5	16.2
销往国内市场	40.6	39.3
销往国外市场	32.8	43.9
总计	100	100

注：每个企业总体销售收入的平均比例。

表 2.6 将企业区分为专门销往国内市场和专门销往国外市场两类，考察了这两种不同销售渠道的企业的产品质量，用产品价格、原料成本和单位产品附加值几个指标来测量。可以清楚地看出，销往国内市场的产品的质量明显低于销往国外市场的。这个发现表明，较低质量的商品在国内市场销售，而更高质量的商品被出口了。对印度的制鞋业集群（昆宁，1999）和中国服装业集群（园部哲史等，2002）的研究也报告了同样的发现。

表2.6　越南服装产业集群根据销售渠道区分的产品价格、
原料成本和单位产品附加值

	2000	2005
国内市场		
实际平均价格（1000 越南盾）	9.1	14.6
单位产品原料成本（1000 越南盾）	5.5	8.4
单位产品实际附加值（1000 越南盾）	1.7	3.7
企业数量	21	22
国外市场		
实际平均价格（1000 越南盾）	16.9	24.4
单位产品原料成本（1000 越南盾）	10.1	13.3
单位产品实际附加值（1000 越南盾）	4.0	7.1
企业数量	17	24

注：表中的数据是平均每个企业的情况；样本分别包含了产品只销往国内市场和国外市场的企业。

　　根据罗浮村企业经营者的介绍，羊毛衫是最难生产的产品，因为需要更高质量的原料、更为先进的织机、单位产品更为耗时。如表2.7所示，羊毛裤的产量呈现出明显的下降，而羊毛衫的产量迅速上升。2005 年出口的羊毛衫数量是 2000 年的两倍多。产品构成中的类似变动也发生在国内市场中。这种变动反映了罗浮村转向生产更高质量产品的趋势。

　　此外，从 2000 年到 2005 年羊毛衫的平均实际价格也已上升。国内市场价格的增长率要高于国外市场价格。根据当地商人的说法，罗浮以前被认为是一个生产低质和简单针织品的村庄。不过，最近销往国内市场产品的质量已大大提升，以满足大城市更为富裕消费者的需要。与此同时，罗浮出口的产品在

27

国际市场上必须要面对与中国产品日益激烈的竞争。①

表 2.7　越南服装产业集群根据销售渠道区分的产品数量和实际价格

		产品数量（1000 件）		产品价格（1000 越南盾）	
		2000	2005	2000	2005
国内市场	羊毛衫	15.8	18.0	19.9	25.9
	羊毛裤	11.6	7.1	5.9	7.2
国外市场	羊毛衫	22.8	51.4	33.8	38.3
	羊毛裤	102.7	56.1	8.7	9.6

　　注：表中数据反映的是平均每个企业的情况；价格以 1995 年为基年，根据越南国家统计局的服装业价格指数进行了平减处理。

　　合约理论认为，产品质量的升级将会对交易模式产生影响（克莱因和莱弗勒，1981）。随着产品质量的升级，匿名的市场交易不再有效，因为检查复杂产品的质量不能只依靠目测。于是，地方制造商和来自城市地区的贸易商之间的面对面和长期的直接交易必须要被发展起来（汉弗莱和施米茨，1998）。正如表 2.7 所示，羊毛衫的出口不断增加，而且出口的毛衫的价格一直高于内销的，这些事实可能表明，出口能力很大程度上决定了企业规模。换言之，我们认为，随着产品质量的提高，出口倾向成为企业规模的一个重要决定因素。

28　　因此，提出以下假设似乎是合理的：

　　假设 2 - 2：在一个出口导向的村庄产业中，企业经营者

————————

① 一些产品已经出口到诸如美国和德国之类的高收入国家。不过，主要出口的产品是帽子。在罗浮的传统出口市场，随着时间的推移，来自中国和土耳其产品的竞争变得越来越激烈。

的管理型人力资本及其与海外越南商人（越侨）的私人关系有助于产品升级和增加产品的出口。

2.2.4 生产组织的变化

从早期阶段开始，企业之间的外包制就已形成。一个有意思的问题是，当集群转向"质量提高"阶段时，外包制是否会发生变化。根据罗浮村经营者们的看法，在早期阶段，外包制被认为是优于纵向一体化生产体制的，因为外包制有助于分包企业节约营运资金，这是由于发包商提供了原料。而且，外包制使对农村廉价劳动力的动员成为可能。不过，在罗浮一家创立时间很早的大公司的经营者指出了外包制的两个缺点。第一是满足订单递送时间上的困难。他的一些分包户在向客户发送订购产品的截止日期前一天递交了不合格的产品。还有一些是不能按照截止日期交货。第二，可能更为严重的问题是，村庄里无法控制的模仿。他抱怨道，如果把样品给了分包户，他将不能保护样品中所包含的新知识。

表2.8显示了分包制变化的一些指标。根据阿德尔曼（1955）的研究，附加值率被界定为附加值占收入的比率，用来作为纵向一体化程度的测量指标。随着时间的推移，附加值率在增加，这表明企业的生产结构已经逐渐走向纵向一体化。这与资本—劳动比率的上升是一致的，我们用平减后的机器转售价值与工人数量之比来测量资本—劳动比。此外，分包成本对收入的比率（这是去纵向一体化程度的直接测量指标）随着时间推移而下降，这意味着分包合同在减少，而被内部生产所取代。这些观察表明，为了应对控制产品质量和执行递送日

29

期的困难，企业倾向于转向内部生产。注册公司已经增加了内部生产的比例，特别是对高质量的产品、新产品的样品以及产品的关键部件而言，这些产品在技术上是很难生产的，并且要使用高质量原料，比如羊毛衫的前面部分。通过承担诸如缝合、平整和包装等环节，未注册的作坊也增加了内部生产的比例。向纵向一体化体制的变动类似于孟加拉国服装生产的情况（见第 8 章）。

表 2.8　越南服装产业集群中的资本—劳动比率、附加值比率和分包比率

	2000	2005
资本—劳动比率	1.94	3.21
附加值比率（附加值/收入）	0.26	0.32
分包成本对收入的比率	0.34	0.25
企业数量	121	136

注：表中数据说明的是平均每个企业的情况。

贝克尔和墨菲（1992）认为，企业间劳动分工的主要约束因素是由于沟通障碍、委托—代理冲突和敲竹杠问题导致的高交易成本。当罗浮的经营者改进产品的质量时，交易成本上升了，生产体制转向了纵向一体化。此外，产品质量的改进扩展了市场，因此增加了企业规模。如果这些主张成立的话，纵向一体化和企业规模扩张应该是正向相关的。我们通过检验如下假设来研究这一点：

假设 2-3：在一个出口导向的村庄产业中，为了生产高质量的产品，经营者的管理型人力资本及其与海外越南人（越侨）的私人关系促进了纵向一体化的生产体制。

2.3 估计方法和结果

本部分估计了两套回归函数。首先，分别估计了 2000 年和 2005 年企业规模和企业行为的决定因素的简化形式的回归函数。企业规模用附加值和销售收入来测量，企业行为用出口销售收入和羊毛衫销售收入来测量。我们分别进行了估计，以检验我们如下观点的有效性：管理型人力资本和移居的越南商人在最近这些年已变得越来越重要。其次，为了研究出口和纵向一体化对企业规模的影响，我们使用了两阶段的最小二乘估计法（2SLS）。

30

2.3.1 企业规模和行为的影响因素

我们假定附加值和总销售收入是测量企业规模的有效指标，然后估计了下面的简化形式的回归函数：

$$规模_i = \alpha_0 + \alpha_1 经营者教年限_i + \alpha_2 销售人员虚拟变量_i$$
$$+ \alpha_3 运营年限_i + \alpha_4 以前经验年限_i + \alpha_5 经营者$$
$$年龄_i + \alpha_6 父亲虚拟变量_i + \alpha_7 亲戚虚拟变量_i$$
$$+ \alpha_8 分包户虚拟变量_i + e_i$$

在上述函数中下标 i 指的是第 i 个企业，e_i 是误差项。附加值和总销售收入是规模的指标。如果经营者过去是商人或者建立自己企业之前在其他企业的销售部门工作过，则销售人员虚拟变量为 1，否则为 0。以前的经验意味着经营者在建立自

35

己企业之前已获得的与服装生产有关的任何经验。如果经营者的父亲在服装行业工作，则父亲虚拟变量为 1，否则为 0。如果经营者至少有一位在海外从事服装贸易的亲戚，则海外亲属虚拟变量为 1，否则为 0。如果企业过去是分包户，则分包户虚拟变量为 1，否则为 0。我们预期，函数右侧变量的系数随着时间推移将发生显著变化；特别是，α_1、α_2 和 α_7 将是正的，并且随着时间推移变得更大。与之相反，α_4 和 α_6 将是正的，但随着时间推移，变得更小。此外，基于同样的自变量，我们也对出口收入和羊毛衫收入进行了回归。

表 2.9 显示了估计结果。对于附加值和总销售收入为因变量的回归，我们使用普通最小二乘法（OLS），并报告了异方差—稳健标准误。第（1）至第（4）列中的发现支持假设 2 -1。具体而言，经营者的教育年限的系数是正的，并在 0.01 的水平上非常显著。例如，在 2000 年，经营者的教育年限增加 1 年，则总销售收入增加 8 亿越南盾，而在 2005 年，则增加 11.9 亿越南盾。经营者的教育年限对附加值的影响系数增长得更快，从 2000 年的 0.19 增加到 2005 年的 0.43。这表明，随着时间的推移，人力资本对企业规模的影响变得越来越重要。此外，在附加值和总销售收入两个函数中，销售人员虚拟变量的系数都显著是正的，而且随着时间而增大。这个发现表明，企业经营者的销售知识对企业规模的贡献变得日益重要。

在海外亲属虚拟变量的系数中也发现了类似的趋势。这些发现表明，除了管理型人力资本，与出口贸易商的私人联系也明显有助于企业规模的增加，这支持了假设 2 - 1。这些发现与肯尼亚服装生产商的情况相类似（见第三章）。而且，在这些回归中，经营者以前的经验和父亲虚拟变量的系数都是正的，并且在 2000 年极其显著，但是在 2005 年则不再显著。这些结果可以反映出，经营者在服装产业中特定的生产经验以及来自父亲的帮助只有在早期岁月对企业规模有着重要影响。不过，随着时间的推移，经营者收集和解码信息的一般能力以及有助于在企业与贸易商之间形成合作的社会关系对于企业的经营管理越来越重要。

我们也对出口收入和从高附加值产品（比如羊毛衫）生产中获得的收入的影响因素感兴趣。因为一些企业并没有出口或者没有生产羊毛衫，所以我们使用单限制（one-limit）Tobit 回归模型来估计出口收入和羊毛衫收入的函数。在表 2.9 中的第（3）至（8）栏中，比较了总收入、出口收入和羊毛衫收入的影响因素。在出口收入回归模型中，经营者的教育年限、销售人员虚拟变量和国外亲属虚拟变量的估计系数类似于总收入回归模型中的情况；也就是说，它们是正的，在统计上是显著的，并且随着时间推移增加了。这些表明，拥有更多管理型人力资本以及与出口贸易商更紧密联系的经营者正引领着增加出口的新趋势，因此为假设 2-2 提供了明显的支持。不过，这些系数的大小在出口收入回归中比在总收入回归中更高，这表明这些经营者更将精力集中于出口而非内销。实际上，内销收入及从外包订单中获得的收入的回归模型表明，这些收入并不明显依赖于管理型人力资本以及与出口商的私人联系。但这些结果并未在表 2.9 中报告。

在 2000 年的出口收入的回归模型中，经营者年龄的系数是负的，并且在统计上显著。这表明年轻的经营者在出口上更

33

表2.9 越南服装产业集群中企业规模的影响因素

	附加值（OLS）		总收入（OLS）		出口收入（Tobit）		毛衫收入（Tobit）	
	2000	2005	2000	2005	2000	2005	2000	2005
	(1)	(2)	(3)	(4)	(5)	(6)	(7)	(8)
经营者的教育年限	0.19** (3.38)	0.43** (2.60)	0.80** (3.43)	1.19** (2.81)	1.26** (3.72)	1.80** (4.47)	0.70** (4.43)	1.15** (5.15)
销售人员（虚拟）	0.63* (1.93)	0.89* (1.97)	2.88** (2.21)	4.02** (2.68)	4.02** (2.39)	6.25** (2.92)	2.29** (2.50)	3.82** (2.92)
运营年限	0.06 (1.30)	0.01 (0.15)	0.24 (1.34)	0.04 (0.23)	0.81** (3.10)	0.05 (0.17)	-0.19 (-1.34)	-0.1 (-0.57)
经营者的经验年限	0.68** (3.07)	0.13 (1.18)	2.62** (3.08)	0.28 (0.87)	2.49** (2.59)	0.31 (0.76)	-0.33 (-0.60)	0.02 (0.09)
经营者的年龄	-0.02 (-1.34)	0.03 (1.32)	-0.09 (-1.44)	0.03 (0.57)	-0.27** (-2.80)	-0.01 (-0.05)	-0.12** (-2.63)	-0.02 (-0.29)
父亲（虚拟）	0.55** (2.58)	0.32 (0.67)	2.10** (2.52)	0.62 (0.49)	2.90** (2.12)	0.37 (0.21)	0.82 (1.11)	-0.55 (-0.54)
海外亲属（虚拟）	0.82** (3.35)	1.25** (2.36)	3.48** (3.46)	4.93** (3.64)	5.84** (3.78)	7.60** (3.52)	0.91 (1.01)	2.84* (2.10)

续表 2.9

	附加值（OLS）		总收入（OLS）		出口收入（Tobit）		毛衫收入（Tobit）	
	2000	2005	2000	2005	2000	2005	2000	2005
	(1)	(2)	(3)	(4)	(5)	(6)	(7)	(8)
分包户（虚拟）	-0.16	-0.02	-0.57	0.45	0.04	0.82	0.88	0.58
	(-1.20)	(-0.05)	(-1.10)	(0.61)	(0.03)	(0.47)	(1.29)	(0.59)
常数项	-1.08*	-4.85*	-4.51*	-11.90**	-11.81**	-23.62**	-1.25	-8.93**
	(-1.82)	(-2.64)	(-1.95)	(-2.46)	(-2.42)	(-3.80)	(-0.50)	(-2.59)
企业数量	121	136	121	136	121	136	121	136
R^2	0.66	0.49	0.68	0.59				

注：对于附加值和总收入的回归模型而言，括号里的数值是对数值对异方差稳健标准误计算的 T 统计值；对于出口收入和毛衫收入的回归模型而言，括号里的数值是 Z 检验统计值。** 表示 $p<0.01$，* 表示 $p<0.05$。

为积极。从业年限的系数是正的，但只在 2000 年是显著的。这意味着，经营者的特定经验在 2000 年是重要的，但是在 2005 年则失去其重要性。经营者的经验和父亲虚拟变量的系数是正的，但只在 2000 年是显著的。与总收入回归模型中的系数相比，这些系数在大小上是大致相同的。因此，这些发现表明，管理型人力资本及与出口商的私人联系在决定出口规模和企业规模上起着越来越重要的作用。这些发现支持了假设 2－1 和 2－2。

在第（7）和（8）栏羊毛衫收入的回归模型中，经营者教育年限、销售人员虚拟变量、海外亲属虚拟变量的系数在这两年中都是正的且显著（除了在 2000 年海外亲属虚拟变量的系数外）。这些系数的大小随着时间的推移而增加，这表明管理型人力资本日益增加的重要性以及出口商在高质量商品的生产中所起的作用。然而，出口贸易商对羊毛衫收入的影响并没有像它对出口收入的影响那样显著，因为海外亲属虚拟变量在羊毛衫收入函数中的系数只在 2005 年是显著的，而且它们的大小比在总收入函数中小。经营者的教育年限和销售人员虚拟变量在羊毛衫收入函数中的系数大小与在总收入函数中差不多。这证实了假设 2－2，拥有相应的能力、知识及私人信任的经营者倾向于生产高品质的产品，因此有助于企业的扩张。此外，我们估计了来自其他技术更简单产品的收入的函数（这里没有报告），结果发现，来自其他产品的收入并不依赖于管理型人力资本以及与出口商的关系。

2.3.2 营销和生产组织变迁的影响因素及其对企业规模的影响

尽管管理型人力资本以及与海外商人的私人联系对企业规模有着正的且显著的影响，但仍有一个问题悬而未决，即它们如何增加了企业的规模。在罗浮，有两个明显的趋势影响了企业的规模：（1）日益增加的产品出口，（2）日益增加的生产一体化趋势。因此，我们试图研究出口的增加和内部生产的增加是否增加了企业的规模。为此，我们构造一个结构方程模型，在该模型中，人力资本和与海外商人的亲属关系通过影响出口收入占销售收入的比率及分包成本对销售收入的比率，进而有助于企业规模的扩大（见表2.10）。

34

表2.10 越南服装产业集群中出口比率和分包成本比率的影响因素（Tobit 模型）

	出口比率		分包成本/收入	
	2000	2005	2000	2005
经营者的教育年限	0.11 (1.61)	0.09* (1.69)	-1.59 (-1.50)	0.25 (0.41)
营销人员虚拟变量	0.37 (1.12)	0.56* (2.20)	-13.29* (-2.14)	-6.81* (-1.89)
经营年限	0.15** (2.74)	0.02 (0.47)	-1.55* (-1.73)	-0.77 (-1.62)
经营者的经验年限	0.07 (0.28)	0.13* (1.92)	2.70 (0.71)	-0.24 (-0.35)
经营者的年龄	-0.04* (-2.21)	-0.01 (-1.08)	0.27 (0.88)	0.01 (0.04)

	出口比率		分包成本/收入	
	2000	2005	2000	2005
父亲虚拟变量	0.36 (1.36)	0.25 (1.15)	-2.83 (-0.58)	-1.64 (-0.59)
海外亲属虚拟变量	0.97** (3.09)	0.78** (2.96)	-7.75 (-1.28)	-6.89* (-1.84)
分包户虚拟变量	0.09 (0.37)	0.04 (0.20)	-0.44 (-0.10)	12.73** (4.83)
常数项	-1.02 (-1.09)	-0.83 (-1.10)	53.76** (3.28)	27.77** (2.95)
企业数量	121	136	121	136
伪 R^2	0.25	0.26	0.03	0.04

注：括号里的数值是 Z 检验统计值。** 表示 $p < 0.01$，* 表示 $p < 0.05$（单尾检验）。

表 2.10 报告了对这些比率的估计。因为这些比率是有删截的（censored），并且取值范围在 0 至 1 之间，所以我们对这两个回归使用了双限制（two-limit）的 Tobit 模型。在出口比率的回归中，教育年限的系数在 2000 年是正的，但不显著；而在 2005 年的模型中这个系数是正的，并在 0.05 的水平上显著（单尾检验）。海外亲属虚拟变量的系数是正的，并在 0.01 的水平上高度显著，但是它的大小和显著性在 2005 年略微有所下降。这可能表明，在早期阶段拥有海外亲属是重要的优势；而在后期阶段，为了出口产品，经营者的教育水平变得更加重要。此外，从业年限的系数在 2000 年是正的，且极其显著，但在 2005 年不再显著；而销售人员虚拟变量和以前经验

42

年限这两个变量的系数在 2000 年不显著，但在 2005 年显著。这可能意味着，以前经验和在职经验可能是相互替代的。

在分包成本比率的回归中，出人意料的是，教育年限的系数并不显著，而拥有海外亲属的系数在 2000 年不显著，但在 2005 年是负的且显著。这意味着，更好地进入出口市场明显有助于生产组织向纵向一体化的变迁。销售人员虚拟变量和从业年限的系数显著是负的（除了从业年限的系数在 2005 年不显著外），并且它们的绝对值随着时间推移而下降。这意味着，经营者的特定经验在改变生产组织中的重要性在后来就下降了。因此，假设 2～3 只得到微弱的支持。另一个有趣的发现是，分包户虚拟变量的系数在 2000 年并不显著，但在 2005 年是正的，且极其显著。这可能意味着，过去是分包户的经营者倾向于转包更多，因为他们更知道如何来控制分包户。

表 2.11 报告了企业规模决定因素的两阶段最小二乘法估计结果，其中包含了两个内生解释变量：出口销售收入占总销售收入的比率（出口比率）和分包成本占总销售收入的比率。我们使用了四个外生变量作为工具变量（IVs）：销售人员虚拟变量、以前经验的年限、海外亲属虚拟变量和分包户虚拟变量。我们预期这四个变量通过影响出口和纵向一体化生产而间接影响企业规模。①

---

① 基本上，从简化型的回归分析中也可得出相同的结论。

表 2. 11   越南服装产业集群中营销渠道和生产组织的
变化对企业规模的影响（2SLS 模型）

	Ln 总收入		Ln 附加值	
	2000	2005	2000	2005
出口比率	1.91 (1.55)	2.10** (5.43)	1.65 (1.32)	2.01** (5.35)
分包成本/收入	-2.19 (-0.61)	-2.27* (-1.83)	-2.50 (-0.67)	-0.51* (-2.24)
经营者的教育年限	0.14** (2.96)	0.11** (3.26)	0.14** (2.56)	0.11** (2.59)
运营年限	0.01 (0.11)	0.01 (0.55)	0.01 (0.19)	-0.01 (-0.18)
经营者的年龄	-0.01 (-0.27)	-0.01 (-0.60)	-0.01 (-0.13)	-0.01 (-0.35)
父亲虚拟变量	0.45** (2.64)	0.11 (0.59)	0.51** (3.03)	0.06 (0.27)
常数项	-1.09 (-0.51)	-0.49 (-0.65)	4.73* (2.11)	5.24** (6.76)
对工具变量的联合显著性检验				
对出口比率的工具变量的 F 检验	7.15	12.27	7.15	12.27
对分包成本比率的工具变量的 F 检验	3.20	8.75	3.20	8.75
过度识别检验	2.42[q=2]	0.39[q=2]	1.21[q=2]	0.50[q=2]
R^2	0.60	0.56	0.53	0.50
企业数量	121	136	121	136

注：括号里的数值是对异方差稳健标准误计算的 T 值。** 表示 $p < 0.01$，* 表示 $p < 0.05$（单尾检验）。

我们使用相同的自变量分别对 2000 年和 2005 年的 Ln（总销售收入）和 Ln（附加值）进行了回归。① 在销售收入和附加值两个回归模型中，存在相同的发现。首先，出口比率的系数是正的，并随着时间推移而增加。系数在 2000 年不显著，而在 2005 年高度显著。这些发现可能表明，在早期，内销和从分包商获得外包合同是重要的销售渠道。不过，在后来，当产品质量改进之后，对于企业规模的扩张来说，转向出口这种销售渠道变得极端重要。

其次，分包成本比率的系数在这两个年份都是负的，但只在 2005 年是显著的。这意味着，在初期，内部生产对于企业规模的扩张并不重要，因为分包仍然扮演着重要作用。随着出口成为关键的销售渠道，一定要生产高质量的产品，因此，减少通过分包来生产对于企业规模来说变得极其重要。此外，表 2.11 的结果表明，父亲虚拟变量的系数在附加值和总收入两个模型中都是正的，但只在 2000 年是显著的，这表明从经营者的父亲学习的效应随着时间推移而下降。

表 2.10 和 2.11 的发现表明，教育水平更高的经营者往往创新更多，把销售渠道转向出口，把生产组织转向纵向一体化，因此明显有助于企业规模的增大。我们想强调的最后一点是，教育年限的系数在表 2.11 的附加值和总收入两个回归模

---

① 在表格 2.11 底部呈现的对第一阶段回归中工具变量的 F - 检验表明了这些工具变量的高预测能力。过度识别检验的结果表明，所有前面提及的前定变量（predetermined variable）都能是有效的工具变量（Wooldridge, 2002），这为我们的识别变量的有效性提供了信心。

型中仍然是正的且显著。这表明，经营者的教育水平也通过其他因果关系对企业规模存在正向影响。不过，因为缺乏好的工具变量导致在回归中包含更多内生变量的局限，我们尚不能在本项研究中对此加以探讨。

2.4 总结性评论

最近的一些研究已经强调升级产品质量和增加出口对于基于集群的产业发展的重要性（汉弗莱和施米茨，1996；施米茨和纳德维，1999；比格斯特恩等，2004；园部哲史和大冢启二郎，2006）。我们对越南北部羊毛衫产业集群的分析完全支持这种观点。具体而言，在"质量提高"阶段，出口的增加明显有助于企业规模的扩张；而在初期阶段，出口则不太重要。这表明，在后期阶段，当产品质量提高了，超越国内市场对于改进企业绩效是至关重要的。

此外，与园部哲史和大冢启二郎（2006）对东亚其他国家和地区产业集群的一系列研究相一致，我们的分析也表明，经营者的正规教育对于罗浮集群中的企业发展来说是重要的。而且，与海外贸易商的私人联系在产业集群转型中扮演着关键角色，因为它降低了交易成本，所以移民贸易商明显有助于产业集群的发展。因此，企业经营者的管理型人力资本和海外贸易商对于罗浮产业集群的成功是关键因素。这些发现非常支持第一章提出的假设 1 和 2。

从统计分析中我们也发现，随着时间推移纵向一体化的增加有助于企业规模的扩大。换言之，在早期阶段，产品质量不

38

高，并且可以用目测来检查质量，这时分包体制是有效率的，于是广为扩散。不过，在"质量提高"阶段，为了提高产品质量和减低交易成本，企业转向内部生产更有效率。内部生产的增加并不仅仅保证了对机密诀窍的保护，而且更为重要的是，它保证很难检测其缺陷的产品的高质量。

为了产业的进一步发展，营销渠道有必要扩展至亲属圈子之外。而且，产品主要出口东欧的事实表明，要么是因为企业的营销能力孱弱，要么是因为产品质量欠佳，或者兼而有之。因此，看起来在本章所研究的服装产业集群的进一步发展需要公共部门发挥一定的作用。为了检验这个主张的有效性，我们计划在 2010 年对罗浮的企业家提供经营管理培训项目，以提高他们的管理型人力资本，包括出口能力。

3 肯尼亚：服装集群中的小商人[*]

第二章探讨了海外越南贸易商对越南北部服装企业绩效的影响，而本章则为揭示小商人在内罗毕（Nairobi）服装企业绩效中的作用提供了一个深度分析。如同在第一章所提出的假设 2，商人在产业集群发展中是重要的，因为他们传播市场信息，而信息往往是稀缺的，尤其对于大量的小微企业（MSEs）而言。贸易商不仅对消费者所需求的产品和设计提供重要信息（昆宁，1999），而且也引入改进产品和生产方法的新信息（速水和川越，1993）。贸易商之所以被集群所吸引，是因为在小的区域内大量生产商的集中和竞争导致贸易商与生产商之间的搜寻和谈判成本更低（列维，1991；园部哲史等，2002，2004；山村等，2003）。因此，一般而言，位于产业集群中的企业就企业间的交易而言更为市场导向，并且比其他企业更为盈利。

毫无疑问，贸易商在企业绩效中是重要的。然而，关于从事稳定和大量的交易对制造企业绩效的影响，学术界却知之甚

---

[*]　本章利用了阿克特恩和大冢启二郎（2007）的研究成果。

少。本章的主要目标是，基于内罗毕集群小微生产者的案例研究，来探讨导致企业间绩效差异的机制，并评估与贸易商的交易对企业绩效的影响。内罗毕的这些生产者位于三个主要的集群，并在市场上经营小型商铺。在 20 世纪 70 年代初，内罗毕城市议会建立了两个集群，企业从事二手服装的零售业务。不过，根据麦克米克等人（1994）的研究，在 20 世纪 70 年代末出现了第一个转折点，那时业务开始从零售二手服装转向制作新衣服。这些从商人转向生产者的是裁缝师，他们的大部分原料供应直接来自客户。

40

由于集群具有以模仿的形式促进技术溢出、容易获得想要的熟练劳动力、与其他企业以较低成本交易零部件和原材料（马歇尔，1920）以及易于进入市场（麦克米克等，1997）等优势，因此很容易理解，许多内罗毕有前途的企业家在集群中启动和经营生意是有利的。随着集群中对摊位或店铺的需求增加，市议会在 1980 年觉得有必要在内罗毕的郊区建设第三个集群，它吸引了新的裁缝师和以前在自己房子中经营的裁缝师。在 20 世纪 90 年代初期到中期，这三个集群，特别是最初的两个，经历了第二个转折点：随着来自内罗毕、周边城镇以及诸如坦桑尼亚和乌干达等邻国的商人的大量涌入，一些裁缝师已经逐渐发展成为小型制造商。实际上，在 2003 年调查时，最初的两个集群既包含有类似于工厂操作的小型制造商，也包含在他们的店铺里主要依赖家庭成员从事服装生产的裁缝师。在远离城市中心的第三个集群，所有的生产者都是裁缝师。

本章提出的核心问题是：解释从裁缝师向小型制造商转型过程的潜在机制是什么？对裁缝师和小型制造商的运行和绩效

进行比较也许可以找到问题的答案。在这里，小型制造商指的是这样的生产者：从贸易商那里获得大量订单，在市场外面运营小工厂，生产大量的小批量产品，并且使用高速的电动缝纫机。

　　本章的其余部分安排如下：3.1 说明了内罗毕三个服装集群的特征，3.2 描述了调查数据和样本企业的特征。3.3 展示了用来检验假设的统计方法及回归结果。最后，3.4 总结了主要的发现，并提出了政策含义和未来研究方向。

3.1 内罗毕的服装产业集群

41　　　　如同图 3.1 所示，本研究的地点包含三个生产服装的市场。根据比格斯特恩等人（2000）的研究，我们将微型企业定义为包含 1～4 名雇员的企业，小型企业为 5～15 名雇员的企业。吉肯巴（Gikomba）和乌胡鲁（Uhuru）两个集群在市中心附近，由内罗毕市议会于 1974 年建设，接下来我们分别

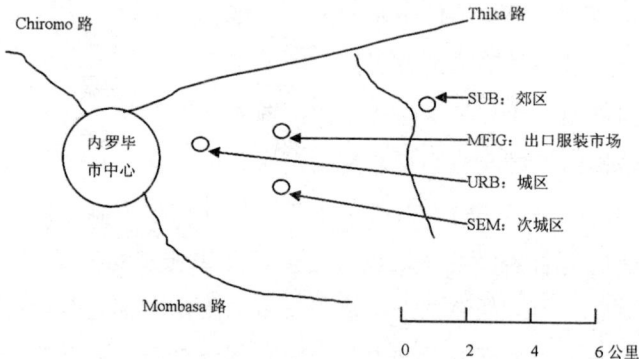

图 3.1　内罗毕研究点的区位

称之为 URB（位于城区的市场）和 SEM（位于次城区的市场）。另外一个名为卡里奥邦奇（Kariobangi）或者 SUB（位于郊区的市场）的集群由市议会于 1980 年建设，它相对较远，位于两大贫民区之间。这些集群可被称为"交易市场"，因为服装生产者在他们的店铺上销售他们的产品，他们的店铺位于拥挤的商业建筑物中。根据他们作坊的位置，生产者可被分类为"裁缝师"或"小型制造商"：前者在市场内部有作坊（我们称之为"内部作坊"），而后者在市场外面有类似于工厂的作坊（称之为"外部作坊"）。① 前者主要将其产品卖给消费者，而后者主要卖给商人。

URB 位于内罗毕市中心东南大约两公里处，包括三座大型的两层混凝土建筑，总计有 243 个摊位。其中一座建筑在 2000 年和 2002 年的两次火灾中被毁，导致巨大的损失。尽管有这样的灾难，但一些生产者还是设法获得生意。在 URB 市场中，少量的生产者生产卖给贸易商的标准化产品，而大多数的生产者是裁缝师，他们生产直接卖给消费者的非标准化的服装。由于他们生活的社区拥挤不堪，所以大多数生产者在市场里有作坊，他们雇佣的大部分是拿计件工资的临时工。由于靠近市中心，URB 非常拥挤，许多小商贩在市场外面卖二手和新的服装。URB 也靠近公共交通终点站，从那里有通往远方

42

---

① 我们对于裁缝师和小型制造商的定义并非基于与贸易商的销售交易，这一点与麦克米克等人（1997）的定义稍有不同。他们认为裁缝师是指那些根据订单生产服装的人，而小型制造商被定义为使用精简版的大规模生产技术进行生产的人。

城市的巴士，这使得从这个集群运输服装产品更便宜。

SEM 是最大的市场，有五座大型的两层混凝土建筑，包括 405 个摊位。它位于市中心东南大约 6 公里处。这个集群在出现后的 20 世纪 70 年代和 80 年代一直处于半死不活的状态，但是随着 1989 年市场里通了电，更多的服装生产者加入进来。估计 1989 年在 SEM 的服装生产者有 361 家，平均每家生产者有 3.5 名工人（麦克米克和金亚珠，2000）。许多为贸易商工作的生产者在市场外面的作坊中大量地制作小批量的标准化产品。在 20 世纪 90 年代初期和中期，生产者能够吸引来自遥远地区的商人，包括诸如乌干达、坦桑尼亚和索马里等邻国。就生产者—贸易商交易而言，SEM 比其他市场更为活跃。SEM 市场并不是很拥挤，但容易获得不同阶层的客户，包括购买数量很大的贸易商。此外，部分是因为在附近街区容易获得空间，越来越多的作坊在 SEM 市场之外建立起来。

SUB 位于内罗毕市中心东北处 10 公里处，有不同规模的 720 家摊位（麦克米克和金亚珠，2000）。由于糟糕的路况和不方便的交通系统，到达 SUB 是很困难的。在这 720 家摊位或店铺中，大约 120 家是服装生产者。少量生产者拥有专门的电动机器，用来执行缝扣眼、锁边、刺绣等任务。几乎毫无例外，主要的客户是消费者。这意味着，这个地区是严重缺乏贸易商的，他们可以大批量地购买服装，因此导致对标准化服装的大量生产。看起来，也许由于不能吸引贸易商，SUB 增长缓慢。

这三个市场似乎都享有某些马歇尔意义上的外部性（马歇尔，1920）。它们包括由于有专门的零售商销售各种布料、纽扣、线和拉链，导致购买投入品的成本很低；拥有大量熟练劳动力，当需要时就可以找到额外的工人；由于在市场内外对服装设计的模仿很容易发生，导致技术溢出效应的存在。此外，通过把他们的作坊置于市场之外，一些生产者已经形成了新的组织结构，这也许可以称为熊彼特意义上的"创新"或"新组合"（1921）。正如将要展示的，这种创新对于企业绩效来说是关键的。

除了以上这三个地点，为了获得关于从中国进口的服装日益增加的重要性的额外信息，我们还考察了一个进口服装市场（the Eastleigh，或者称之为 MFIG）。MFIG 主要居住的是索马里裔的肯尼亚人，包括难民，它位于内罗毕市中心以东大约 6 公里处。这个市场直到 20 世纪 90 年代初才变得重要，那时肯尼亚的产品市场的自由化改革仍在进行之中。不过，从 20 世纪 90 年末开始，这个市场变得越来越活跃，并给国内服装生产商带来巨大挑战。

3.2 样本企业的特征

3.2.1 数据收集

本分析中所用数据来自对内罗毕三个服装产业集群（分别名为 SEM、URB 和 SUB）中的小微服装企业的调查。因为肯尼亚的大部分小微服装生产者都集中在这三个集群，所以从这些集群中随机抽取的样本可被视为是肯尼亚基于小微企业的整个服装产业的一个代表性样本。

　　为了识别出主要的分析性问题，我们一开始于 2002 年 5 月对这三个集群的服装企业进行了一次非正式调查。随后，我们准备了一份问卷，并在 2003 年 3 月进行了试调查，以便获得关于创办者、销售渠道及服装生产的主要特征的详细信息。基于试调查，我们修订了问卷，并于 2003 年 5 月至 7 月实施了正式调查。在这次调查中，我们采用分层随机抽样的方法，抽取了 225 家服装生产者，其中来自 SEM 的有 109 家，来自 URB 和 SUB 的各 58 家。除了其他信息之外，这次调查收集了 2003 年 4 月时企业的雇员、原料成本、生产、销售给贸易商的比例及作坊区位方面的资料，以及 1995 年企业基本信息的回溯资料。① 尽管对于 1995 年的回溯数据并不是太准确但是我们认为获得企业在过去运营规模方面的基准信息是有用的。另外，我们还随机抽取了贸易商样本进行了结构化访谈，来自 SEM 的有 16 家，来自 URB 的 15 家，来自 MFIG（也就是位于内罗毕市内的进口服装市场②）的 44 家。在访谈中，我们收集了诸如 1995 年和 2003 年贸易商从不同市场地点购买服装产品的比例之类的信息。需要指出的是，1995 年时肯尼亚的真实 GDP 增长率恢复到了 1%，新办和现存企业创造了大量新生

---

① 该调查面向在 1995 年或之前成立的公司。在 SEM 中，有 16 家企业因为不符合这个标准而被剔除出调查。有一家企业由于从 2003 年 1 月到调查时为止没有从事生产但仍然在销售其存货而被剔除，还有另外三家企业拒绝合作。在 URB 中，有六家企业不符合上述标准，同时有两家企业不予合作。SUB 市场中有 20 家企业不符合这一标准。

② 这个市场不仅仅是肯尼亚最大的进口服装市场，同时也是销售其他产品的最大市场。

就业机会（丹尼尔斯和米德，1998）。

3.2.2 经营者的特征

表3.1根据市场地点展示了企业经营者的基本特征。如表中所示，在 SEM 和 URB 的经营者往往比在 SUB 的受教育水平更高、年龄更大。在前两个产业集群，超过三分之一的生产者在技校和大学之类的机构接受过关于服装生产的正式培训，并且他们以前的职业也是在服装行业。结果，SEM 和 URB 可能胜过 SUB，导致在前两个地方出现更为密集的产业集群。实际上，在这三个集群中，SEM 是最大的，而 SUB 是最小的。尽管在集群内部生产者的绩效与那些全部在集群外部的生产者的绩效无法比较，因为后者太少了，但是为了推测集群在产业发展中的作用，比较一下这三个对比鲜明的集群中的生产者的绩效是有启发意义的。

表3.1 肯尼亚服装产业集群中不同市场地点经营者的特征

	SEM	URB	SUB
教育(年)	9.6	9.1	7.0
年龄(年)	40.2	42.7	38.7
服装培训(%)	40	36	22
以前职业在服装行业(%)	38	38	19
样本规模	109	58	58

注：SEM 指的是次城区；URB 指的是城区；SUB 指的是郊区。

3.2.3 企业的主要特征

45   表 3.2 表明了贸易商和外部作坊（outside workshop）的重要性。根据表 3.2 所示，在 SEM 和 URB 两个地方的生产者的主要客户是贸易商，尽管他们的相对重要性从 1995 年到 2003 年有所下降。需要指出的是，这些贸易商都是"小"商人，他们乘巴士来市场，用麻袋携带购买的服装。在 SUB 中，销售给贸易商的比重相当低，而且在 2003 年仍然如此。在前两个集群中，小型制造商的比重随着时间推移而上升，这表明小型制造商日益增加的重要性。尽管始于 1990 的回溯数据可能存在误差，但是很明显，从 1990 年到 1995 年小型制造商的比例在 SEM 急剧上升，而在 URB 则是稳步增长。在 2003 年，SEM 的生产者有一半是小型制造商，而 URB 的生产者大约有三分之一是小型制造商。

表 3.2   肯尼亚服装产业集群中贸易商和外部作坊的重要性

		SEM	URB	SUB
销售给贸易商的比重(%)	1995	75	76	12
	2003	64	72	10
外部作坊比重(%)	1990	26	20	0
	1995	43	28	0
	2003	50	31	0
1990 年存在的样本企业数量		53	37	22
1995 和 2003 年的样本规模		109	58	58

注：SEM 指的是次城区；URB 指的是城区；SUB 指的是郊区。

除了没有注册任何外部作坊的SUB，前面的讨论表明，形成内部能力的集群吸引更多的贸易商。SEM和URB的企业往往类似于工厂那样运营，不像这两个地方，SUB的企业在规模上更小，并且全部都是基于家庭的。在更为发达的集群，销售给贸易商的比重更为重要，这个事实表明，如同园部哲史等人（2002）所主张的，密集且大型的集群的形成通过降低交易成本而吸引贸易商。另外，在SEM有许多小型制造商，在URB有一些，而在SUB则没有。这些观察表明，缺乏与贸易商的交易及有限的可用空间是集群增长的重要障碍。最后需要指出的是，根据我们的非正式访谈资料，随着来自诸如坦桑尼亚和乌干达等邻国的国外贸易商越来越多地加入，生产者与贸易商之间的交易从20世纪90年代初以来不断增加，同时也刺激了外部小作坊的建立。

46

3.2.4 小型制造商和裁缝师的特征

表3.3根据生产者类型对企业特征进行了比较，这些比较表明，在2003年小型制造商的绩效要好于裁缝师。前者更可能是基库尤人（Kikuyu），基库尤人是肯尼亚最大的种族群体。基库尤人大量地参与包括服装制造在内的各种经济部门，这也许说明他们比其他族群更富有进取精神，并愿意从事商业活动。相比于裁缝师，小型制造商明显销售给贸易商的比重更高、受教育年限更多、生产设计更少的产品、使用商标的时间更长。使用商标是企业应对质量不确定性影响的手段之一，质量不确定性可能导致不尽如人意的社会后果，比如高质量产品从市场中退出（阿克罗夫，1970）。高质量产品的生产要求使

用电动缝纫机以及像绣花机之类的专门机器，这些机器相对更
贵一些。小型制造商从而相对拥有更高比重的电动机器，并且
使用从批发商那里廉价购买的原料生产更多数量的像制服这样
的标准化产品。结果，他们每件产品赚取的收入更高，用毛利
润（即扣除原料和劳动力成本后的销售收入，其中劳动力成
本包含了家庭劳动的应计成本，用工人中的最高工资来计算）
来测量也更为盈利，并且能够支付给更有生产效率的工人以更
高的工资。① 因此，与贸易商的交易能带来更高的生产效率，
用相对全要素生产率指数（定义为一个企业的全要素生产率
指数对"平均"企业的全要素生产率指数的比率②）来测量生
产效率的话，小型制造商为109%，裁缝师为87%。与贸易商
的交易也使得小型制造商的资本回报率（6.99%）高于裁缝
师的资本回报率（2.98%），资本回报率用毛利率对缝纫机和
其他设备的重售价值的比率来测量。在表3.3中汇总的所有统

---

① 每个公司的利润以2003年4月为基准进行计算。因为该月是一个典型的
月份，所以该月的利润乘以12就可以获得该年度的年利润。

② 根据凯夫斯等人（1982）和拉奥等人（1995）的研究，基于托恩奎斯特
（Törnqvist）指数的相对全要素生产率（TFP）指数）的计算公式如下：

$$\ln\left[\frac{TFP_j}{TFP}\right] = \ln\left[\frac{Q_j}{Q}\right] - \sum_{i=1}^{n} \frac{1}{n}(\bar{s}_i + s_{ij})\ln\left[\frac{X_{ij}}{\bar{X}_i}\right], \text{在这里} s_{ij} = \frac{P_{ij}X_{ij}}{\sum_{j=1}^{m} P_{ij}X_{ij}}, \text{它}$$

是对于企业 j 而言（j = 1，…，m）投入品（i = 1，…，n）所占的价值
份额。TFP_j、S_{ij}、P_{ij} 和 X_{ij} 分别表示的是对企业 j 而言的全要素生产率指
数、产出、投入品 i 的成本份额、投入品 i 的价格和数量，而顶部带横线
的变量代表的是这些变量对于所有企业而言的平均值，因而代表的是一
个假设的"平均"企业的变量。这样，与这个"平均"企业相比较，用
上面等式右边的指数乘以100就得企业 j 的百分比形式的相对 TFP 指数。

计数据都与我们之前的预期相一致。不过，为了检验这些预期
的有效性，必须要在经验框架中控制各种特征。

另外需要指出的是，无论是在 2003 年，还是在 1995 年，
小型制造商雇用的工人数量明显多于裁缝师雇佣的数量，这表
明前者的绩效要优于后者。尽管 1995 年工人数量的数据可能
会发生回溯误差，但自 1995 年以来企业的工人规模明显下降
了。事实上，麦克米克等人（1997）观察到，类似企业的雇
佣规模在 20 世纪 90 年代初就出现了下降趋势。尽管这里没有
报告，但是我们观察到销售收入也呈现出下降趋势。我们之所
以呈现 1995 年的雇佣数据，是因为在一系列的回归分析中我
们将其作为代表企业规模的预定水平。①

表 3.3　2003 年肯尼亚服装产业集群的企业特征
（分为小型制造商和裁缝师）

	小型制造商	裁缝师	T 检验
经营者和工人的特征属于多数族群的比例（%）	84	61	− 3.55
有亲属关系的工人的比例（%）	20	15	− 1.17
经营者的受教育年限（年）	9.49	8.12	− 3.67
以前职业在服装行业比例（%）	40	30	− 1.51
雇佣状况小时工资（肯先令）	18.52	14.63	− 3.61

---

① 尽管无法确认 1995 年雇佣数据的精确性，但是调查对象似乎还记得 20
世纪 90 年代中期大规模服装产品进口开始前他们的经营规模。通过初步
确认，1990 年的平均雇佣人数为 4.7，而麦克米克等人（1997：1099）
获得的 1989 年时类似公司的平均雇佣人数为 4.2，这意味着这些数据并
没有遭受回忆误差，因而是可靠的。毋须多言，因为当前的企业规模是
内生的，所以在回归分析中不能用作解释变量。

	小型制造商	裁缝师	T 检验
劳动时间(每年每企业 1000 小时)	12.6	7.8	−5.30
2003 年时工人数量	4.5	2.8	−5.51
1995 年时工人数量	7.2	3.7	−5.88
生产、销售和盈利能力销售给贸易商的比例(%)	74	38	−6.64
产品设计(数量)	5.44	7.33	2.15
产品商标(使用年限)	4.75	1.78	−4.20
电动机器价值中的比例	0.76	0.61	−3.53
从批发商购买的原料比例(%)	68	55	−2.20
年销售收入(1000 肯先令)	1572	764	−3.88
每年每种产品的销售收入(1000 肯先令)	1177	414	−5.55
年毛利润(1000 肯先令)	299	190	−2.00
资本回报率(%)	6.99	2.98	−5.82
相对 TFP 指数(%)	109	87	−5.56
样本规模	73	152	

注：(1) 对均值差进行了 T 检验。(2) 销售收入和毛利润是以当年价格计算的。在 2003 年 7 月，1 美元 =75.70 肯尼亚先令。(3) 毛利润被定义为扣除原料和劳动力成本后的销售收入，劳动力成本中包含了家庭劳动的应计成本，它用工人中的最高工资来计算。(4) 资本回报率(%)是利润相对于缝纫机和其他设备的重售价值的比率。(5) 相对全要素生产率（TFP）指数(%)是 i 企业的全要素生产率指数相对于"平均"企业的全要素生产率的比率。

3.2.5 "中国冲击"的影响

48　　　　表 3.4 展示了 1995 年和 2003 年来自五种来源的贸易商做出的购买所占的比例，通过研究该表可以理解企业规模随着时间推移而下降的原因。该数据通过询问 85 个随机选择的贸易商而获得，他们报告了在每个市场购买所占的比例。随着贸易商选择从 MFIG 购买更多的产品，SEM、URB 和 SUB 三个市场地点销售给贸易商的比例在下降，特别是在 20 世纪 90 年代末。

表 3.4　肯尼亚服装产业集群 1995 年和 2003 年贸易商
在不同地点的购买比例

年份	SEM	URB	SUB	MFIG	印度/非洲的批发商	总计
1995	36	30	0	12	23	100
2003	14	20	0	59	7	100

注：（1）本表根据对 85 家贸易商的随机调查而制作；（2）SEM 指的是次城区，URB 指的是城区，SUB 指的是郊区，MFIG 指的是进口服装市场（Eastleigh）。

　　除了从位于城市商业区的印度和非洲批发商购买之外，这些贸易商并没有报告其他购买来源，包括市场之外的生产者。这表明，由于较低的交易成本，贸易商被三个市场地点和进口产品市场所吸引。很显然，对贸易商来说，1995 年时最重要的市场地点是 SEM（占 36%），接下来是 URB（30%）。SUB 对贸易商（0%）是最没有吸引力的，2003 年时仍是如此。几乎所有的市场销售给贸易商的比例都在下降，而 MFIG 的销售份额则翻了两番，从 1995 年的 12% 上升到 2003 年的 59%。MFIG 急剧增加的重要性反映了来自中国的进口服装产品在价格和质量上的竞争优势，这给肯尼亚的服装生产商带来极大的挑战。尽管有这种挑战，从 1995 年到 2003 年大约三分之一的企业扩张了规模，而不到一半的企业销售萎缩了。对大多数企业而言，销售的下降导致一些应对措施的出现，比如卖掉像旧缝纫机这样的闲置的固定投入品以及用像亲密朋友和家庭成员这种有亲属关系的工人替代付薪工人，这些有亲属关系的工人至少在短期只获得较低的工资或者没有明确的工资。实际上，从我们的调查样本来看，从 1995 年到 2003 年之间有亲属关系的工人增加了两倍多。

3.3 估计方法和结果

49   在前文，我们在没有控制其他变量的情况下对各种企业的特征进行了比较。在本部分，我们试图运用经济计量方法分离出每个变量的影响，以检验下文提出的两个假设。在图 3.2 中，我们将说明这些假设存在怎样的关联。

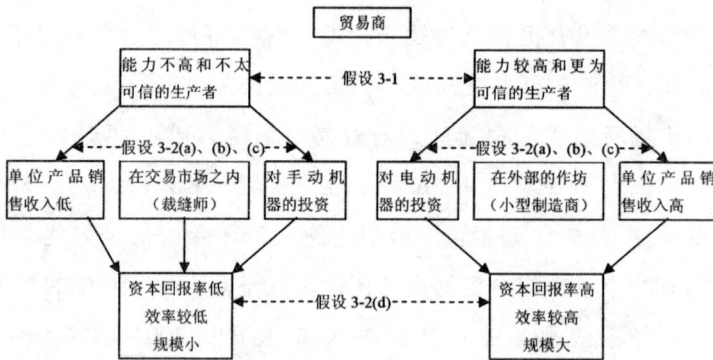

图 3.2   内罗毕服装企业的运营与绩效的图解

3.3.1 销售给贸易商的比例的影响因素

因为贸易商感兴趣于与能够生产大量同质性产品且不欺诈的生产商进行大宗交易，因此提出如下假设似乎是合理的：

假设 3 – 1：具有管理型人力资本且值得信任的生产商更能吸引贸易商进行大批量交易。

我们可以通过估计如下简化形式的方程来研究这些生产商的特征：

$$Trader_i = \alpha_0 + \alpha_1 FC_i + \alpha_2 TR_i + \alpha_3 SE_i + \alpha_4 MHK_i$$
$$+ \alpha_5 LOC_i + \varepsilon_{li} \tag{3.1}$$

在上述公式中：

Trader = 生产商在调查时销售给贸易商的比例；

FC = 企业特征的向量，包括 1995 年时企业运营年限或企业年龄、企业规模（包括所有者内在的员工数量）；

TR = 与信任和信誉有关的一套变量，比如产品商标已使用的年限、在服装行业中的亲戚数量及其平方项以及在多数族群中的成员资格；

SE = 除人力资本之外，业主的社会经济特征，比如年龄、性别、出生地和婚姻状况；

MHK = 业主的管理型人力资本变量，用教育年限、以前职业是否在服装行业和在服装制作中的正式培训来测量；

LOC = 企业的区位虚拟变量（SUB = 1，RUB = 1，SEM = 0），用该变量表示生产区位的物理基础设施和交易的不安全状况①；

———————

① 根据《民族日报》网络版，在吉肯巴和其他人口密集的郊区犯罪率往往较高。这很可能会妨碍对更先进技术的投资。（http：//nationaudio. com/News/DailyNation/Today/News/Special% 20Report6654. html），于 2004 年 1 月 26 日访问该网址。

α_j（$j = 0$，…，5） = 被估计的参数；

ε_1 = 干扰项。

51 在估计方程（3.1）中，由于因变量的取值在 0 到 1 之间，所以我们使用双限制的 Tobit 模型。对连续变量我们做了对数化处理。[①] 对于企业规模，我们使用 1995 年时的员工数量来测量，它可以被视为是预定的。

为了检验假设 3-1，我们研究了拥有高水平人力资本和社会资本的值得信任且教育水平较高的业主是否在销售给贸易商方面做得更成功。因此，我们预期产品商标使用年限、在服装行业中的亲属数量、在多数族群中的成员资格以及教育年限有显著的正向影响。

3.3.2 外部作坊、机器使用和单位产品收入的影响因素

一旦生产商从事同质性产品的大批量交易，为了获得规模经济，他们设立生产作坊、使用高速的电动机器将变得有利可图。因此，我们提出下列假设：

假设 3-2：与贸易商达成销售合约的生产商，可能会出现如下结果：（a）选择设立外部作坊（WKS）；（b）决定使用更高比例的电动机器（ElKratio）；（c）选择制作更少的产

---

① 遵循埃文斯（1987）的研究，我们还尽量把它们的平方项和交互项包括进去，但用来检验它们的联合显著性的 F 检验被拒绝了。因此，我们在此次分析中没有考虑交互项。为了简洁起见，我们在随后的章节把自然对数当作对数处理。

品设计，其目的在于提高销售收入，它可以用单位产品收入的对数来测量（Lnrevpp）；（d）因此会带来更高的效率和更盈利的表现。

我们假定这些选择会同时做出。为了检验假设 3 - 2，我们使用下面的回归函数来识别这些选择和绩效的决定因素：

$$Z_{1i} = \beta_0 + \beta_1 \text{Trader} + \beta_2 \text{FC}_i + \beta_3 \text{TR}_i + \beta_4 \text{SE}_i + \beta_5 \text{HK}_i$$
$$+ \beta_6 \text{LOC}_i + \varepsilon_{2i} \tag{3.2}$$

在上述公式中，Z_{1i}是因变量的向量（包括 WKS、ElKratio 和 Lnrevpp）。回归变量包括销售给贸易商的比例及在公式（3.1）中的那些变量。

需要指出的是，销售给贸易商的比例在方程（3.2）中是一个内生变量。为了避免内生性问题，需要找出一个与销售给贸易商的比例相关但不与误差项相关的变量作为工具变量。根据数据，我们使用在服装行业中的亲属数量及其平方项作为工具变量，因为有更多亲戚在服装行业的生产商可能由于与贸易商有更好的联系，因而销售给贸易商的比例更高，但在服装行业中亲属数量本身并不会影响企业的决定和绩效。在研究影响作坊区位的因素时，我们使用由里弗斯和冯（1988）年提出的两阶段技术，来检验内生性问题。在这种方法中，在第一阶段的回归中（比如方程3.1中）预测的残差项在方程（3.2）中被作为一个新的回归变量。如果如同假设 3 - 1（a）所主张的，销售给贸易商的比例与外部作坊相关，那么前者的影响应该是正的且显著。此外，如果经验有助于外部作坊的经营管理，那么企业年龄和业主年龄也可能有正的和显著的影响。

52

假设 3-2（b）试图发现与贸易商有销售交易的生产商是否使用更高比例的电动机器，以大批生产高质量的标准化产品。换言之，这个假设试图检验销售给贸易商的比例是否对生产商使用电动机器的比例（ElKratio）有显著的正向影响。因为，这个比例的取值在 0 到 1 之间，我们采纳了由史密斯和布伦德尔（1986）为 Tobit 模型设计的两阶段程序，它类似于里弗斯—冯（1988）方法。我们预期，销售给贸易商的比例的影响将是正的且显著。此外，我们预期，企业规模和管理型人力资本对于使用电动机器的比例将有显著的正向影响，因为使用电动机器对于生产大批量的产品是有效的，而管理型人力资本对于这些机器的运用和维护可能是有用的。同样，为了检验假设 3-2（c），销售给贸易商比例更高的生产商，其单位产品的销售收入更高，我们使用了两阶段最小二乘法技术（2SLS）。如果假设 3-2 的第三点是有效的，那么销售给贸易商的比例将对单位产品销售收入的对数有显著的正向影响。

3.3.3 资本回报率和生产效率的影响因素

如上所述，与贸易商的交易可能会通过激发生产商使用外部作坊和高比例的高速机器来改变他们的经营模式。与贸易商从事销售交易的生产商也可能获得高的单位产品销售收入。因此，假设 3-2（d）推测，依赖于贸易商的生产商可能比依赖于消费者的生产商更为盈利且更有效率。这样的话，与贸易商的销售交易导致生产商更为盈利，用更高的资本回报率（ROC）来表示；也更为有效率，用更高的 TFP 指数来测量。换言之，在方程（3.2）中的因变量以及经营者和企业的特征将进入两个绩效指标分别作为因变量的回归函数，如下所示：

$$Z_{2i} = f \left(Lnrevpp，WKS，ElKratio，Trader，\right.$$
$$\left. 经营者和企业特征 \right) \tag{3.3}$$

在上述公式中，Z_{2i} 是因变量的向量，包括 TFP 指数和 ROC。

需要指出的是，Lnrevpp、WKS 和 Trader 是内生的。如图 3.2 所示，尽管与贸易商的交易被预期对 ROC（或 TFP）有间接的影响，但是 ElKratio、WKS 和 Lnrevpp 对 ROC（或 TFP）则有直接影响。在外生变量较少的情况下，将所有这些变量内生化并不可行。因此，我们估计了"准简化"型的方程，在这里 Trader 的预测值被作为一个解释变量。具体而言，我们估计了如下准简化形式的方程：

$$Z_{3i} = \delta_0 + \delta_1 Trader_i + \delta_2 FC_i + \delta_3 TR_i + \delta_4 SE_i$$
$$+ \delta_5 HK_i + \delta_6 LOC_i + \varepsilon_{3i} \tag{3.4}$$

在上述公式中，Z_{3i} 表示因变量的向量，包含相对 TFP 指数（%）和资本回报率（ROC），而其余变量与方程（3.1）中所列的一样。

假设 3 - 2（d）认为，将产品销售给贸易商的生产商比没有销售的更为盈利，可以用 ROC（资本回报率）或者毛利润除以机器设备的再售价值来测量盈利性。我们预期，销售给贸易商的比例对于 ROC 将有显著的正向影响。另外，拥有多年正规教育的生产商因其更好的管理才能也会表现出更高的 ROC。

假设 3 - 2（d）还认为，依赖贸易商的生产商比普通企业在投入品使用上更有效率，它反映在更高的 TFP 指数上。这表明，其创办者从事过工厂运营的企业拥有更出色的管理型人力资本，这体现在更高的利润上。对这样的企业而言，教育对于做出正确的商业管理决策是必不可少的。因此，我们预期，销售给贸易商的比例、产品商标使用年限和管理型人力资本对 TFP 具有显著的正向影响，这也和第一章提出的假设 1 和假设 2 相一致。

3.3.4 与贸易商的交易

54   表 3.5 显示了与贸易商交易的决定因素，因变量是销售给贸易商的当前比例。[①] 很明显，在服装行业中的亲戚数量、教育水平和产品商标使用年限显著增加了销售给贸易商的比例。这和假设 3 - 1 是一致的，拥有较强社会网络、有能力且可信任的生产商对贸易商更有吸引力。这表明，贸易商寻找教育水平更高的经营者，他们能够制造高质量的产品，通过注册商标与劣质产品区别开来。不过，亲属数量对销售给贸易商比例的影响以递减的速率增长，当亲属数量为 13 时达到峰值。就边际影响而言，在服装行业中亲属数量每增加 1 人，销售给贸易商的比例增加 7.5 个百分点；商标使用时间每增加 1 年，销售给贸易商的比例增加 0.6 个百分点；而教育年限每增加 1 个百

55

---

① 由于在个体层面的横截面数据中有太多的干扰（noise），因此在本表和后续表格中的结果具有低的（伪）R2 值。在加总层面（或者时间序列数据）上，由于这种干扰被抵消，从而可获得高的 R2 值。因此，与时间序列数据不同，在横截面数据中，其重要的结果不是（伪）R2 值，而是自变量的显著性，单个的或联合的。

分点，销售给贸易商的比例增加 13 个百分点。[1] 这表明，教育对于销售给贸易商的比例有更大的影响。另外，有很强证据表明，属于多数族群的生产商销售给贸易商的比率更高。[2] 企业规模的影响是负的，统计显示，1995 年时企业规模每增加 1 个百分点，2003 年销售给贸易商的比例降低大约 0.9 个百分点。这表明，尽管更大的企业可以向贸易商提供更多的商品，但是在 1995 年规模大的企业在截至 2003 年时并没有成功地与贸易商发展起合约关系。SUB 比 SEM 销售给贸易商的比例更低，如同维基兰德（1999）所预测的，这也许是因为它的孤立带来的高交易成本导致了它的劣势。实际上，园部哲史等人（2002）指出，与距离遥远相联系的是，和在中国的贸易商进行服装产品的交易有更高的交易成本。除了所属族群之外，经营者的其他社会经济因素对销售给贸易商的比例没有显著影响。

表 3.5　肯尼亚服装产业集群中贸易商重要性的 Tobit 估计[a]

	系数	T 检验	边际影响[b]
Ln1995 年的雇员数	−1.51[**c]	−3.95	−0.94
Ln 企业年龄	−5.42	−0.66	−3.37

[1]　边际影响是指在因变量为正的条件下，回归变量（用均值来估计）的偏效应。它通过用回归变量的系数乘以适当的调整因子而获得。

[2]　在别的研究中，法肯姆普斯和明滕（2001）指出，在马达加斯加（Madagascar）拥有庞大关系网络的贸易商与那些没有什么关系网络的贸易商相比，其销售量更大。而拉玛钱德朗和沙（1999）在一项关于撒哈拉以南非洲国家的经验研究中显示，在相同的行业，具有更高比率的亲戚（父母）的亚洲和欧洲经营者所拥有的公司比那些非洲经营者拥有的公司成长得更快。

续表 3.5

	系数	T 检验	边际影响[b]
商标使用年限	0.98*	1.71	0.61
外部作坊	14.84*	2.41	10.79
男性	-0.18	-0.03	-0.3
已婚	6.77	0.64	4.92
多数族群	22.16**	3.13	16.11
出生在内罗毕	10.68	0.66	7.77
Ln 经营者年龄	0.90	0.06	0.56
Ln 教育年限	21.35**	2.61	13.30
以前职业在服装行业	7.72	1.35	5.61
服装制作培训	4.37	0.74	3.18
SUB	-79.64**	-8.21	-57.90
URB	3.95	0.60	2.87
在服装行业的亲属数量	13.03**	4.65	8.12
在服装行业亲属数量的平方项	-0.50*	-1.71	-0.31
常数项	-9.86	-0.16	
对数似然值	-719.47		
伪 R^2	0.14		
样本规模	225		

注：a. 因变量是销售给贸易商的比例。** 表示 $p < 0.01$，* 表示 $p < 0.05$。b. 边际影响给出的是，在因变量是正的条件下，每个回归变量的偏效应（用均值来估计）。对于连续变量或二分变量，我们通过用一个适当的调整因子乘以每个系数来获得边际影响值。C. 基准类别：次城区（SEM）。

3.3.5 外部作坊、电动机器和单位产品收入

表 3.6 的前三列呈现了外部作坊选择、使用电动机器比例和单位产品收入的影响因素的 Tobit 估计结果。就作坊区位而

言，统计结果表明与贸易商交易的生产商更可能有外部作坊，
表3.6第一列中销售给贸易商比例的系数是显著的。这意味
着，如果企业与贸易商接触较多，他们倾向于选择外部作坊。
这与假设3－2（a）是一致的，与贸易商的销售交易促使生产
商在集群外部设立作坊。生产商使用外部作坊的倾向反映了他
们渴望大批量制造标准化产品。业主的年龄和企业年龄（作
为反映经验的指标）增加了拥有外部作坊的可能性。已婚的
经营者更可能拥有外部作坊，这可能是因为他们可以集中配偶
的资源克服信贷约束，因此能够扩大生产规模。[①] 与 SEM 相
比，在 SUB 的生产商没有外部作坊，因为他们实际上没有与
贸易商的销售交易。另外，在 URB 的生产商也不可能使用外
部作坊，因为在其附近街区的空间局促。这与麦克米克等人
（1997）的观察是一致的，对于小微企业的成长来说，特别是
对那些在内罗毕的市场摊位上经营的小微企业来说，空间狭隘
是一个限制因素。

58

　　表3.6的第二列呈现了使用电动机器比例的决定因素的统
计结果。结果表明，销售给贸易商的比例越高，使用电动机器
的比例越高，这与假设3－2（b）相一致。业主年龄、教育水
平和以前职业在服装行业对使用电动机器也有同样的影响。因
此，经验更为丰富且更有能力生产大量产品的经营者倾向于投
资更多的电动机器。已婚经营者使用更多的电动机器，这也许
是因为他们可以和配偶集中资源来安装更有效率的机器。区位

----

① 参见阿克特恩等人（2006）对服装集群中非正规信贷（轮流储蓄与信贷
　　协会）的决定因素与后果的研究。

虚拟变量的影响不显著，这表明电动机器的使用并不存在区位优势。

表 3.6 的第三列显示的是使用两阶段最小二乘法的估计结果，结果表明与贸易商的销售交易对单位产品的收入具有显著的正向影响：销售给贸易商的比例每增加 50 个百分点，单位产品的收入增加 1 个百分点（相当于每年单位产品 4140 肯尼亚法郎）。这个结果与假设 3－2（c）是一致的。企业规模和产品商标使用年限也有显著的正向影响。出生在内罗毕市的经营者似乎获得更高的单位产品收入，这也许表明由于更接近教育和培训机构，因此给他们带来更好的经营能力。实际上，也许出生地在一定程度上捕获了人力资本对收入的影响，因为教育和培训的影响都是不显著的。就区位而言，SEM 比 URB 有更高的单位产品收入，这再次表明了在 SEM 生产商与贸易商之间有更为密集的互动。最后，单位产品收入并没有随种族或性别的不同而不同。

总之，表 3.6 第一至第三列的结果支持了假设 3－2 的前半部分，即生产商与贸易商之间的交易与外部作坊的使用、更高比例的电动机器及更高的单位产品收入存在正向关联。

3.3.6 资本回报率和生产效率

假设 3－2（d）试图证实的是，与贸易商交易的生产商的经营比其他生产商更为盈利。表 3.6 第四列中销售给贸易商的比例正的且非常显著的系数证实了这个假设。这与第 1 章中提出的假设 1 相一致，统计结果表明，以教育指标测量的管理型人力资本提高了利润。丹尼尔斯和米德（1998）发现，在肯

尼亚女性拥有的小微企业赚取的收入比男性拥有的要少，这个
发现也得到了我们的统计结果的支持。我们的数据表明，女性
经营者获得的资本回报比男性经营者少 1.07 个百分点。女性
经营者之所以不能获得更高的资本回报，可能是因为家务劳动
使她们不能专注于生意，但并不必然是由于她们在获取信贷上
的劣势（阿克特恩等，2006）。最后，可能由于两个原因，
URB 比 SEM 获取的回报低。首先，如同城市地区所有小微企
业所宣称的（中央统计局等，1999：71），城市企业所面临的
最为严重的瓶颈之一是"断电和缺电"。其次，在 URB 普遍
存在的高度不安全性可能阻碍了对更有效率技术的投资。

　　假设 3－2 的最后一部分也认为，依赖贸易商的生产商比
其他生产商更有效率。表 3.6 的第五列报告了生产效率的决定
因素，我们用第 i 企业的 TFP 指数相对于"平均"企业的 TFP
指数的比率来测量生产效率。在表 3.6 第五列中，我们可以观
察到销售给贸易商的比例极其显著的正的系数，这证实了生产
商与贸易商的交易能提高生产率的假设。如同我们所预期的，
作为产品质量一个指标的产品商标使用提高了生产率。同样，
教育更好的经营者更有效率，因为他们可能更有效率地组合生
产要素，同时作为经验指标的企业年龄也提高了生产效率，也
许是因为"干中学"效应的作用。换言之，经营经验构成了
管理型人力资本的一部分。教育提高了生产效率，这与博基和
特雷尔（1998）的发现及我们的假设 1 相一致。另一个重要
的发现是，已婚经营者更有效率，这表明夫妻双方更可能更有
效率地组合和管理他们的家务和生意。就企业区位而言，位于
URB 的企业要比在 SEM 的企业生产效率低。

表 3.6　肯尼亚服装产业集群中外部作坊、电动机器比例、单位产品收入、资本回报率和效率的影响因素

	(1) WKS 系数	(2) ElKratio 系数	(3) Lnrevpp 系数	(4) ROC 系数	(5) TFP 指数 系数
销售给贸易商比例	0.01**(2.94)	0.04**(5.51)	0.02**(3.65)	0.06*(2.90)	0.39**(7.82)
残差项	-0.32(-0.45)	-0.03(-1.49)	-0.01(-1.21)	-0.20(-1.35)	-0.17(-1.23)
Ln1995 年雇员数	-0.01(-0.59)	0.06(1.44)	0.26*(2.90)	-0.29(-0.40)	-1.64(-0.52)
Ln 企业年龄	0.69**(3.01)	-0.04(-0.73)	0.04(0.22)	0.56(2.36)	3.42**(9.66)
产品商标使用年限	0.001(0.86)	0.002(0.84)	0.01**(2.93)	0.02(0.35)	0.64*(2.86)
外部作坊	0.83**(5.67)	-0.02(-0.83)	0.01(2.93)	1.62**(8.79)	5.06(1.73)
男性	0.01(0.72)	0.02(0.36)	-0.03(-0.11)	1.07(2.92)	4.08(0.69)
已婚	0.09**(3.46)	0.26**(3.42)	0.56**(2.97)	2.42**(2.95)	11.04**(2.98)
多数族群	0.003(0.08)	-0.03(-1.70)	0.14(1.33)	-0.01(-0.03)	0.49(0.17)
出生在内罗毕	-0.03(-1.03)	0.05(0.75)	1.41**(3.87)	1.21(1.04)	1.30(0.16)
Ln 经营者年龄	0.41**(3.93)	0.26**(8.73)	0.24(0.39)	1.73(0.88)	11.66(0.94)
Ln 教育年限	-0.002(-0.10)	0.12**(2.94)	0.21(1.68)	3.84**(4.76)	18.33**(7.43)
以前职业在服装行业	-0.03(-0.45)	0.09**(7.26)	0.11(1.86)	0.35(0.39)	-2.70(-0.61)
服装制作培训	-0.01(-0.86)	0.06(1.53)	-0.05(-0.50)	-0.03(-0.15)	0.35(0.26)

续表 3.6

	(1) WKS 系数	(2) EIKratio 系数	(3) Lnrevpp 系数	(4) ROC 系数	(5) TFP 指数 系数
SUB	-0.11** (-6.08)	0.22 (1.53)	0.60 (1.53)	1.72 (0.92)	10.47 (1.37)
URB	-0.06* (-4.44)	-0.01 (-0.51)	-0.62** (-8.69)	-1.81** (-6.68)	-9.84** (-6.93)
常数项	0.34** (4.02)	-1.09** (-7.28)	9.41** (3.66)	-17.89** (-2.18)	-29.75** (-0.55)
R^2	0.77	0.26	0.15	0.34	0.35
样本规模	225	225	225	225	225

注: 因变量分别是: (1) 作坊区位虚拟变量 (1＝有外部作坊); (2) 电动机器价值在资本总额中的比重; (3) 单位产品收入的自然对数值; (4) 资本回报率, 即利润对再售价值的比率; (5) TFP (%) 是企业 i 的 TFP 指数对 "平均" 企业的 TFP 指数的比值。对方程 (1) 和 (2) 的估计分别使用里弗斯 - 布伦德尔 - 冯 (1988) 和史密斯 - 布伦德尔 (1986) 两阶段方法; 而方程 (3)、(4) 和 (5) 都是基于两阶段最小二乘法。系数后面括号中的数值是 T 检验或 Z 检验的数值。** 表示 p＜0.01, * 表示 p＜0.05。

3.4 总结性评论

　　一般而言，在肯尼亚，贸易商与在小微企业部门工作的经营者进行销售交易，这些贸易商不同于亚洲地区的贸易商。在亚洲地区，贸易商通常忙于大量相互联系的合约，这些合约涉及原料和信贷的供应以及对终端产品有担保的购买。例如，在菲律宾的外包生产体制中，基地在城市的贸易商（或发包商）设计布料，并将原料和贷款给予乡村的分包户，这些分包户使用廉价的农村劳动力来生产终端产品。然后发包商向分包商支付最终服装产品的报酬，并将这些产品运往城市地区或者海外市场销售，分包商正是从这些地方获得新来的订单（菊池，1998；园部哲史和布里奥尼斯，2001）。在对日本（伊藤和谷本，1998）以及对诸如意大利北部地区的艾米利亚·罗马涅（Emilia Romagna）地区（拉贝洛特，1995）和巴西圣诺斯谷（Sinos Valley）（施米茨，1995）的产业集群的研究中也发现了同样的生产模式。① 而在肯尼亚的案例中，关系合约能否在未来发展起来仍有待观察。不过，如同本研究所展示的，尽管他们很弱小，但肯尼亚小型服装贸易商的活动已经对从裁缝铺向小型制造商的转型产生了巨大影响。

　　在本章我们发现，拥有较强社会网络、值得信任且教育良好的生产商对贸易商更能得到贸易商的青睐。这些生产商在外

60

---

① 在所有案例中，道德风险和信息不对称都是通过强有力的社区纽带以及长期的合同关系来降低的。

部作坊中大批量制造更为标准化的产品，这能使他们享有更高的生产效率。与之相对，在内部店铺小批量生产非标准化产品的生产商往往直接为消费者制作服装。另外，依赖贸易商的企业和那些被年龄更长、已婚、教育良好和经验丰富的经营者所开办的企业使用更高比例的电动机器，从而带来更高的资本回报。

施米茨（1982）和麦克米克等人（1997）的研究中讨论了阻碍中小企业生产者绩效的障碍。这些障碍包括信贷市场的不健全、原料获取的困难及羸弱的需求。不仅在肯尼亚，而且在中国，通过地方政府建立的市场改善了市场进入（园部哲史等，2002，2004）。对于肯尼亚企业绩效的改善和基于集群的企业的转型来说，与贸易商交易的低成本看起来是一个特别重要的条件，但在肯尼亚那里，市场并没有得到很好的发育。这也许能部分地解释为什么肯尼亚的本土企业往往是基于家庭的，并且非常小，以致难以与基于工厂的现代企业的效率相比拟，这些现代企业的产品在相对发达的营销部门进行交易（例如，拉玛钱德朗和沙，1999）。因此，除非营销问题得到解决，否则非洲的本土制造企业可能无法获得高额利润。

总之，第 2 和第 3 章提供了明显的证据，贸易商在基于集群的企业的生产效率提高中扮演着关键角色。这明显支持了第 1 章的假设 2。这个发现极有可能意味着，建立完善的销售体系是成功的基于集群的产业发展的关键。第 2 和 3 章的分析也证实了管理型人力资本在改善经营效率中的极端重要性，这与假设 1 是一致的。只要创新性企业对营销知识、信息和技能的

61

获取有溢出效应，那么获取管理能力的社会收益就会超出私人收益。公共部门恰恰在这方面可以发挥潜在的作用，对企业经营者提供关于经营管理方面的培训项目。

管理型人力资本在
升级过程中的作用

4 越南钢材产业中的产品阶梯*

正如第 1 章的假设 1 所阐明的,我们预期,企业经营者的管理能力(在本研究中我们称之为管理型人力资本)在实现多方位创新中扮演着关键角色。本书第二部分(包括第 4 章和第 5 章)旨在基于对北部越南钢材集群和肯尼亚内罗毕金属制品集群的案例研究来证实这个假设。特别值得注意的是,在越南的钢材集群是基于村庄的乡村产业,这种乡村产业能够在亚洲发现,但在南部非洲却不能。

在一开始,我们想指出,在发展中国家,大多数穷人居住在乡村地区。为了减少贫困,在乡村经济中促进中小企业的发展已经成为这些国家的主要议程,因为中小企业为穷人创造了就业机会(汉弗莱和施米茨,1996;速水,1998;大冢启二郎等,2009)。中国在总体经济发展和贫困减少上的成功可以归结为 20 世纪 80 年代和 90 年代乡镇企业(TVEs)的成功发展,这明显表明了中小企业发展的重要性(赫斯顿和史泰丽,2008)。那么,像越南这样的其他转型国家是否可以获得像中

---

* 本章利用了武黄楠等人(2009)的研究成果。

国那样的成功呢？这个问题仍需进一步研究。

在越南的乡村地区，特别是在越南北部的乡村地区，存在着大量的基于乡村的产业集群，它们由家庭企业和中小企业构成（日本国际协力机构，2004；本书第 2 章）。这些集群经常位于村庄范围内，在这些村庄里大量的扩展家庭世代聚居于此。许多村庄用手工或者借助简单机器生产像丝绸和竹制家具等传统产品。在海默和雷斯尼克（1969）的意义上，这些产品可被称之为 Z 商品。一些其他的村庄已经转变为现代产业集群，在这些集群中，使用现代技术和机器来生产拉尼斯和斯图尔特（1993）所称之为的现代 Z 商品。不过，除了本书第 2 章之外，这些基于村庄的产业集群的转型过程尚未得到仔细研究。

本章展现了对越南北部基于村庄的产业集群的另一个案例研究。与越南其他基于村庄的产业集群类似，这个集群的发展也受到位于村庄附近的国有企业和村庄里一家合作社的影响。经由合作社从国有企业收到分包订单，村庄里的家庭因而获得机器、技术及管理和营销中的诀窍，以生产新的和现代的产品。在这个意义上，村庄企业的发展类似于中国上海和江苏郊区的乡镇集体企业的发展（村上等，1994，1996）。越南北部村庄产业发展的另一个重要并且也许独特的方面是企业的所有者（他们最初建立了他们的生意）与他们的家庭成员（包括父母和兄弟姐妹）之间密集的家庭联系。这些家庭联系构成了企业主的社会资本，它们看起来影响了企业主关于生产什么及如何改进产品质量、生产组织和营销渠道的决定。

基于对 204 家企业的调查数据，本章集中探讨产品线的改进、产品质量、原料获取、产品营销、劳动管理及企业总体绩效的决定因素。为了生产现代的和更高质量的产品，企业必须要获取更高质量的原料。因为通过肉眼观测很难检查新原料和改良产品的质量，企业逐渐从与地方市场中的地方贸易商的匿名交易转向与外部贸易商的长期直接交易。另外，劳动力的管理通过加强与工头的关系得到改进。与第 1 章提出的假设 1 相一致，我们推测，业主通过正规教育获得的通用性人力资本以及营销和管理经验在产品、生产组织、营销渠道及企业绩效的改进中扮演着关键角色。我们也假设，企业主的社会资本（用与父亲、岳父、血亲兄弟姐妹和姻亲兄弟姐妹的家庭关系来测量）促进了多方位的改进和企业绩效的提升。

67

　　本章的安排如下：4.1 节在扼要描述了所研究村庄的钢铁生产的历史背景及营销和生产组织之后，提出了待检验的研究假设。4.2 节说明了我们的抽样方法和样本企业的特征，接下来的 4.3 节报告了回归分析结果。最后，在 4.4 节总结了主要的研究发现及其政策含义。

4.1 历史背景和假设

4.1.1 钢铁生产的传统

　　本研究的村庄名为多会（Dahoi）。它位于被诸如海防（Haiphong）和广宁（Quangninh）这些大城市所包围的一个省。海防是一个港口城市，通过这个港口进口钢板并获得废金属，而广宁那里生产炭。许多国有企业位于这些城市中，它们影响了这个村庄钢铁产品的生产。例如，太原（Thainguyen）钢铁国营企业是多会村新产品的知识来源，这家国有企业位于村庄西北大约 80 公里处，过去在钢铁产品市场上拥有垄断势力，并且在钢铁生产的原材料和劳动力市场上具有买方垄断势力。这些国有企业也为村庄提供原料、机器、熟练工人、管理诀窍及市场信息。

历史上，多会是一个铁匠村，可追溯到 400 年前。在大部分历史时期，村庄生产简单的农业工具。在 20 世纪初，殖民贸易的崩溃为村庄提供了向国内市场供应铁锹、锄头之类产品的机会，而这些产品以前需要进口（迪格瑞尔，2001）。在 1950 年代的反法战争期间，该村庄生产像匕首和刺刀之类的武器。

1958 年，村庄里建立了一家合作社，55 户家庭成为社员。附近的国有企业将农具和武器部件的生产外包给合作社，就如同中国的国有企业向乡镇企业外包一样（村上等，1994，1996；刘和大冢启二郎，1998）。通过成为合作社的成员及与国有企业的紧密联系，村庄里的家庭获得了技术知识和市场信息。直到 20 世纪 80 年代早期，不仅家庭生产被官方禁止，而且跨越地区边界的私人商业活动要被没收充公。到了 1985 年，由于越南国有企业的产品无法与来自中国的进口产品相竞争，村庄里的合作社关闭了，并且国有企业停止了向合作社的外包。从那时起，村庄里所有的生产都由家庭企业来从事了。

1986 年越南实行了促进私营经济和释放国内市场的改革政策（Doi Moi），这些改革政策为村庄里家庭生产的发展带来了有利条件。当一位村民在 1986 年创办了一个家庭企业生产

68

线材时，不同寻常的变化开始发生了。以前，只有太原钢铁国营企业才能生产线材。通过参观这家国有企业，这位村民成功地模仿了线材的生产方法，甚至通过使用切割的钢坯作为原料降低了生产成本。切割的钢坯是廉价的废钢板的细条，它们通过人工操作的大剪刀切割而成。村庄里生产的线材起初很粗糙，但很便宜，所以它们能够满足越南穷人的需求。线材可以直接用于房屋建筑，或者被加工成钉子。线材的生产很快被村庄里的其他家庭企业所模仿。因此，对切割的钢坯的需求大大增加。将废旧钢板切割成钢坯的技术也迅速地扩散。结果，乡村企业要么专门生产线材，要么专门生产切割的钢坯，从独立的生产者转化为专门化的和相互依赖的生产单位。

在 20 世纪 90 年代初，乡村企业开始生产方形和圆形的钢材，它们比线材更为现代，用于房屋建筑。圆形和方形的钢筋是通过使用从俄罗斯进口的或者太原钢铁国营企业生产的铸坯来生产的强化钢筋。通过参观这家国有企业以采购铸坯，村民们学会了铸坯技术，并开始通过借助化学物质溶化废金属来生产它们。后来，村民们可以获得从中国进口的便宜的电弧炼钢炉，并且电力供应也得到改善，这为大量村民进入铸造行业提供了可能。

1997 年，第一个生产线材的村民注意到其利润的下降，并决定生产角钢，它是 U 形或 V 形的建材钢。由于要求角度的精确，角钢是技术最难的产品。与其他产品相比，角钢的生产要求使用更高质量的铸坯和更为先进的机器。到了 20 世纪 90 年代末，所有当时被生产的各种类型的产品都被引入到多会村。多会村逐渐因其建材产品而远近闻名，并吸引了大量贸易商为村庄供应原材料和从村庄购买终端产品。

4.1.2 销售和生产组织

图 4.1 展示了多会村企业之间的专门化和劳动分工。乡村 69
企业专门生产切割的钢坯、线材、铸坯、方形和圆形钢、或者
角钢①，这些产品是按从最简单和最粗糙到最复杂和最现代的
顺序排列的。实际上，这些产品的生产形成了一个多会村企业
正在向上攀升的产品阶梯。例如，许多村庄企业已经将它们的
产品线从切割钢坯转向线材，或者从铸坯转向角钢。

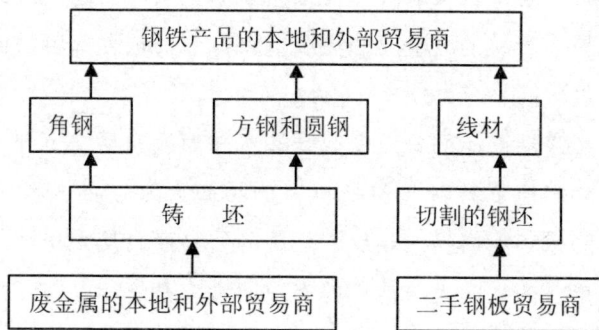

图 4.1　越南钢材产业集群的营销渠道和生产组织

生产钢铁终端产品（即线材、方钢和圆钢、角钢）的企
业从村庄中其他企业那里获得中间产品（即切割或铸造的钢
坯）。生产切割钢坯的企业从海防省获得二手钢板。二手钢板
是从海外造船点进口的边角料或者由国内的轮船拆卸点供应的

---

① 尽管一些大型轧钢厂也在自己经营的工厂里生产铸坯本身，但它们把所
有的铸坯都用来生产钢铁终端产品而不是卖给其他企业。

废旧钢板。过去，村庄里只有少量的地方商人从事这些钢板的生意。不过，现在由于连接村庄与海防省之间的道路网络的改善，企业主亲自去购买这些钢板。

生产铸坯的企业从本地和外部贸易商那里获得废金属作为原料。本地贸易商将废金属带到村庄里的一个地方市场，在这里进行匿名的现场交易。对于企业主们来说，检验这些在地方市场上销售的废金属的品质是费时且困难的。事实上，地方市场上销售的废金属可能是包含着金属之外物质的"次品"。与之相对，外部贸易商将废金属直接卖给铸造钢坯的企业，并且和这些客户维持长久的交易关系，以避免次品问题。因此，被本地贸易商交易的废金属往往质量较低，而被外部贸易商交易的则质量较高。

生产终端产品的村庄企业既和本地商人交易，也和外部商人交易。本地贸易商（包括村里的小商人和店铺）和业主在匿名化的市场上交易。相反，外部的贸易商直接发出大批量产品的订单。外部商人与他们的客户通常有基于相互信任的长期关系。被外部商人直接交易的产品的质量也要高于被本地贸易商通过地方市场交易的产品，这与园部哲史等人（2002，2004）对中国的观察是一致的。尽管本章我们并没有集中探讨贸易商的作用，但是毋庸置疑他们是非常重要的，如同在第2和第3章中所报告的案例研究那样。

除了那些生产切割钢坯的企业，其他企业往往在一个工头的监督下组织一个工人团队进行生产。在任何时候，一家企业只有一个工头。工头承担着重要的角色，他们不仅是监督者，而且还是技师，因为他们负责重要的技术问题，比如调整溶化金属的温度、混合到溶化金属中的化学物质的数量以及机器等。企业主和工头并不是通过正式的书面合同而是通过他们之间的非正式协定来确立关系。

4.1.3　可检验的假设

许多乡村企业已经把它们的产品线从不太现代的产品升级到更为现代的产品，因为生产后者能为它们提供更为盈利的机会。为了能够适应这些新的机会，教育是非常有价值的（舒尔茨，1975），在这个意义上，我们预期，企业主的教育是影响其决定生产更为现代的产品的一个关键因素。

除了增加更为现代的产品的生产，产品质量也明显地得到改进。当产品质量提高了，原料供应商、生产者与贸易商之间的交易成本往往也会增加，因为事先检测质量的困难增加了。为了降低交易成本，并确保无缺陷产品的及时递交，直接从外部贸易商获取高质量原料和把改进型产品卖给外部贸易商比在地方市场上通过贸易商进行匿名化的交易更为有效。实际上多会村的企业主们已经试图这样做了。而且，他们通过加强与工头的关系改进了对劳动力的管理。因为工头谙熟生产，所以他们经常被其他企业所觊觎。因此，对业主来说非常重要的是，通过向工头提供除工资之外的激励（比如津贴）来强化与他们的关系，以诱使他们长期在这里工作。教育水平更高的企业主更可能做出这样的决定。

实际上，在东亚基于集群的产业发展中，学者们已经发现了正规教育与创新之间的强烈关联（例如园部哲史和大冢启二郎，2006，及本书的第2和3章）。因此，关于通过正规教

71

育获得通用性人力资本的作用，提出如下假设似乎是合理的：

关于通用性人力资本作用的假设 4 - 1（GHC）：教育水平更高的企业主倾向于生产更为现代和更高质量的产品，增加与外部贸易商的长期直接交易，与工头形成长期合约关系，以及获得比其他企业主更好的绩效。

像越南这样的前社会主义国家，商业活动和私人经济过去是被抑制的。结果，营销和管理方面的专门技能在乡村地区是稀缺的，相应地，在乡村产业中营销和管理经验的价值非常高。例如，企业主通过营销经历获得的专用性人力资本将有助于他/她以较低成本获得原料并以较高价格卖出产品。与外部贸易商的长期直接交易比与本地贸易商的匿名化现场交易更为盈利，在这个意义上，我们预期，以往有营销经验的企业主将从外部贸易商那里获取原料并将产品销售给他们，同时与他们维持长期交易关系。同样，我们预期，与管理有关的专用性人力资本主要在劳动力管理、库存控制、会计及企业内部的其他管理任务中发挥着重要作用。在这些管理任务中，与工头维持良好关系是特别重要的，因为工头对于企业运作有着重要的贡献。通过下移边际成本曲线，或者上移边际收入曲线，或者兼而有之，这两种类型的以往经验将带来更好的总体商业结果。关于企业主的专用性人力资本，我们将提出如下假设：

关于专用性人力资本作用的假设 4 - 2（SHC）：企业主的营销经验和管理经验使得他/她可以与外部贸易商进行直接和长期交易，并与工头达成长期合约，这二者提高了企业绩效。

尽管我们在本章区分了通用性与专用性人力资本，但这两者都是第 1 章所讨论的管理型人力资本的不可或缺的组成部分。

在越南的村庄，扩展家庭聚居在一起，那里有这样一个传统，当父母退休后，他们将私家生意移交给成年长子。有趣的是，我们观察到多会村的妇女可以从事生意，以致一些父母将生意移交给他们的长女。因此，企业主的父母和其配偶的父母可能会影响他/她生产什么的决定。不过，在生意被移交后，他们可能不会影响他/她如何创新的决定，这似乎是合理的预期。

接管父母生意的年龄最大的孩子有责任帮助他的弟弟和妹妹，比如，雇他们为工人，提供金融或技术帮助，或者当他们后来自立门户时为他们介绍客户。村庄里这些强烈的家庭联系类似于已经在巴基斯坦手术器械集群的个案中所观察到的那样（纳德维，1996）。预期这些家庭成员会影响企业主关于生产什么和如何创新的决定，以及随后企业的绩效似乎是合理的。因此，我们提出如下假设：

关于社会资本作用的假设4–3（SC）：企业主的父母和其配偶的父母会影响他/她关于生产什么的决定，而他或她的血亲兄弟姐妹和姻亲兄弟姐妹会影响产品质量的改进、与外部贸易商长期直接交易的增加、与工头的合约持续期以及企业的总体绩效。

4.2 样本企业的特征

我们于2007年夏天在多会村进行了一次调查。根据公社政府办公室提供的企业名单，有133家生产切割钢坯的企业，

39 家生产线材的企业，118 家生产铸坯的企业，42 家生产圆钢和方钢的企业，及 40 家生产角钢的企业。[①] 基于这份名单，我们访谈了所有生产线材、方钢和圆钢及角钢的企业。我们随机选取了 42 家生产切割钢坯的企业和 44 家生产铸坯的企业。由于其信息不完全，我们将 2 家生产切割钢坯的企业和 1 家生产铸坯的企业剔除出我们的样本。因此，我们的样本由 204 家企业构成。数据库中包含着关于 2000、2002、2004 和 2006 年的生产和成本、营销及生产组织的回溯信息。

如同表 4.1 底部所显示的，2000 年时 204 家样本企业中有 152 家正在运营。在我们研究的时期内，36 家企业升级了他们的产品线。4 家企业因为无法与其他企业竞争，故将它们的产品从方钢和圆钢变为铸坯。另外 32 家企业从不太现代的产品攀升至更为现代的产品阶梯：6 家从切割钢坯变为线材；10 家从切割钢坯或线材变为铸坯；4 家从切割钢坯、线材或铸坯变为方形和圆形钢；12 家从切割钢坯、线材、铸坯或方钢和圆钢到角钢。与那些循规蹈矩的企业相比，沿着产品阶梯向上攀升的企业拥有更好的总体绩效。

作为企业总体绩效的指标，我们用工人数量来测量雇佣规模，用附加值来测量经营规模[②]以及用劳动生产率（定义为每个工人创造的附加值）来测量生产效率。表 4.1 的上部显示

---

① 在村子里，有把线材深加工成诸如钉子之类杂项制品的小型家族企业、木炭和工业气体的经销商、出租卡车的所有者以及机器修理店。不过，我们并没有将这些家庭企业和商人包含在样本中。

② 附加值被定义为销售收入减去原料和电力成本。

了生产不同产品的企业之间在总体绩效上的差距。在沿着产品
阶梯向上攀升时，如果其产品更为现代，企业的平均工人数
量、平均真实附加值及平均劳动生产率要更高。例如，2006
年时，生产角钢和生产切割钢坯的企业之间的平均雇员规模和
实际附加值之间的差异大概分别是 3.5 倍和 25 倍。结果，前
者的劳动生产率平均是后者的大约 6 倍。随着时间的推移，前
者的雇员规模、运营规模及劳动生产率也比后者增加得更快。
这些观察表明，新产品和现代产业的生产为村庄企业创造了扩
张经营和改进绩效的机会。

74

表 4.1 越南钢材产业集群中不同部门的样本企业的
平均雇员规模和生产规模

	切割钢坯 （1）	线材 （2）	铸坯 （3）	方钢和圆钢 （4）	角钢 （5）
工人数量					
2006	10.2	21.0	16.1	27.3	36.0
2004	9.8	20.4	15.8	25.8	30.8
2002	9.6	19.1	15.7	23.3	27.2
2000	9.9	19.0	15.6	22.7	26.5
实际附加值（1 亿越南盾）					
2006	1.4	4.3	4.9	15.4	35.1
2004	1.4	3.7	4.8	12.2	25.0
2002	1.0	2.7	4.5	8.3	17.1
2000	1.0	2.0	3.4	5.8	11.4
劳动生产率（实际附加值/ 工人数）					
2006	14.1	20.9	30.3	53.9	86.7
2004	14.8	18.5	29.4	46.5	77.1
2002	11.2	14.6	26.8	35.6	62.8

续表 4.1

	切割钢坯 （1）	线材 （2）	铸坯 （3）	方钢和圆钢 （4）	角钢 （5）
2000	10.4	10.8	20.7	25.3	43.5
样本企业数量					
2006	40	39	43	42	40
2004	41	38	44	41	37
2002	36	36	30	41	29
2000	36	29	26	38	23

注：附加值用来自越南国家统计局钢铁价格指数进行了平减化处理（1995 = 100）。

除了升级产品线，村庄里的企业还提高了产品质量、改进了获取原料和销售产品的方法，并提升了劳动管理。表 4.2 展示了产品和原料的平均真实价格。这些平均真实价格随着时间推移而增加的事实表明，如果产品的价格指数（它被作为平减指数）捕获了一般的价格趋势，那么村庄企业已经持续地提高了产品质量。表 4.3 报告了获取原料和营销产品方法的改进。生产铸坯的企业增加了直接从外部贸易商获取原料的比例，从 2000 年的 44.5% 增加到 2006 年的 65.6%。根据我们的访谈，企业直接从外部贸易商获取原料，并和它们保持长期关系，不仅保证了质量，而且保证了原料供应的稳定性。表 4.3 也表明，生产线材、方形和圆形钢及角钢的企业长期直接销售给外部贸易商的比例从 2000 年到 2006 年增加了大约 1.5 倍。2006 年，生产方钢和圆钢及角钢的企业长期直接销售的比例大约是 68%，而那些生产线材的企业长期直接销售的比例只有 11%。这些观察结果表明，对于生产更为现代产品的企业而言，长期直接销售给外部贸易商是极为重要的。

表 4.2　越南钢材产业集群中不同部门的产品和原料的
平均真实单位价格（100 万越南盾）

	切割钢坯 （1）	线材 （2）	铸坯 （3）	方钢和圆钢 （4）	角钢 （5）
2006	4.9（4.6）	5.8	4.9（3.9）	5.9	6.4
2004	4.5（4.2）	5.2	4.4（3.4）	5.2	5.6
2002	3.7（3.4）	4.3	3.7（2.8）	4.2	4.8
2000	2.9（2.6）	3.3	2.8（2.1）	3.1	3.6

注：产品和原料的单位价格用来自越南国家统计局的钢铁产品价格指数进行了平减化处理（1995 = 100）。括号里的数值是原料的平均真实单位价格。

表 4.3　越南钢材产业集群中不同部门从外部贸易商长期直接
获取原料和长期直接销售产品给外部贸易商的比例（%）

	产品销售	原料获取	产品销售	
	线材 （1）	铸坯 （2）	方钢和圆钢 （3）	角钢 （4）
2006	11.1	65.6	68.0	67.3
2004	10.7	59.7	59.2	57.5
2002	9.4	51.4	46.3	49.6
2000	7.1	44.5	41.4	42.7

　　表 4.4 展示了工头的平均工作年限，用从企业开始生产特定产品起所经历的年数除以在那段时期雇佣的工头的数量来测量。在我们所研究的期限内，工头的平均工作年限在增加，这表明村庄企业已经加强了与工头的关系。对那些生产更为现代产品的企业而言，工头的平均工作年限更长，这表明在现代产品生产中长期雇佣工头的重要性。因此，从表 4.1 ~ 4.4 的所

有结果都表明，伴随着原料获取、产品营销和劳工管理上的改进，企业开始生产更为现代和更高质量的产品。这些改进可被称之为多方位的创新。

表 4.4　越南钢材集群中工头的平均工作年限

	切割钢坯 （1）	线材 （2）	铸坯 （3）	方钢和圆钢 （4）	角钢 （5）
2006	n. a.	1.2	1.8	2.0	2.2
2004	n. a.	1.0	1.6	1.9	1.9
2002	n. a.	0.8	1.6	1.7	1.7
2000	n. a.	0.7	1.3	1.5	1.2

注：n. a. 表示生产切割钢坯的企业没有工头。

　　表 4.5 报告了样本企业主的特征。在 5 个部门中，企业主的平均年龄和男性比例是类似的。不过，他们在正规教育上是不同的。沿着产品阶梯向上攀升，企业主的平均教育年限在增加。例如，生产角钢的企业主的平均教育年限为 8.4 年，而生产切割钢坯的企业主只有 4.9 年。这个观察支持假设 GHC，产品越为现代，业主的正规教育变得越为重要。尽管存在一些例外，表 4.5 显示，如果企业生产更为现代的产品，那么企业主父母和其配偶父母过去在钢材行业工作的比例更高。产品更为现代的企业主也拥有更多的在调查企业建立之前就已经创立了自己生意的血亲兄弟姐妹。这些发现支持了关于社会资本作用的假设（SC）。为了提供具体的证据，我们试图在控制其他特征的条件下，估计企业主的这些特征对其决定生产什么的影响。

　　如同表 4.5 所示，如果他们生产铸坯的话，拥有营销经验的企业主的比例和拥有生产经验的企业主的比例令人吃惊地低。在我们所研究的期限间，分别有4家和6家企业将它们的产品线从切割铸坯和线材转向铸坯。这些企业主之前并没有营销或生产经验。不过，他们平均有13.4年的高层管理经验，这比继续生产切割铸坯和线材的企业主高2.5年。这些观察表明，营销、生产和管理上的经验可能是相互替代的。

表4.5　2006年越南钢材集群中不同部门的企业主和企业的特征

	切割钢坯(1)	线材(2)	铸坯(3)	方钢和圆钢(4)	角钢(5)
个人：					
教育年限	4.9	6.4	6.7	7.3	8.4
之前的营销经验（%）	17.5	23.1	18.6	40.5	27.5
之前的生产经验（%）	52.5	64.1	18.6	52.4	47.5
业主年龄	34.5	36.7	38.6	37.3	35.9
男性比例	40.0	64.1	41.9	40.5	42.5
家庭：父母过去从事钢材行业（%）	57.5	71.8	72.0	83.3	75.0
配偶父母过去从事钢材行业（%）	42.5	61.5	53.5	57.1	60.0
血亲兄弟姐妹数量	1.1	0.7	0.9	1.1	1.2
姻亲兄弟姐妹数量	0.7	1.1	0.6	0.7	0.8
企业历史:运营年限	8.7	10.9	13.3	12.6	10.9
高层管理年限	8.5	10.9	13.3	11.7	10.4
生产当前产品年限	8.0	6.9	5.9	7.5	6.1
自有初始投资（%）	64.1	70.8	79.1	79.8	79.8

注：表中数据反映的是平均每个企业主和每个企业的情况；血亲和姻亲兄弟姐妹数量是在调查企业建立之前已经创立自己生意的兄弟姐妹数量。

表4.5进一步展现了运营年限和企业经营生产当前产品的

年限之间的差异。如果企业生产切割铸坯，这种差异是可以忽略的。不过，对于其他部门而言，这种差异是显著的，从4.0年到7.4年不等。这个发现表明，在企业沿产品线向上攀升转向生产更为现代的产品之前，企业往往有生产不太现代产品的经验。表4.5也表明，样本企业的初始投资主要依赖于企业主的自有资本，据我们所知这是一种普遍情况。

4.3 估计方法和结果

4.3.1 估计方法

村庄里产品阶梯的存在和企业向上攀升的策略表明，它们选择生产什么并不是随机的。如果不能充分解释跨越不同产品类别的企业的潜在非随机排序，则可能导致对其绩效决定因素的有偏估计。因此，我们使用赫克曼（Heckman）两阶段估计方法。正如表4.1中所清晰展现的，沿着产品阶梯，企业生产的产品越现代，则雇佣规模和运营规模越大，劳动生产率越高。因此，在第一阶段估计中，我们使用有序 probit 模型。具体而言，如表4.5中所展示的，我们将五个产品线沿着产品阶梯的顺序编号为从1到5作为因变量进行回归，解释变量包括企业主的个人和家庭特征以及显示企业历史的两个变量，即高层管理的年限和自有初始投资的比例。在第一阶段，如果发现企业主的教育年限对他/她生产现代产品的决定具有正向影响，这将为关于通用性人力资本作用的假设4-1提供支持。如果他/她在管理上的经验及他/她的父母和配偶父母在钢铁生产中

的职业有类似的影响，那么关于专用性人力资本的假设 4-2
和社会资本的假设 4-3 也将得到支持。在第二阶段，我们试 79
图估计解释产品价格、从外部贸易商长期直接获取原料和长期
直接销售给外部贸易商的比例、工头的平均工作年限、附加值
以及劳动生产率的函数。解释变量与第一阶段的相同，再加上
逆向米尔斯比率（inverse Mills ratios），它基于第一阶段估计
值计算得出，在估计中被用于解释选择性偏差。

　　企业主的人力资本和社会资本会影响企业多方位的创新，
目前为止我们所给出的这个主要观点立基于一个明显的推测，
即这些改进有助于企业绩效的提高。因此，估计这些改进对附
加值和劳动生产率的影响是值得尝试的。如果发现这些影响是
正的，那么我们的推测将是合理的。

　　应用赫克曼两阶段估计法所依赖的变量，会影响企业主生
产什么的决定，但并不直接影响企业的多方位改进和绩效，它
们被排除出了第二阶段的估计。在多会村，因为许多村民世代
从事钢铁产品生产，假定企业主的父母和其配偶父母的职业过
去是否在钢铁行业可以作为这样的识别限制（identification
restriction），这似乎是合理的。实际上，当我们估计用来解释
产品质量、生产组织、营销渠道及企业总体绩效提高的简化形
式的函数时，我们观察到，企业主父母和其配偶父母的职业并
没有任何直接影响。我们将四年的数据混合在一起，并在所有
回归中使用了年度虚拟变量。

4.3.2 估计结果

　　表 4.6 中的第一栏报告了对附加值的影响因素的赫克曼两

阶段估计的第一阶段估计结果。企业主的教育年限对他/她生产更为现代产品选择的影响是正的，并且非常显著，这支持了关于通用性人力资本的假设4-1。企业主的高层管理年限也对这个决定具有显著的正向影响，这与关于专用性人力资本的假设4-2相一致。而且，企业主在钢铁生产方面的经验对这个决定的影响也是正向且显著的。这些观察表明，有能力的企业主沿着产品阶梯向上攀升以生产更为现代的产品。表示企业主的父母和其配偶的父母从事过钢铁行业的虚拟变量对他/她生产什么的决定也有显著的正向影响，这支持了关于社会资本的假设4-3。另外，企业主的血亲兄弟姐妹的数量对这个决定的影响也是正的且显著。这些发现表明，企业主的家庭联系是生产更为现代的产品的重要决定因素。表4.6也报告了企业主的自有初始投资比例对他/她生产什么的决定有显著的正向影响。这些发现表明，已经积累更大数量金融资本的企业主往往生产更为现代的产品。

表4.6的第二到第六栏展示了对附加值影响因素的第二阶段估计的结果。除了生产切割钢坯（这是最简单的产品）的企业，企业主的教育年限及企业主的血亲兄弟姐妹和姻亲兄弟姐妹的数量对企业的附加值都有显著的正向影响。这些发现支持关于企业主的正规教育和家庭关系影响企业运营规模的假设4-1和4-3。表4.6进一步报告了企业主以前的营销经验对运营规模的显著正向影响，这和假设4-2是一致的，即营销经验是稀缺的，因此在乡村产业中是有价值的。① 第二栏中逆

---

① 这与我们在第1章所提出的假设相一致。

向米尔斯比率的显著负向的系数表明，在不校正选择性偏差的情况下，回归是有偏的。① 对于生产切割铸坯的企业而言，除了 2002 年虚拟变量外，其他年度虚拟变量在运营规模的回归中是正的且显著，这表明乡村企业随着时间推移扩张了它们的经营规模。

表 4.6　越南钢材产业集群中经营规模的影响因素

（赫克曼两阶段模型）

	第一阶段		第二阶段——Ln 附加值			
	（1）	切割钢坯 （2）	线材 （3）	铸坯 （4）	方钢和圆钢 （5）	角钢 （6）
教育年限	0.205** (11.47)	−0.052 (−0.94)	0.077* (1.85)	0.073* (1.78)	0.107** (2.39)	0.108** (2.16)
高层管理的年限	0.032** (3.44)	−0.002 (−0.15)	0.027** (2.66)	0.004 (0.46)	0.005 (0.50)	0.036** (2.65)
以前营销经验虚拟变量	0.065 (0.67)	0.210* (1.75)	0.167** (2.20)	0.243** (3.00)	0.150** (2.53)	0.282** (3.08)
以前生产经验虚拟变量	0.154* (1.73)	−0.116 (−1.15)	0.132* (1.77)	0.432** (4.88)	0.128* (1.69)	0.034 (0.30)
父母虚拟变量	0.185* (1.84)					
配偶父母虚拟变量	0.221** (2.58)					
血亲兄弟姐妹数量	0.082** (2.54)	0.013 (0.29)	0.049* (1.74)	0.103** (3.95)	0.093** (3.35)	0.089** (2.64)

---

① 没有加入逆向米尔斯比率的回归分析结果表明偏差是向上的，表 4.6 没有报告该结果。

续表 4.6

	第一阶段	第二阶段——Ln 附加值				
		切割钢坯	线材	铸坯	方钢和圆钢	角钢
	(1)	(2)	(3)	(4)	(5)	(6)
姻亲兄弟姐妹数量	0.004	0.045	0.055**	0.084**	0.093**	0.127**
	(0.12)	(1.52)	(2.33)	(2.26)	(4.37)	(3.65)
经营者年龄	0.009	0.002	-0.002	-0.013**	-0.002	-0.011
	(1.44)	(0.22)	(-0.35)	(-2.79)	(-0.46)	(-1.51)
性别（男性=1）	-0.308**	0.113	-0.022	0.008	0.027	0.044
	(-3.61)	(0.93)	(-0.30)	(0.11)	(0.33)	(0.41)
自有初始投资比例	1.608**	-0.420	0.310	-0.241	0.091	0.062
	(6.00)	(-1.01)	(0.92)	(-0.63)	(0.24)	(0.15)
2006 年	-0.095	0.510**	0.641**	0.594**	0.905**	0.748**
	(-0.78)	(4.12)	(7.66)	(6.80)	(11.47)	(6.78)
2004 年	-0.042	0.518**	0.496**	0.457**	0.687**	0.525**
	(-0.36)	(4.45)	(6.31)	(5.67)	(9.30)	(5.08)
2002 年	-0.005	0.001	0.220**	0.270**	0.321**	0.260**
	(-0.04)	(0.01)	(2.86)	(3.29)	(4.49)	(2.51)
逆向米尔斯比率		-0.712**	0.052	-0.028	0.061	-0.069
		(-2.01)	(0.26)	(-0.15)	(0.28)	(-0.22)
常数项		4.142**	4.363**	5.556**	5.285**	6.135**
		(11.03)	(8.33)	(8.22)	(6.37)	(4.75)
观察数	729	153	142	143	162	129

注：括号里的数值是 T 检验值。** 表示 $p < 0.01$，* 表示 $p < 0.05$（单尾检验）。

　　除了对经营规模决定因素的研究之外，我们还估计了劳动生产率的影响因素（表 4.7）。企业主的教育年限对生产铸坯、方钢和圆钢及角钢的企业的劳动生产率的影响是正的且显著，而对于生产切割钢坯和线材的企业来说则是不显著的。这些发现与关于通用性人力资本的假设 4-1 是一致的，它表明，当企业生产更为现代的产品时，企业主的正规教育对于提高生产率是特别重要的。与关于专用性人力资本的假设 4-2 相一致，除了生产切割钢坯的企业之外，企业主的高层管理年限对所有企业的劳动生产率都有显著的正向影响。

表 4.7　越南钢材产业集群中劳动生产率的影响因素
（赫克曼两阶段模型）

	Ln（附加值/工人数量）				
	切割钢坯 （1）	线材 （2）	铸坯 （3）	方钢和圆钢 （4）	角钢 （5）
教育年限	-0.040 （-0.68）	0.066 （1.51）	0.072** （2.34）	0.095** （2.40）	0.083** （2.63）
高层管理年限	0.014 （0.94）	0.022** （2.01）	0.013* （1.89）	0.015* （1.80）	0.017** （2.02）
以前营销经验 虚拟变量	0.001 （0.01）	0.086 （1.07）	0.094 （1.54）	0.070 （1.31）	0.066 （1.14）
以前生产经验 虚拟变量	-0.132 （-1.27）	0.093 （1.17）	0.286** （4.30）	0.069 （1.03）	0.051 （0.70）
血亲兄弟姐妹 数量	0.006 （0.13）	0.018 （0.61）	0.065** （3.31）	0.063** （2.53）	0.032 （1.50）
姻亲兄弟姐妹 数量	0.048 （1.58）	-0.006 （-0.25）	0.029 （1.02）	0.071** （3.75）	0.028 （1.26）
经营者年龄	-0.002 （-0.21）	-0.002 （-0.39）	-0.010** （-2.75）	0.002 （0.61）	-0.001 （-0.30）
性别（男性=1）	0.202 （1.55）	-0.013 （-0.16）	0.051 （0.90）	-0.039 （-0.53）	-0.013 （-0.20）

续表 4.7

	Ln(附加值/工人数量)				
	切割钢坯 （1）	线材 （2）	铸坯 （3）	方钢和圆钢 （4）	角钢 （5）
自有初始 投资比例	- 0.240 （- 0.54）	0.374 （1.04）	0.107 （0.37）	0.220 （0.64）	- 0.147 （- 0.56）
2006 年	0.415** （3.13）	0.565** （6.38）	0.458** （6.95）	0.677** （9.60）	0.529** （7.56）
2004 年	0.480** （3.86）	0.440** （5.27）	0.387** （6.35）	0.532** （8.05）	0.425** （6.48）
2002 年	- 0.004 （- 0.03）	0.215** （2.64）	0.245** （3.95）	0.282** （4.41）	0.268** （4.07）
逆向米尔斯 比率	- 0.493 （- 1.28）	0.067 （0.32）	0.092 （0.65）	0.128 （0.67）	0.051 （0.25）
常数项	1.989** （5.16）	1.638** （2.95）	2.524** （4.95）	2.034** （2.75）	3.111** （3.79）
观察数	153	142	143	162	129

注：括号里是 CT 检验值。** 表示 $p < 0.01$，* 表示 $p < 0.05$（单尾检验）。

企业主的营销经验对劳动生产率的影响是正的，但不显著。结合表 4.6 所显示的它对附加值有正向影响的先前发现，这个发现表明，拥有以往营销经验的企业主往往在不提高劳动生产率的前提下扩张经营规模。表 4.7 进一步显示了，企业主血亲和姻亲兄弟姐妹的数量对生产铸坯及方钢和圆钢的企业的劳动生产率有显著的正向影响，这支持了关于社会资本的假设 4 - 3。逆向米尔斯比率系数的不显著表明，在对劳动生产率决定因素的估计中选择性偏差并不成问题。年度虚拟变量对劳动生产率的影响类似于表4.6中它对经营规模的影响，这表明，村庄企业在更近的年份有更高的劳动生产率。

表4.8展示了对产品价格影响因素的第二阶段估计结果。除了对切割钢坯价格的影响，企业主教育年限对产品价格的影响是正的且显著，这表明如同假设4-1所提出的，企业主的正规教育对于提高现代产品的质量至关重要。尽管如同表4.2中所显示的，切割钢坯的真实价格随着时间发展而提高，但表4.8的结果却表明，教育良好的企业主并不一定生产高价格的切割钢坯。企业主的教育年限对生产切割钢坯企业的经营规模（表4.6）和劳动生产率（表4.7）的影响不显著可能与它对价格的影响不显著（如表4.8中所示）有关。

表4.8　越南钢材集群中产品价格的影响因素（赫克曼两阶段模型）

	Ln（产品价格）				
	切割钢坯 （1）	线材 （2）	铸坯 （3）	方钢和圆钢 （4）	角钢 （5）
教育年限	-0.012 （-1.43）	0.025* （1.81）	0.024* （1.95）	0.021** （2.03）	0.040** （2.71）
高层管理年限	-0.002 （-1.12）	0.003 （0.97）	0.001 （0.25）	-0.001 （-0.22）	0.014** （3.66）
以前营销经验 虚拟变量	0.043** （2.36）	0.096** （3.93）	0.070** （2.88）	0.066** （4.76）	0.115** （4.19）
以前生产经验 虚拟变量	0.002 （0.11）	0.003 （0.14）	0.003 （0.12）	-0.020 （-1.11）	0.061* （1.79）
血亲兄弟 姐妹数量	0.001 （0.03）	0.014 （1.54）	0.004 （0.44）	0.012* （1.88）	0.020* （1.94）

基于集群的产业发展：亚洲和非洲的比较研究

续表 4.8

	Ln(附加值/工人数量)				
	切割钢坯 (1)	线材 (2)	铸坯 (3)	方钢和圆钢 (4)	角钢 (5)
姻亲兄弟 姐妹数量	0.001 (0.34)	0.010 (1.32)	0.014 (1.29)	0.009* (1.87)	0.016 (1.55)
经营者年龄	-0.001 (-0.67)	0.003 (1.57)	-0.001 (-0.41)	-0.001 (-0.41)	-0.003 (-1.29)
性别(男性=1)	0.018 (1.01)	-0.033 (-1.36)	-0.008 (-0.33)	0.016 (0.84)	-0.024 (-0.75)
自有初始 投资比例	-0.124** (-1.98)	0.050 (0.45)	0.100 (0.86)	-0.021 (-0.23)	0.015 (0.68)
2006年	0.531** (28.52)	0.539** (19.72)	0.552** (20.80)	0.616** (33.61)	0.488** (14.85)
2004年	0.391** (22.36)	0.400** (15.55)	0.390** (15.91)	0.450** (26.20)	0.341** (11.04)
2002年	0.200** (11.31)	0.221** (8.77)	0.215** (8.63)	0.249** (14.96)	0.193** (6.20)
逆向米尔斯 比率	-0.086 (-1.60)	0.074 (1.15)	0.054 (0.95)	0.021 (0.42)	0.107 (1.14)
常数项	1.257** (22.82)	1.034** (6.05)	0.912** (4.45)	1.114** (5.78)	0.807** (2.12)
观察数	153	142	143	162	129

注：括号里是 CT 检验值。** 表示 p < 0.01，* 表示 p < 0.05（单尾检验）。

表 4.8 也报告了企业主的营销经验对产品价格的正向和显著影响，这和我们在假设 4-2 中的主张是一致的，即在乡村产业中营销经验是稀缺且有价值的。此外，企业主的血亲兄弟姐妹和姻亲兄弟姐妹的数量对诸如方钢和圆钢及角钢这样的现

代产品的价格具有显著的正向影响。这个发现为关于社会资本的假设4－3提供了支持。逆向米尔斯比率系数不显著的结果表明，在对产品价格决定因素的估计中选择性偏差是可以忽略的。

　　表4.9中呈现了对原料和产品的长期直接交易的影响因素的第二阶段估计结果。因为这些比例是在0与100之间的删截数据，所以我们使用了双限制的Tobit模型。在所有的回归函数中，企业主的教育年限对与外部贸易商长期直接交易具有显著的正向影响。这些发现与关于通用性人力资本的假设4－1相一致，即企业主的通用性人力资本对于企业的多方位改进是极为重要的。企业主的营销经验对与外部贸易商的长期直接交易也有显著的正向影响，这支持关于专用性人力资本的假设4－2。另外，有意思的发现是，除了企业主姻亲兄弟姐妹的数量在线材直接销售的函数中，企业主的血亲兄弟姐妹和姻亲兄弟姐妹的数量的系数在所有的回归函数中都是正的且非常显著。这些发现表明，如同在关于社会资本的假设4－3中所提出的，企业主的家庭联系在原料获取和产品营销中扮演着重要角色。显而易见，外部贸易商有助于质量改进，这与第1章所阐明的假设2相一致。在第二栏中逆向米尔斯比率的系数是正的且显著，这表明在这个估计中校正选择性偏差是重要的。①在更近的年份，年度虚拟变量是正的且显著，这表明随着时间的推移，乡村企业的直接交易日益增加。

————————

①　没有加入逆向米尔斯比率的估计结果表明偏差是向上的，表4.9没有显示该结果。

表 4.9　越南钢材产业集群中从外部贸易商长期直接获取原料
和将产品长期直接销售给外部贸易商的影响因素
（赫克曼两阶段模型；第二阶段；双限制 Tobit 模型）

	产品销售	原料获取	产品销售	
	线材 (1)	铸坯 (2)	方钢和圆钢 (3)	角钢 (4)
教育年限	2.062* (1.81)	6.792** (3.12)	3.813** (2.00)	4.591** (2.17)
高层管理年限	0.644** (2.29)	0.346 (0.70)	0.449 (1.13)	1.561** (2.73)
以前营销经验虚拟变量	4.916** (2.41)	20.972** (4.88)	11.791** (4.66)	17.958** (4.60)
以前生产经验虚拟变量	−0.539 (−0.27)	10.358** (2.20)	9.528** (2.94)	1.509 (0.31)
血亲兄弟姐妹数量	3.164** (4.22)	6.247** (4.50)	3.294** (2.77)	5.241** (3.71)
姻亲兄弟姐妹数量	0.764 (1.20)	5.505** (2.77)	3.636** (4.00)	7.159** (4.77)
经营者年龄	−0.039 (−0.29)	−0.548** (−2.25)	−0.403** (−2.04)	−0.270 (−0.85)
性别(男性=1)	−1.488 (−0.74)	−5.561 (−1.40)	−4.717 (−1.34)	5.975 (1.34)
自有初始投资比率	15.320* (1.67)	−0.205 (−0.01)	−1.092 (−0.07)	2.500 (0.14)
2006 年	3.792** (1.66)	28.203** (6.03)	26.748** (7.90)	19.896** (4.28)
2004 年	4.278** (1.99)	21.135** (4.89)	17.794** (5.63)	10.765** (2.48)
2002 年	2.666 (1.27)	9.193** (2.10)	5.040 (1.65)	3.488 (0.80)

	产品销售	原料获取	产品销售	
	线材 (1)	铸坯 (2)	方钢和圆钢 (3)	角钢 (4)
逆向米尔斯比率	-5.687 (-1.05)	-18.527* (-1.85)	-4.191 (-0.45)	3.157 (0.23)
常数项	-23.293 (-1.63)	-1.119 (-0.03)	9.234 (0.26)	-21.254 (-0.39)
观察数	142	143	162	129

注：括号里是 CT 检验值。** 表示 $p < 0.01$，* 表示 $p < 0.05$（单尾检验）。

　　表 4.10 报告了对工头平均工作年限决定因素的第二阶段 92
估计的结果。除了生产线材的企业之外，企业主的教育年限对
工头的平均工作年限具有显著的正向影响，这与关于通用性人
力资本的假设 4-1 相一致。因为在其生产需要工头的产品中
线材是最简单的，与工头建立长期关系可能不是那么重要。此
外，企业主在管理上的经验对工头的平均工作年限也具有显著
的正向影响，这支持了关于专用性人力资本上的假设。

　　因为劳动管理上的改进可能会提高劳动生产率，所以企业
主的教育年限和管理经验对工头的平均工作年限具有显著的正
向影响，这与它们对劳动生产率具有显著的正向影响是一致的
（如表 4.7 中所示）。同样地，表 4.10 中报告，企业主的营销
经验对工头的平均工作年限的影响不显著，这与其对劳动生产
率的影响不显著相一致（如表 4.7 中所示）。表 4.10 也显示，
除了对生产线材的企业而言，企业主的血亲兄弟姐妹和姻亲兄
弟姐妹的数量对劳动管理具有显著的正向影响。这个发现支持

了关于社会资本的假设 4 – 3。逆向米尔斯比率系数不显著，这表明选择性偏差并不是个问题。年度虚拟变量是正的且显著，这表明从 2000 年以来乡村企业的劳动管理已经大大改善。

表 4.10 越南钢材产业集群中工头平均工作年限的影响因素
（赫克曼两阶段模型）

	Ln（工头平均工作年限）			
	线材 （1）	铸坯 （2）	方钢和圆钢 （3）	角钢 （4）
教育年限	0.030 （0.76）	0.106* （1.97）	0.142** （2.33）	0.117** （2.64）
高层管理年限	0.020** （2.07）	0.022** （1.87）	0.024** （2.10）	0.030** （2.45）
以前营销经验虚拟变量	0.102 （1.44）	0.027 （0.33）	0.078 （1.10）	0.148 （1.47）
以前生产经验虚拟变量	0.065 （1.02）	0.304** （2.91）	0.122 （1.40）	0.091 （0.78）
血亲兄弟姐妹数量	0.037 （1.55）	0.045* （1.78）	0.195** （5.18）	0.053 （1.48）
姻亲兄弟姐妹数量	– 0.007 （– 0.37）	– 0.053 （– 1.38）	0.071** （3.05）	0.059* （1.96）
经营者年龄	0.003 （0.50）	0.001 （0.10）	0.001* （1.68）	0.005 （0.05）
性别（男性 = 1）	0.026 （0.34）	– 0.033 （– 0.40）	– 0.001 （– 0.01）	0.005 （0.05）
自有初始投资比例	0.466 （1.31）	0.424 （0.84）	0.562 （1.07）	– 0.331 （– 0.88）
2006 年	0.585** （5.76）	0.305** （3.29）	0.249** （2.32）	0.432** （4.17）

续表 4.10

	Ln（工头平均工作年限）			
	线材 （1）	铸坯 （2）	方钢和圆钢 （3）	角钢 （4）
2004 年	0.419** （4.77）	0.219** （2.46）	0.231** （2.17）	0.332** （3.48）
2002 年	0.262** （3.38）	0.195** （2.00）	0.133 （1.23）	0.237** （2.46）
逆向米尔斯比率	−0.199 （−1.08）	−0.266 （−1.14）	−0.358 （−1.25）	0.265 （0.97）
常数项	−1.261** （−2.58）	−1.145 （−1.24）	−2.275** （−2.07）	−1.479 （−1.26）
观察数	142	143	162	129

注：括号里是 CT 检验值。** 表示 $p < 0.01$，* 表示 $p < 0.05$（单尾检验）。

表 4.6 至表 4.10 所显示的估计结果都支持我们的假设。不过，需要指出的是，我们对估计结果的解释建立在一个明显的推测之上，即原料获取、产品营销及劳动管理上的改进有助于总体绩效的提高。为了研究这个推测的有效性，我们使用固定效应和随机效应估计方法，把代表多方位改进的变量作为自变量，对企业的总体绩效进行回归。除了从外部贸易商长期直接获取原料和将产品长期直接销售给外部贸易商的比例、工头的平均工作年限、企业主的年龄和高层管理年限之外，其他变量都是不随时间而变化的。在生产方钢和圆钢及角钢的每个企业群体中，有两家其所有者发生变化的企业。企业主的年龄和高层管理年限一起随时间推移而增加。我们用 2006 年的年龄和高层管理年限作为解释变量。我们也纳入了一整套年度虚拟

93　　变量，以捕获总体经济条件上的任何变化，它们可能影响企业的绩效。

　　表 4.11 报告了营销和生产组织改进对经营规模影响的估计结果。豪斯曼模型设定检验结果表明，在所有的随机效应模型中，个体效应与回归变量无关。在使用随机效应模型的回归中，从外部贸易商长期直接获取原料和将产品长期直接销售给外部贸易商的比例对经营规模的影响是正的且显著。此外，工头的平均工作年限对生产铸坯和角钢的企业的经营规模有显著的正向影响。这些估计结果支持了我们的推测。

　　表 4.12 中报告了多方位改进对劳动生产率的影响的估计结果。类似于表 4.11 中的结果，豪斯曼模型设定检验结果表明，在所有的随机效应模型中个体效应与回归变量无关。在随机效应模型中，从外部贸易商长期直接获取原料和向外部贸易商长期直接销售产品的比例对生产铸坯和角钢的企业的劳动生产率具有显著的正向影响。这些发现进一步证实了我们推测的有效性。也值得指出的是，在表 4.11 和表 4.12 的随机效应模型中，企业主的教育年限对企业绩效的影响是正的且显著，这表明企业主的正规教育通过其他渠道影响企业绩效。

4.4 总结性评论

　　本章通过研究一个基于村庄的钢材产业集群的案例探讨了越南北部乡村产业转型的决定因素。从传统的基于村庄的产业集群向现代集群的转型过程受到以前计划经济遗产的影响，包括从国有企业向乡村企业的生产技术转移以及由于社会主义时

表4.11 越南钢材产业集群中企业经营规模(用 Ln 附加值测量)的面板数据回归模型

	线材		铸坯		方钢和圆钢		角钢	
	固定效应	随机效应	固定效应	随机效应	固定效应	随机效应	固定效应	随机效应
直接销售产品	0.288 (1.25)	0.404* (1.77)			0.575** (2.74)	0.707** (4.07)	1.025** (3.25)	1.221** (5.59)
直接获取原料	0.043 (1.03)	0.040 (0.97)	0.270* (1.67)	0.456* (3.08)				
Ln(工头平均工作年限)		0.072** (2.98)	0.174** (3.04)	0.151** (2.73)	0.001 (0.01)	0.062 (0.99)	0.173* (1.76)	0.248** (2.97)
教育年限		0.025* (1.79)		0.067** (2.64)	0.068 (1.05)	0.094** (4.70)	-0.151 (-1.18)	0.050** (2.66)
高层管理年限(2006)		0.133 (1.02)		0.001 (0.13)	0.010 (0.32)	-0.002 (-0.29)	0.102 (1.62)	0.017 (1.37)
以前营销经验虚拟变量		0.094 (0.71)		0.118 (0.81)		0.033 (0.32)		0.080 (0.67)
以前生产经验虚拟变量				0.401** (2.94)		0.044 (0.47)		0.012 (0.10)

续表 4.11

	线材		铸坯		方钢和圆钢		角钢	
	固定效应	随机效应	固定效应	随机效应	固定效应	随机效应	固定效应	随机效应
父母虚拟变量		0.036 (0.29)		0.069 (0.57)		0.066 (0.60)		0.041 (0.30)
配偶父母虚拟变量		-0.053 (-0.46)		-0.004 (-0.04)		-0.033 (-0.40)		0.087 (0.92)
血亲兄弟姐妹数量		0.024 (0.50)		0.065* (1.82)		0.046 (1.29)		0.039 (1.18)
姻亲兄弟姐妹数量		0.044 (1.05)		0.050 (0.82)		0.053 (1.49)		0.031 (0.70)
经营者年龄 (2006)		0.001 (0.10)		-0.011 (-1.39)		-0.003 (-0.43)		-0.009 (1.06)
性别(男性=1)		-0.003 (-0.02)		0.001 (0.01)		-0.005 (-0.06)		-0.082 (-0.85)
自有初始投资比例		0.216 (0.62)		-0.242 (-0.58)		0.086 (0.26)		0.374 (0.96)

续表 4.11

	线材		铸坯		方钢和圆钢		角钢	
	固定效应	随机效应	固定效应	随机效应	固定效应	随机效应	固定效应	随机效应
2006 年	0.824** (19.70)	0.814** (19.39)	0.467** (7.36)	0.425** (7.00)	0.802** (9.36)	0.721** (10.15)	0.612** (4.51)	0.488** (4.83)
2004 年	0.630** (17.63)	0.622** (17.29)	0.351** (6.58)	0.324** (6.27)	0.660** (9.02)	0.585** (9.49)	0.444** (4.27)	0.369** (4.48)
2002 年	0.259** (9.04)	0.256** (8.83)	0.185** (4.64)	0.180** (4.46)	0.351** (7.28)	0.312** (6.81)	0.229** (3.02)	0.188** (2.71)
常数项	5.314** (167.07)	4.398** (10.32)	5.597** (77.16)	5.370** (10.63)	5.588** (19.27)	5.314** (14.13)	7.333** (10.33)	5.870** (13.37)
观察数	142	142	143	143	162	162	129	129
豪斯曼检验（卡方）		1.76	8.83		10.86		5.22	
（p > 卡方）	0.88		0.12		0.15		0.63	

注：括号里是 CT 检验值。** 表示 p < 0.01，* 表示 p < 0.05（单尾检验）。

表 4.12　越南钢材产业集群中劳动生产率（用 Ln 附加值/工人数量来测量）的面板数据回归模型

	线材		铸坯		方钢和圆钢		角钢	
	固定效应	随机效应	固定效应	随机效应	固定效应	随机效应	固定效应	随机效应
直接销售产品	-0.394 (-1.49)	-0.301 (-1.14)			0.761** (3.75)	0.675** (4.14)	0.853** (3.35)	0.593** (3.67)
直接获取原料			0.027 (0.17)	0.229* (1.71)				
Ln（工头平均工作年限）	-0.039 (-0.81)	-0.058 (-1.21)	0.151** (2.65)	0.126* (2.44)	0.070 (0.99)	0.069 (1.18)	0.184* (2.32)	0.216* (3.36)
教育年限		0.060* (2.53)		0.049** (2.60)	0.069 (1.11)	0.068** (3.73)	-0.007 (0.07)	0.036** (2.74)
高层管理年限（2006）		0.023* (1.67)		0.010 (1.23)	0.027 (0.91)	0.013* (2.09)	0.029 (0.57)	0.003 (0.32)
以前营销经验虚拟变量		0.099 (0.77)		0.013 (0.12)		-0.019 (-0.21)		-0.081 (-1.01)
以前生产经验虚拟变量		0.040 (0.30)		0.274** (2.74)		0.013 (0.16)		0.005 (0.06)

续表 4.12

	线材		铸坯		方钢和圆钢		角钢	
	固定效应	随机效应	固定效应	随机效应	固定效应	随机效应	固定效应	随机效应
父母虚拟变量		0.015 (0.12)		−0.034 (−0.39)		−0.067 (−0.68)		−0.008 (−0.09)
配偶父母虚拟变量		−0.050 (−0.44)		−0.001 (−0.02)		−0.026 (−0.36)		0.026 (0.41)
血亲兄弟姐妹数量		0.010 (0.22)		0.034 (1.31)		0.022 (0.69)		0.003 (0.14)
姻亲兄弟姐妹数量		−0.012 (−0.30)		0.010 (0.23)		0.037 (1.17)		−0.026 (−0.87)
经营者年龄（2006）		0.001 (0.01)		−0.009 (−1.54)		0.003 (0.54)		−0.002 (−0.33)
性别（男性＝1）		0.045 (0.36)		0.081 (1.00)		−0.018 (−0.22)		−0.059 (−0.91)
自有初始投资比例		0.340 (0.98)		−0.008 (−0.03)		0.013 (0.11)		−0.037 (−0.14)

续表 4.12

	线材 固定效应	线材 随机效应	铸坯 固定效应	铸坯 随机效应	方钢和圆钢 固定效应	方钢和圆钢 随机效应	角钢 固定效应	角钢 随机效应
2006 年	0.838** (17.54)	0.838** (17.16)	0.421** (6.66)	0.376** (6.64)	0.583** (7.05)	0.588** (8.82)	0.301** (2.75)	0.348** (4.55)
2004 年	0.651** (15.95)	0.649** (15.52)	0.353** (6.63)	0.332** (6.62)	0.482** (6.82)	0.480** (8.28)	0.267** (3.19)	0.301** (4.74)
2002 年	0.317** (9.67)	0.318** (9.39)	0.196** (4.94)	0.191** (4.88)	0.301** (6.46)	0.290** (6.65)	0.205** (3.34)	0.209** (3.77)
常数项	2.376** (65.37)	1.566** (3.73)	3.017** (41.76)	2.736** (7.33)	2.263** (8.08)	2.382** (7.07)	3.411** (5.96)	3.436** (11.70)
观察数	142	142	143	143	162	162	129	129
豪斯曼检验（卡方）	3.55		8.96		3.87		7.84	
（p>卡方）	0.74		0.11		0.80		0.35	

注：括号里是 CT 检验值。** 表示 $p<0.01$，* 表示 $p<0.05$（单尾检验）。

期缺乏自由市场体制传统导致企业主薄弱的营销和管理能力。

经验分析支持第 1 章讨论的观点，多方位的较小创新（包括产品质量、营销和管理上的改进）对企业绩效来说是极端重要的。具体而言，在转型过程中，乡村企业已经将它们的产品线转向更为现代的产品，并提高了产品质量。产品上的改进伴随着从外部贸易商长期直接获取原料和将产品直接销售给外部贸易商比例的增加。此外，企业还密切了与工头的关系。在乡村企业中，这些较小的创新有助于经营规模的扩张和劳动生产率的提高。 94

我们的经验分析显示，企业主通过正规教育获得的通用性人力资本是这种多方位较小创新和总体企业绩效成功的关键。企业主通过营销和管理经验获得的专用性人力资本也同样重要。这些发现明显支持了假设 4－2。而且，企业主的社会资本（基于与父母和兄弟姐妹的强家庭关系）有助于村庄企业的多方位创新和绩效。换言之，企业主的管理型人力资本和社会资本是越南北部乡村产业成功转型的关键决定因素。

在我们的观察中，关于生产、营销和管理的新知识往往会被竞争性企业所模仿，尽管这样的知识在乡村社会亲密家庭成员的圈子中是保密的。既然这些知识会溢出，就会阻碍私人创新的动力。因此，由公共部门来提供新的管理和营销知识才能保证越南乡村产业的发展。对越南这个国家来说，这是特别重要的，因为不像中国，越南的国有企业发展得并不好，而且乡村企业不能从其他来源学习改进生产和管理的知识。因此，如果它真希望数百年的基于乡村的传统产业集群发生转型，越南政府面临的巨大挑战是如何提升企业主的管理型人力资本。

5 肯尼亚：走向正式部门的
金属制品业[*]

　　在第四章，我们已经阐述了管理型人力资本在推动多方位创新中的重要性。这一点在越南的产品升级和亚洲其他很多国家的案例研究中都有体现。现在需要回答的问题是，管理型人力资本在撒哈拉以南地区是否也发挥着类似的作用。在埃塞俄比亚的皮鞋行业，我们的确也发现了管理型人力资本的重要性，但能否推广到撒哈拉以南的其他地区，这还是一个值得研究的问题。本章我们将研究肯尼亚内生的金属制品产业集群，它们大多由边缘的小企业构成，在中国产品的冲击下，处于发展停滞的状态。

　　总体而言，小微型和非正式的企业在撒哈拉以南的制造业部门占主导地位。科利尔和冈宁（1999）、蒂博特（2000）以及比格斯特恩和索德鲍姆（2006）的研究发现，它们只有在创立之初发展较快。由于无法持续增长，它们所创造的工作机会远远低于人们的预期。关于阻碍这些企业增长的原因，已有

---

[*]　本章利用了园部哲史等人（2010）的研究成果。

大量的文献进行了探讨。斯鲁瓦伊格恩和古德胡伊斯（2002）以及比格斯特恩（2004）认为，这些规模小、非正式的企业自身不乐意发展壮大。这是因为一旦发展壮大，企业就要规范化，就会遭到过度的管制。科利尔和冈宁（1999）以及菲斯曼（2001）则归结为，保险和信用市场的失灵，这些问题对于小微企业来说影响甚大。

　　在回顾撒哈拉以南地区企业增长的文献时，比格斯特恩和索德鲍姆（2006：260）在提及比如"不确定性比信用桎梏对于资本投资更为有害"这个主要发现时，他们总结到："加深对为什么我们会观察到这些结论的理解，对于我们以后的研究非常重要。"另外一个重要的发现是，通用性人力资本或者企业家的正规教育与企业发展之间存在正向关联。麦克弗森（1996）、拉玛钱德朗、拉奥和沙（1999）、门吉斯特（2006）以及本书的第三章对此都有论述。舒尔茨（1975）所阐明的广为接受的人力资本理论认为，人力资本的价值在于处理动态失衡的能力。但撒哈拉以南地区的人力资本并没有实现企业的持续增长。因此，这个发现存有疑议。一方面，人力资本对企业发展存在正向影响；另一方面，企业建立后经过了初期的发展就陷于停滞。那么，如何才能理顺这两个看似矛盾的发现呢？

　　本章试图通过我们在内罗毕收集的企业数据来回答这些问题。企业调查是在卡里奥班吉（Kariobangi）轻工业区进行的。1989 年，当地政府把卡里奥班吉指定为为工匠们服务的区

96

域①。卡里奥班吉的发展始于 20 世纪 80 年代初，当时正式部门的工人由于结构调整计划（Structural Adjustment Program）而下岗。工人们下岗之后，开始清理该地区的灌木以修筑公路，并在主路的两侧建造汽车修理站和工厂。目前，卡里奥班吉大概有企业 300 家，半数与金属制品相关。这些工人自称工匠（Jua Kali，斯瓦希里语），意思是非正式部门的工匠②。为了更好地解释统计分析的结果，我们还通过个人访谈获得了详细的信息。

企业数据是通过被访者回忆 1998、2000、2002、2005 和 2006 年的信息而获得的。在这期间，一些企业试图提升它们的产品。在 20 世纪 90 年代，卡里奥班吉轻工业区的企业生产的产品质量比较低。当厂家不多的时候，很多企业都生产类似的产品。当时这些产品的生产比较容易，但收获颇丰。随着新企业的不断进入，生产低质量产品的利润变薄。与之相反，提高产品质量，引入与之相适应的新市场渠道，就可以获得更高的利润。受过良好教育的企业家更倾向于这样做。尽管我们没有直接的证据可以验证，低质量产品的利润下降，高质量产品的利润提高，但数据回归分析的结果与这个结论是一致的。企业主教育水平对员工规模和企业增长的影响，在最近的年份比早期的年份更加显著。这些结果与园部哲史和大冢启二郎

---

① 通过图 3.1 可见卡里奥班吉的地理位置，这片区域被划为郊区（SUB）。

② *Jua Kali* 的字面意思是"火热太阳"，这个词用来指非正式部门的工匠，是因为他们在户外火热的太阳下工作。参见金（1996）对于肯尼亚 Jua Kali 部门的活动和历史的细致描述。

（2006）在东亚进行的 8 个案例研究的结果相吻合。在调查的
企业中，我们包括了 7 个搬离卡里奥班吉到正式工业区域的企
业，这一点非常有意思。就我们掌握的文献而言，现在还没有
研究能够追踪到离开的企业，并且比较它们搬迁之前和搬迁到
正式工业区域之后的绩效。搬迁者告诉我们，离开卡里奥班吉
的原因是，他们需要更大的发展空间。新的场所极大地促进了
它们的销售，因为搬离卡里奥班吉提高了企业的声望。

　　本章其余的部分是这样安排的：简要介绍数据收集的方法
之后，5.1 描述卡里奥班吉轻工业区的主要特征。5.2 比较搬
迁者与现存企业的差异，重点比较企业主的教育和职业背景。
在这部分，我们还提出了研究假设，关注管理型人力资本角色
的变化对企业绩效的影响。5.3 报告了回归分析结果。5.4 简
要总结本章的主要发现和政策意涵。

5.1 内罗毕的金属制品业集群

　　卡里奥班吉轻工业区没有做过任何的企业普查。但根据卡
里奥班吉工匠协会估算，2006 年工业区大概有 150 家左右企
业①。工业区内还有一定数量的餐馆、小卖部、书报亭、文具
店、木工店和服务行业的企业。我们主要关注制造类企业，这
是因为制造业是卡里奥班吉核心的经济活动。但在抽样时，我
们包括了五金店，这是因为同一家企业可以同时经营焊接金属

―――――――――

① 这个数字不包括在主路的另外一侧、围绕着卡里奥班吉的那些企业，它
　们不在我们的调查范围内。

制品和五金买卖。金属制品企业和五金店都可以从事金属薄片打卷（sheet bending）及相关的业务。在样本中，我们还包括了 7 个搬迁的企业。在调查期间，它们从卡里奥班吉搬到了巴巴道后（Baba Dogo）工业区或者土瓜湾（Mukuru Kwa Njenga）工业区。在协会的帮助下，我们最终确定了 137 家符合我们要求的企业。2006 年 9 月，我们试图调查所有的企业，但有 10 家企业，我们只能找到员工却找不到老板。因此，我们总共调查了 127 家企业，如表 5.1 所示。

表 5.1　肯尼亚金属制品产业集群中不同时期新进入企业的数量与业务

	截至 2000 年	2001~2006 年	总计
金属制品生产企业	27	21	48
天平标尺	7	2	9
磨粉机	6	2	8
独轮手推车	1	4	5
其他金属制品	13	13	26
金属配件的铸造或加工	24	13	37
汽车维修	12	2	14
肥皂制造	4	2	6
五金零售	3	7	9
其他各类服务业	6	6	12
总计	76	51	127

98　　　根据经营活动，我们把调查的企业分为六大类。最大的一类生产金属制品，比如钢窗、钢家具和简单机器。其中，超过半数的该类企业生产非机械类产品，比如窗框架、烤架和家具；其余企业生产机械设备，比如天平标尺和磨粉机。生产简单机械的厂家倾向于把小部件的生产转包给附近的铸造厂和车

床工厂。这些铸造厂和车床工厂构成了卡里奥班吉轻工业区的第二大类企业。除了承接这些转包的业务外，这些零部件的生产企业还为汽车维修厂生产简单的配件。同时，车床工厂还要维修天平标尺、汽车配件和简单的机械，为生产钢门和家具的企业提供合页、螺栓和螺帽。第三类是汽车维修行业，它们被称之为汽车维修站和汽车维修工。汽车维修站都有汽车钣金工。因此，这个集群中的劳动分工就包括了金属产品生产厂家、汽车修理站和零部件供应商。它们几乎所有的原材料都来自五金店。所以，我们研究的地点是一个典型的金属制品企业的产业集群。

我们很好奇为什么肥皂（洗涤剂）制造企业会建在金属制品的产业集群之中？一个规模较大的肥皂企业的所有者介绍说，她跟金属制造企业没有业务往来。但她和丈夫认为，把企业建在卡里奥班吉可以免受政府官员的侵扰，因为这个区域是专门划给工匠的。其他相关的企业包括金属和废品回收、电池充电和电镀等。

根据工匠协会领导介绍，整个 20 世纪 90 年代，新企业踊跃地搬到卡里奥班吉。到 21 世纪初期，尽管宏观经济发展不错，但这个态势似乎在减弱。新进入企业数量的这种变化，在第一章 1.2 部分解释肯尼亚产业集群的内生发展模式时已有所阐述。卡里奥班吉工业区生产的金属制品，很显然都是在模仿进口的产品。低质量但价格便宜的产品可以取代昂贵的进口产品。在 20 世纪 80 至 90 年代，由于低质量但价格便宜的产品比较短缺，因此需求量很大。那时，这个行业的先驱企业获取了高额的利润。意识到这一点，跟进企业开始模仿生产此类产品。随着生产厂家的增多，零部件供应商和五金店开始出现，所有这些企业都从彼此的劳动分工中获益。但同类产品厂家的不断复制，降低了产品的价格，摊薄了企业的利润。根据园部哲史和大冢启二郎（2006）的研究，同样的情形在日本、中国台湾和中国大陆的产业集群发展过程中都出现过。

工匠协会的领导还介绍了新进入企业数量下降的另外一个原因，那就是卡里奥班吉地区交通拥堵及安全问题的恶化。交通拥堵是由于人口增加所造成的。由于该地区规划为工业区，因此有很多4层或者5层的建筑，底层用于生产和经营，高层用来居住。居住在楼上的住户会抱怨来自工厂的噪音和气味。新住户的敌对态度和从邻近国家涌入的难民使得安全问题恶化。近年来，治安问题已经非常严重，工匠协会只得动员无业的青年组成治安小组。

表5.2报告的是，企业主在卡里奥班吉开办工厂之前的工作情况。表中第三栏（三）显示：61位企业主过去是工匠，79位以前在正式部门工作，28位既做过工匠又在正式部门工作过。15位既没有做过工匠，也没有在正式部门工作过。正式部门分为四类：印度人拥有的企业、其他外国人拥有的企业、肯尼亚人开办的企业和当地的公共部门。在7位搬迁者中，2位是从工匠做起的；4位是技术工或者正式部门的中层经理；1位是政府雇佣的民用工程师。在留守的企业主中，超过半数的人有过在正式部门工作的经历。

100 　　为什么如此多的企业主离开正式部门到卡里奥班吉当工匠呢？推力是结构调整计划的实施，结果导致正式生产部门的萎缩。拉力是国外进口产品价格昂贵，导致对廉价的替代品的需

表 5.2 肯尼亚金属制品集群中企业的数量
（根据企业主以前的工作地点及企业现在的区位）

	卡里奥班吉地区的企业数量		
	2006 年前搬到了正式工业区（离开者）（一）	2006 之后依然留在该地区（留守者）（二）	总计（三）
工匠部门的工厂	2	59	61
正式部门：	5	74	79
印度人的企业	0	25	25
其他外资企业	3	25	28
当地的私营企业	1	15	16
公共部门	1	9	10
既非工匠也非正式部门	0	15	15

求旺盛。小的工厂无需昂贵的设备就能非常容易地生产，再加上能享用卡里奥班吉的集群优势。法肯姆普斯和索德鲍姆（2006）提出的模型表明，企业员工数量的上升增加了企业主监控员工的难度，这就迫使企业主提高工资来应对生产的下降。根据他们的估算，随着企业员工数量的上升，撒哈拉以南地区工资上升的比例比摩洛哥地区要高。比如，卡里奥班吉产业集群为技术工人和正式部门的中层经理提供了更好的报酬而不只是机会，这就拉高了正式部门的工资[1]。正式部门大工厂的高工资会削弱企业的竞争力，从而导致企业效益下滑。

　　表 5.3 比较了搬迁企业和留守企业的规模差异。我们使用员工数量来测量企业规模。通常想要获得可靠的数据，比如企

[1] 在内罗毕，还有另外一个工匠集群，它包括卡穆昆吉（Kamukunji）金属制品集群，关于其活动和历史可参见金亚珠（Kinyanjui，2007）。

业的附加值和销售额，是很困难的。这似乎是在撒哈拉以南地区进行企业调查所面临的共同问题。因此在该地区的企业调查中，大家都关注员工的规模。在 7 个搬迁企业中，有 4 个是制造商，生产微型汽车外壳、耕地机械、钢家具和钢水箱。在 2006 年，它们平均雇佣 23.3 个工人，而卡里奥班吉同类型的企业则只平均雇佣 5.6 个工人。直到 2006 年，还没有零部件供应商离开卡里奥班吉搬迁到正式工业区。零部件供应商缺乏搬迁动力，大概是因为它们的客户都在卡里奥班吉。搬到正式工业区的汽车维修点大约雇佣 30 名工人，而留在卡里奥班吉的平均雇佣 4.3 名工人。即使是在卡里奥班吉的肥皂加工厂规模相对较大，但搬迁者的规模大约是其两倍大。如果把所有的企业都算在内，搬迁企业的平均雇员规模是留在卡里奥班吉工业区企业的四倍。

表 5.3　2006 年肯尼亚金属制品集群的平均员工数量
（按照生产活动和当前区位）

	企业的员工数	
	搬迁者	留守者
金属制品生产企业	23.3	5.6
金属配件的铸造或加工	—	4.8
汽车维修	30	4.3
肥皂制造	26.5	13.3
五金贸易	—	2.9
其它各类服务行业	—	3.8
总计	25.1	6.2

　　注：在 7 个搬迁者中，有 4 个生产金属制品、1 个修理企业和 2 个生产肥皂和洗涤用品。

　　在访谈中，搬迁者向我们讲述了三个搬迁理由。第一，由于在卡里奥班吉不安全或者害怕被骗，可能会吓跑潜在的客户。第二，对于潜在的客户而言，卡里奥班吉和工匠都是低质量的同义词。第三，与正式的工业区不同，卡里奥班吉的基础设施落后，企业缺乏扩大规模的空间。前两个原因涉及在卡里奥班吉地区销售上的困难。电源供应非常不稳定，影响到机械化，这可以归在第三个原因。起伏和泥泞的道路使得企业很难运输高度精密的产品。缺乏空间则直接限制了企业的扩张。到正式工业区建厂就可以解决这些问题，即使由于搬迁成本和包括所得税支付在内的管制成本会付出很大的代价。

　　从我们所了解的情况来看，从拥挤的产业集群搬到正式的工业区，从非正式的企业变成正式的企业，在撒哈拉以南地区并不多见。只有在第七章，我们关注的埃塞俄比亚鞋业集群是如此。在亚洲，这种企业转型现象则极为普遍，但我们从来没有特别地关注过（第二章可以证实这一点）。日本、中国台湾和中国大陆很多当前的大型企业都是从小规模的、非正式的家族企业发展而来的。因此，需要指出的是，如果假定小企业一直都会保持规模不变，是错误的。相反，很多现在的大企业曾经都是小企业，然后逐步发展为大企业。

5.2 样本企业的特征

5.2.1 企业主的特征

　　表5.4根据企业类型的分类对企业主的特征进行了描述。

根据是否在正式部门工作过，我们把卡里奥班吉的企业主们分为两类。相比较而言，搬迁者的年龄要大一点，当把企业搬迁到正式的工业区时，他们的平均年龄是 43.6 岁。2006 年，依然留在卡里奥班吉的企业主们，平均年龄要相对小一些。搬迁者受过更多的正规教育，接受过更多的职业培训，在开始自己的事业之前，有更多的工作经历和管理经验。简言之，他们比在卡里奥班吉的企业主们拥有更为丰富的管理型人力资本。同时，7 个搬迁者中有 4 人拥有合作伙伴。这些合作伙伴拥有相似的工作经历，因此可以帮助他们。4 个企业主从父母那里继承了企业，但样本中的绝大多数企业都是企业主自己创办的。

表 5.4 肯尼亚金属制品产业集群中企业主的特征（根据企业类型）

		留守者	
	搬迁者 （一）	有正式 部门经验 （二）	没有正式 部门经验 （三）
企业主的数量	7	74	46
2006 年时的平均年龄	45.6	—	36.5
搬到正式工业区时的平均年龄	43.6	41.7	—
普通教育的平均年数	13.0	11.3	10.1
职业培训的平均年数	2.6	1.3	0.4
之前在同类行业工作的平均年数	8.7	4.5	3.0
从事管理工作的平均年数	9.3	8.3	6.3
创业伙伴的数目	4	6	1
继任者的数目	1	2	1
创业时知道夹具和固定装置的比例	42.9	37.8	26.1
到国外商务旅行的平均次数	2.0	0.89	0.41

在我们的定义当中，正式的职业培训包括在技工学校的机

械工程课程获得的技术培训，但不包括在大学中所学的机械工程课程。实际上，后者应该算作是正式的学校教育。不管是技工学校还是其他机构提供的培训，只要它们强调的是应用技术而非理论知识，我们就把它包含在职业培训而非正规教育之中。大学教育更多强调的是理论知识，即使是机械工程这样的课程也是如此。

在我们的样本中，超过 80% 的企业主都接受过技术培训或者在职业学校、学院和大学中受过教育。如表 5.4 所示，大多数企业主在正式部门的工厂工作过。从企业主的教育和职业背景来看，卡里奥班吉集群可以称得上是人力资本丰富，尤其是在工程领域。

但是表 5.4 的倒数第二行显示，只有三分之一的企业主，在开设工厂时知道什么是夹具和固定装置。夹具和固定装置虽是一些小设备，但可以提高车工的工作效率和精度。对于高精度零部件的大规模生产来说，它们是不可或缺的。企业主们可能不会使用夹具和固定装置，但是应该知道车工门是否需要使用这些设备。夹具和固定装置的知晓率低，说明企业主掌握的工程知识有限。但是截至 2006 年，绝大部分所有类型企业的所有者以及超过 70% 的搬迁者和拥有正式部门工作经验的企业主都知道夹具和固定装置为何物，尽管实际使用它们的企业主很少。企业主们知识的增长意味着，他们对使用车床和其他机械工具进行高品质零部件和产品的大规模生产越来越感兴趣。

根据我们的观察，生产者的不断进入使得竞争开始加剧，生产低质量和标准产品的利润变薄。企业主们开始有动力提高

103

104

产品的质量。但是，产品质量的提高并不意味着利润增加，如
1.2 部分所论述的那样，除非买家意识到并欣赏高质量的产
品。因此，通过打造品牌和寻找新的销售渠道，使自己企业的
质量改进的产品与其他企业生产的劣质产品清晰地区分开来就
变得尤为重要。在卡里奥班吉工匠集群中，对于有工程师经历
的企业主来说，提高产品质量相对容易。但对连精度的概念都
不理解的企业主来说，就非常困难。对那里几乎所有的企业主
来说，改变销售模式，找到新的销售途径都是头痛的事情。如
果企业主们能够在这些方面实现升级，产品的边际收益就会上
升，就可以雇佣更多的员工。但企业的扩张增加了劳动管理的
难度，这就意味着最终也要提高劳动力的管理水平。

5.2.2 研究假设

舒尔茨（1975）坚信，正规的学校教育非常重要，特别
是在动态的环境中做出新的决定时，更是如此。因此，我们认
为受过更高教育的企业主，更有可能成功地在产品质量、营销
和管理上做出多方位的改进，结果导致企业规模不断扩大。与
第一章提出的研究假设 1 相一致，我们提出如下供检验的假设：

假设 5 - 1　通用性人力资本对企业规模和增长的影响假
设：企业主的正规教育会对企业的规模和增长起到正向影响，
并且在工匠集群中这种影响随着时间推移而不断增大。

在我们看来，六位企业主最近从卡里奥班吉搬到正式工业
区的决定，是他们受过良好教育的结果。假设 5 - 1 认为，即
使是在留守在卡里奥班吉的企业主中，通用性人力资本的作用
同样在增大。因为必须要进行多方位的改进，所以对于企业的

105

增长而言，缺乏更多理论的思考的技术培训也许没有正规学校教育那么有用。因此，我们推测，职业教育对于企业规模和增长的影响不如正规教育那么强有力。

在企业销售方面，我们的假设是，具有进取心的企业主们更有动力销售高质量的产品。教育程度越高的企业主，销售越有可能成功。顺便提及的是，欣赏高质量产品的客户是具有质量意识的客户。法肯姆普斯（2004：81~88）发现，在撒哈拉以南的9个国家，80%的企业主把产品或零部件卖给最终用户，比如生产者或消费者，剩余的才会卖给贸易商。出口仅仅占到产量的8%。在卡里奥班吉的轻工业中和在加纳一个更大的金属制品企业集群中（伊德里苏和园部哲史，2007），销售模式极其类似。也就是说，在非正式的工匠和手工艺者中，最普遍也是最原始的销售方式依然是在集群里等待个体客户为了自身需要上门购买某些产品。这种销售方式占其销售额的40%~50%。[①]

在第三章我们提到过，把产品卖给销售商，即批发商和零售商，要求产品有相对统一的标准，而且是大批量生产。在加纳的金属制造企业也发现了类似的趋势（伊德里苏和园部哲史，2007）。然而，在卡里奥班吉，无论是对于销售渠道建设是有利可图的，还是对于要提高产品的质量，企业主们好像都还没有达成共识。但我们调查的企业都赞同，把产品卖到国外

[①]　对零部件供应商而言，最重要的客户是产业集群中的金属制品生产商。但对散户的销售占到总销售额的四分之一，这是因为他们接受来自散户的维修业务订单，并向散户销售简单的汽车备件。

的或跨国的公司、在肯尼亚或者国外的政府和非政府组织，虽然具有挑战性，但也利润丰厚。这些客户比在卡里奥班吉的企业更加注重产品的质量，因此把它们称之为具有质量意识的客户，完全合情合理。

表 5.5 描述的是企业向有质量意识的客户销售的情况。由于在年底可能会突然拿到一个大的订单，因此向有质量意识客户销售的比例，只有在过完年之后才能够计算出来。我们的调查是在 2006 年 9 月份进行的，无法计算出 2006 年的比例。表 5.5 比较的是 1998/2000 年和 2005 年，而不是 2006 年的数据，原因就在于此。关于 1998/2000 年的数据，我们是把这两年的数据相加取平均值。虽然我们回顾的是 1998、2000、2002 和 2005 年的数据，但如表 5.1 所示，40% 的企业在 2000 年之后才创立。为了增加样本，使数据达到可以和后一阶段相比较的程度，我们使用的是前两年样本的平均值。在第（二）列和第（三）列，我们把留守的企业分成了两组，一组是 1998 年建立的，一组是 1999 年或之后建立的。留守企业的两个小组向有质量意识客户销售的比例都有所下降，而搬迁的企业则略微上升。因此，向有质量意识客户的销售或者提升销售渠道的决定因素不是企业主的管理经验。相反，我们关于多方位改进的假设意味着，管理型人力资本是主要的决定因素，最重要的是，它是通过正规的学校教育形成的。由此，我们提出如下假设：

假设 5 - 2　通用性人力资本对销售的影响假设：企业主的正规教育会对向有质量意识客户的销售起到正向影响，并且在工匠集群中这种影响随着时间的推移而不断增大。

　　为了检验这个假设，我们将使用向有质量意识客户的销售在总销售额中所占比例的数据。[①]　表 5.5 还显示了从工厂或者贸易商行直接购买原料的原料成本的百分比，它相对于从集群中的五金商店或者内罗毕的其他商人那里购买原料[②]。在埃塞俄比亚，从原材料厂家直接采购是制鞋产业多方位改进的一个重要方面（参见第 7 章）。对于新创建的留守企业，向有质量意识客户销售和直接采购原材料所占比例都在减少；而对于搬迁企业而言，这些比例都有显著增加。通过这些观察，我们可以发现对于在工匠集群中的企业而言，要想实现多方位改进是非常困难的。

表 5.5　肯尼亚金属制品集群中不同类型企业的销售和采购情况

	搬迁企业（1）	留守企业创建于	
		1999 年或之后（2）	1999 年以前（3）
销售给向有质量意识的客户（占总销售额的百分比）1998/2000	51.0	10.0	9.0
2005	55.0	5.8	5.9
直接采购（占原材料成本的百分比）1998/2000	31.0	42.6	22.8
2005	50.7	26.1	24.6

① 表 5.5 所显示的数据没有包括五金商店和其他服务类企业，由于它们生意的特性，它们的客户中具有质量意识的比例很低。

② 表 5.5 中的底部数据也排除了五金商店和其他服务类企业。五金商店从蒙巴萨（Mombasa）直接购买钢材。因此他们直接采购的比例比其他类型的生意就会高很多。一些服务类企业从事自行车业务，它们的直接采购很难测量。

107　　　尽管我们假设在集群中的企业主会越来越有兴趣扩大他们的企业，但是只要他们还停留在集群中，就很难增加有质量意识的客户，也无法获得发展所需的空间。随着在激烈竞争的压力下，企业主有动力去实现质量的提高，这些阻碍增长的因素显得日趋严重。此外，不断恶化的安全问题和不断增加的拥堵，更加限制了企业的增长。在对企业增长的回归分析中，这种增长障碍可能体现为，企业目前的规模对后续增长的负面影响。既然障碍变得日趋严重，那么我们提出如下假设：

　　　假设 5 - 3　企业规模对企业增长的影响假设：企业目前的规模对后续的增长起到负面影响，并且在工匠集群中这种影响随着时间推移会日趋严重。

　　　如果企业主发展企业的动力日趋强烈，而在工匠集群中阻碍企业增长的因素却日趋苛刻，那么企业搬迁到正式工业区的可能性就会大大增加。事实上，从 2000 年到 2006 年，有 6 家企业从卡里奥班吉轻工业区搬离。尽管我们不能严格检验这个推测，但我们可以通过回归分析来研究，搬迁和在向有质量意识客户的销售的增加是否会有助于企业规模的扩大。

108　　　在进行假设检验之前，来审视一下企业增长的趋势是非常有用的。表 5.6 所展示的数据是 1998/2000 和 2006 年工人的数量，以及从 1998 年至 2002 年和从 2002 年至 2006 年期间的雇员年均增长率。年均增长率近似于时期内最初和最后两个年份之间的工人数量的对数差异除以时期内的年数。第二栏和第三栏显示，老企业的规模会更大，尽管我们没有在表中报告统计检验结果，但两者的差异在统计上显著。与对撒哈拉以南地区及其他区域的企业增长的经验研究结果相一致，在 2002 至

2006 年，更老企业的增长率比新建企业的增长率要慢。在第
四栏和第五栏，留守企业根据其企业主的受教育年限分为 11
年以下和 12 年以上两组。接受更多教育的企业主，其企业的
规模更大。由表 5.6 的底部数据可见，相比于受过更少教育的
企业主，受过更多教育的企业主，其企业的增长率更高。企业
主受教育越多，其企业的增长速度就越快，这与假设 5 - 1 相
一致。不过，搬迁者的增长率要远高于留守者，这与假设 5 -
3 相一致。

表 5.6　肯尼亚金属制品集群中的员工平均数量和雇员年均增长率
（根据企业类型）

	搬迁企业（一）	留守企业			
		建立年份		学校教育年数	
		1999 年或之后（二）	1999 年以前（三）	11 年以下（四）	12 年以上（五）
工人数量 1998/2000	17.0	2.4	5.2	2.8	4.9
2006	25.1	4.2	6.9	3.3	7.7
雇员年均增长率（%）1998~2002	13.8		4.7	3.0	4.4
2002~2006	17.7	13.8	1.2	3.6	9.6

5.3 估计方法和结果

5.3.1 模型设定

为了检验假设 5 - 1 和 5 - 3，我们估计了解释工人数量及

109　　其增长率的函数，在样本中，我们剔除了搬迁企业。因为我们感兴趣的是教育年限影响强度的变化，所以我们分别在每年或者每个时期估计这些函数，以研究系数是否会随着时间而变化。我们剔除搬迁企业，是为了表明即使是在留守企业中，正规学校教育对于企业绩效的提高也非常重要①。将被估计的这两个函数的解释变量包括企业主的受教育年数和表5.4中的其他一些特征变量。为了避免多重共线性和内生性的问题，我们并没有包含表5.4中的所有特征变量。我们发现年龄、受教育年限、职业培训年数、以前经验年数和截至2006年当前生意的管理年数之间存在很强的多重共线性，这是因为后四项的总和等于企业主在2006年时的年龄减去上学时的年龄，而这个总和并没有随着观察的变化而发生太大的变化。因此，我们在回归中剔除了年龄变量。

　　企业主是否有在正式部门的工作经验，被看作是虚拟变量，它与受教育年限和职业培训的年数存在正向且高度的相关。企业主在创业之初是否熟识夹具和固定装置，也被作为虚拟变量，它与受教育年限存在正向且高度的相关。我们怀疑企业主是否有创业伙伴和伙伴的数量有内生性的问题。因为只有当企业效益好的时候，伙伴才会留下来。到国外商务旅行的次数，也可能有内生性的问题，因为只有企业的效益好，才能负担起企业主到国外商务旅行。因此，我们在回归模型中剔除了上述变量。由于我们剔除了在正式部门的工作经验这个变量，

————————————————

① 需要指出的是，如果我们在回归分析中包括搬迁企业，结果会更显著而非减弱。

因此学校教育和职业培训对企业规模和增长的影响就包含了技术或管理知识的效应，企业主通过在正式部门的工厂特别是在外资企业工作，获取到了这些知识。在接下来解释估计结果的时候，我们要牢记这一点。

　　解释企业增长的函数包含相同的代表企业主特征的解释变量集合。由于上面同样的原因，搬迁企业依然被排除在样本之外。函数也包含了在时期的最初年份的工人数量的对数。这是增长的回归分析的常规设定方法，在企业增长及跨国增长比较研究的文献中都使用过。在这种回归方程中一般都是采用普通最小二乘法来估计，但由于初始规模与误差项之间的相关会产生内生性的问题。处理这个问题的一个更高级的方法也许是使用广义矩方法（Generalized method of moment, GMM）的估计量，比如，阿雷拉诺和邦德（1991）提出的估计量。他们在一阶差分方程中，使用滞后变量（lagged variables）作为工具变量。比格斯特恩和格布雷耶瑟斯（2007），在使用面板数据研究亚的斯亚贝巴的制造业企业时，使用过这个方法。不过，在我们的数据中却不能使用这个方法，因为我们没有足够的年度数据。

110

　　作为替代，我们使用表示企业主特征的一些变量作为初始的企业规模的工具变量。换言之，我们使用解释企业规模的函数估计作为二阶段最小二乘法回归的第一阶段。不同稍后所显示的，职业培训的年数、先前工作经历的年数以及当前企业的管理年数都是初始的企业规模很好的工具变量，因为它们对初始的企业规模有着显著的影响，但对于后续的企业增长却无直接的影响。在这个意义上，工具变量的效度通过第一阶段的 F

值检验和过度识别检验（over-identification test）来检测。

为了检验假设5-2，我们使用与企业规模和增长回归中相同的解释变量集合，来设定关于向有质量意识客户销售的比例的回归模型。样本同样没有包括搬迁的企业。由于销售比例从零及其以下被删截，因此我们使用Tobit模型。我们也运行了面板数据的固定效应回归模型来分析从集群搬迁到正式工业区的效应。在此我们的样本中包含了搬迁的企业。因变量是工人的数量，主要的解释变量是虚拟变量。它表示的是企业依然在卡里奥班吉轻工业区，还是已经搬迁到正式的工业区。在企业搬迁之前为0，搬迁之后就为1。如果搬迁能够带来工人数量的增长，那么虚拟变量的系数就为正向。这个方程还包括了向有质量意识客户销售的比例和直接从厂家采购的原料成本的比例。它们用来检验向有质量意识的客户销售和直接采购是否可以促进企业的增长。尽管区位、销售和采购变量都可能是内生的，但是我们预期固定效应模型能够削减内生性偏误。

5.3.2 估计结果

表5.7报告的是对企业规模函数的估计结果。在第一栏，估算使用的是1998/2000年的汇总数据，在回归方程的右边增加了一个年度虚拟变量。六个有关企业活动类型的虚拟变量，用来控制企业类型对结果的影响。虚拟变量的默认值是除了生产天平标尺之外的金属制品企业，比如制造钢窗、钢家具和磨粉机的企业。

在所有的列中，受教育年数对企业规模的影响都是正向的。前两栏的结果仅是稍微显著，但后面两栏非常显著，而且

系数从 1998/2000 年的 0.044，增加到 2006 年的 0.126。这些
结果很好地验证了关于通用性人力资本影响的假设 5 - 1。职
业培训的影响随着时间的推移而减弱。先前的工作经历在
1998/2000 年具有很强的影响，但在随后的年份影响不再显
著。管理经验年数在前三栏具有正向影响且非常显著，但在第
四栏影响不再显著。这些结果与我们的基本假设是一致的，随
着时间的推移，企业主提高质量的动机增强，并且质量的提高
是知识密集而非经验密集的。

　　天平标尺企业虚拟变量具有正向影响且在前两栏作用显
著，但在后两栏不显著。这些结果显示，新标尺生产企业的踊
跃进入拉低了产品的价格，并且降低了集群中企业的规模，使
得它们从高水平趋于平均水平。汽车修理和零部件企业的变化
也大致如此。如果回归估计中包括搬迁的企业，那么受教育年
数的效应会更强，增加的幅度要比表 5.7 所显示的还要明显。
而所有其他结果性质上都没有变化。

表 5.7　肯尼亚金属制品业集群中企业主的人力资本对企业规模影响的
估计结果（样本不包括搬迁企业）

	1998/2000 (一)	2002 (二)	2005 (三)	2006 (四)
受教育年数	0.044* (1.78)	0.054* (1.75)	0.095** (3.24)	0.126** (3.74)
职业培训年数	0.070* (1.69)	0.053 (0.98)	-0.015 (-0.27)	0.006 (0.10)
先前工作经历年数	0.079** (4.24)	0.027 (1.47)	-0.005 (-0.31)	0.008 (0.51)

续表 5.7

	1998/2000 (一)	2002 (二)	2005 (三)	2006 (四)
管理经验年数	0.059** (4.70)	0.073** (5.02)	0.042** (3.06)	0.020 (1.25)
肥皂制造企业(虚拟)	0.542 (1.55)	0.785* (1.88)	0.443 (1.14)	0.068 (1.25)
汽车修理企业(虚拟)	0.482** (2.52)	0.470* (1.98)	0.148 (0.60)	0.022 (0.08)
零部件企业(虚拟)	0.499** (3.15)	0.140 (0.78)	-0.140 (-0.80)	-0.132 (-0.66)
天平标尺企业(虚拟)	1.015* (4.70)	0.702* (2.46)	-0.027 (0.10)	-0.014 (-0.66)
五金贸易企业(虚拟)	0.199 (0.40)	-0.211 (-0.66)	-0.302 (-1.09)	-0.418 (-1.32)
其他服务类企业(虚拟)	0.135 (0.55)	0.143 (0.54)	-0.140 (-0.51)	-0.080 (-0.26)
2000 年(虚拟)	-0.054 (-0.46)			
截距	-0.200 (-0.68)	-0.222 (-0.64)	0.017 (0.05)	-0.236 (-0.059)
企业数	129	97	112	113
R^2	0.36	0.39	0.23	0.19

注：因变量是员工数量的对数。括号内的数是 t 检验值。** 表示 $p < 0.01$，* 表示 $p < 0.05$。

表 5.8 展示的是企业增长的回归分析结果。前两栏涵盖两个时间段：1998—2000 年和 2000—2002 年。这两个时间段的数据是混合的，如果存在未观测到的固定效应，我们没有像在

面板固定效应模型中那样进行特别的处理。第一栏显示的普通最小二乘法估计结果，第二栏显示的两阶段最小二乘法的估计结果。同样，分别基于2002—2005年和2005—2006年的两个时期的混合数据，第三栏和第四栏显示的是普通最小二乘法和两阶段最小二乘法的估计结果。因变量是每个时期内工人数量的年均增长率。在前面我们已经提到过，在两阶段最小二乘法的回归中，初始的员工规模是使用职业培训年数、以前工作经历年数和管理年数来作为工具变量的。如同表5.8的底端数据所显示的，无论是在前两个时期，还是在后两个时期，这些变量在第一阶段的回归分析中有着联合的显著效应，尽管根据表5.7只有管理年数在2000年和2005年有显著影响。根据戴维森和麦克金农（1993）的研究，过度识别检验的结果表明，这些工具变量对企业增长没有任何直接影响。

在前两个时期，普通最小二乘法估计和两阶段最小二乘法估计的增长方程的结果类似。两者都显示，受教育年数对企业增长没有显著影响。然而，在后两个时期，从绝对值上来看，用两阶段最小二乘法估计的初始员工规模的效应要比用普通最小二乘法估计的大得多，而且受教育年数的影响在这两个时期都是正的且非常显著。受教育年数的影响在后面的时期大幅增加的结果为研究假设5-1提供了支持。因为初始的员工规模具有内生性，所以普通最小二乘法的估计是不稳定的。稳定的两阶段最小二乘法估计的初始员工规模的效应在绝对值上变大，这就为研究假设5-3提供了强有力的支持。

尽管在此表中没有报告，如果样本中包含搬迁的企业，解释变量对企业员工增长的影响在性质上没有发生变化。影响幅

114

度的变化如下所示：首先，与表5.8第四栏的结果相比，包含
搬迁企业减弱了初始员工规模的负效应。换言之，如果样本中
包含搬迁企业，限制增长的约束就不那么严重了。这就意味
着，从卡里奥班吉搬迁到正式的工业区减少了发展的阻碍。第
二，包含搬迁企业还会增强教育年数的影响，尤其是在后面的
时期。这可能是因为搬迁者受过更好的教育，他们企业的增长
率远高于平均值，尤其是在搬迁之后。

表5.8 肯尼亚金属制品业集群中企业主的人力资本对员工增长影响的
估计结果（样本不包括搬迁企业）

	1998~2000 和 2000~2002		2002~2005 和 2005~2006	
	OLS（一）	2SLS（二）	OLS（三）	2SLS（四）
滞后的员工数量的对数	-0.073** (-2.81)	-0.083* (-2.40)	-0.064* (-1.66)	-0.299** (-2.53)
受教育年数	0.008 (1.20)	0.008 (1.19)	0.030** (2.64)	0.050** (3.30)
职业培训年数	0.004 (0.40)		-0.001 (-0.05)	
先前工作经历年数	-0.006 (-1.02)		0.004 (0.69)	
管理经验年数	0.001 (0.35)		-0.014** (-2.51)	
肥皂制造企业（虚拟）	0.264** (2.66)	0.272** (4.21)	-0.247 (-1.64)	-0.120 (-0.50)
汽车修理企业（虚拟）	-0.023 (-0.41)	-0.002 (-0.05)	-0.095 (-1.04)	-0.043 (-0.44)
零部件企业（虚拟）	-0.060 (-1.29)	-0.043 (-0.89)	-0.041 (-0.62)	-0.053 (-0.67)

续表 5.8

	1998 ~ 2000 和 2000 ~ 2002		2002 ~ 2005 和 2005 ~ 2006	
	OLS(一)	2SLS(二)	OLS(三)	2SLS(四)
天平标尺企业(虚拟)	-0.090 (-1.36)	-0.063 (-1.12)	-0.106 (-1.00)	-0.005 (-0.57)
五金贸易企业(虚拟)	-0.127 (-1.51)	-0.116** (-2.59)	-0.156 (-1.41)	-0.197* (-2.03)
其他服务类企业(虚拟)	-0.016 (-0.24)	-0.0001 (-0.00)	0.007 (0.07)	-0.005 (-0.05)
第一阶段(虚拟)	0.032 (0.96)	0.0228 (0.85)	0.104* (1.98)	0.044 (0.75)
截距	0.071 (0.82)	0.068 (0.88)	-0.0124 (-0.093)	-0.141 (-1.14)
企业数	128	128	207	207
R^2	0.2		10.15	
第一阶段的 F 值		27.56**		12.95**
过度识别的卡方检验		1.59		0.92

注：因变量是年均增长率，大致相当于员工数量的对数值与其滞后值(lagged values)之间的差值除以两个观察时点之间的年数。括号内的数值是基于稳健标准误的 t 检验值。** 表示 $p < 0.01$，* 表示 $p < 0.05$。在第二栏和第四栏的两阶段最小二乘法回归中，对滞后的员工数量的对数变量使用了工具变量。

表 5.9 显示的是解释向有质量意识客户销售和直接采购原材料的函数的估计结果。前两栏清晰地显示，受教育年数的正向效应变得更强，并且 2005 年与 1998/2000 年相比，职业培训的效应减弱。虽然在表中没有报告，但这些效应在 2002 年居于以上年份的中间。这些结果就验证了假设 5 - 2。如果样

本中包括搬迁企业，那么受教育年数的效应会更强。我们很难解释管理经验呈现负向作用，在 1998/2000 年是显著的，而在 2005 年则不显著。我们也很难解释，以前的经验呈现负向作用，同样在 1998/2000 年是显著的，而在 2005 年则不显著。但是这些结果表明，作为一个工人或者企业主的经历，对于增加向具有质量意识客户的销售没有多大帮助。

　　根据第三栏和第四栏的结果，正规的学校教育对于企业主增加原材料直接采购的作用，在 2005 年比在 1998/2000 年变得更重要。职业培训、先前经历和管理经验，对于直接采购的效应在任何一年都不显著。其他的因素也不值得去关注。

表 5.9　肯尼亚金属制品业集群中影响向有质量意识的客户销售和直接采购的因素的 Tobit 回归
（样本不包括搬迁企业、五金店和其他服务企业）

	销售		采购	
	1998/2000 （一）	2005 （二）	1998/2000 （三）	2005 （四）
受教育年数	0.041* (1.81)	0.049* (2.11)	0.050 (1.57)	0.101* (2.24)
职业培训年数	0.081* (2.33)	0.038 (0.91)	0.058 (1.31)	0.107 (1.60)
先前工作经历年数	0.002 (0.10)	-0.025* (-1.78)	-0.035 (-1.24)	-0.040 (-1.19)
管理经验年数	-0.029** (-2.63)	-0.004 (-0.36)	0.038 (0.26)	-0.010 (-0.52)
肥皂制造企业（虚拟）	0.721* (2.79)	0.911** (3.17)	-0.002 (-0.00)	-0.008 (-0.02)
汽车修理企业（虚拟）	0.517** (3.39)	0.462** (2.78)	0.193 (0.85)	-0.360 (-0.92)

续表 5.9

	销售		采购	
	1998/2000 (一)	2005 (二)	1998/2000 (三)	2005 (四)
零部件企业(虚拟)	−0.060 (−0.47)	−0.091 (−0.71)	−0.067 (−0.34)	−0.297 (−1.23)
天平标尺企业(虚拟)	−0.229 (−1.16)	−0.386* (−1.68)	0.515* (2.24)	0.205 (0.70)
2000 年(虚拟)	0.116 (1.12)		−0.122 (−0.85)	
截距	−0.442 (−1.65)	−0.406 (−1.49)	−0.962* (−2.31)	−1.639** (−259)
企业数	120	96	121	93
左删样本数	54	45	94	78

注：第一栏和第二栏的因变量是特殊订单和出口占销售额的比例，第三栏和第四栏的因变量是从特定来源直接采购占原料成本的比例。括号内的数值是基于稳健标准误的 t 检验值。** 表示 $p < 0.01$，* 表示 $p < 0.05$。

　　表 5.10 显示的是，搬迁到正式工业区、向有质量意识的客户销售和从工厂直接采购原材料对员工规模影响的面板固定效应模型的估计结果。在回归分析中，我们包含了搬迁的企业。正如前面所述，1998、2000、2002、2005 和 2006 年的员工数量是可以获得的，但是 2006 年向有质量意识客户的销售和直接采购的数据则无法获取。这就是第一栏的观测数要比其他栏的要多的原因。在第一栏没有包括回归分析右侧的销售和采购变量。

　　在第一栏和第二栏，搬迁到正式工业区对员工数量对数的影响是正向的且显著。这些结果就验证了，搬迁到正式工业区

115

116

可以消除企业在工匠集群所面临的发展障碍，从而促进企业的增长。直接采购的效应在第二、第四和第五栏都是正向且显著的，这就说明正如我们前面所讨论的，提高直接采购是多方面改进的重要内容。

117　　在第三栏和第四栏，搬迁到正式工业区的效应不再显著，这是因为在回归分析的右侧包含了销售变量，它与搬迁到正式工业区相关。这些搬迁企业的发展说明，搬迁到正式工业区减弱了对企业增长的束缚，可以让企业更容易找到具有质量意识的客户。但是在第五栏，尽管包含了销售变量，但搬迁到正式工业区的正向效应却是非常显著。这是因为在这一栏，因变量不再是员工数量的对数，而是员工数量本身。如此一来，对于拥有更多员工的企业来说，这种效应就会更加显著。对比第四栏和第五栏的结果可以说明，在工匠集群对于企业增长的限制不仅仅在于很难找到有质量意识的客户，还在于很难找到扩展企业规模的空间。

　　2005 年虚拟变量在所有的栏中，都有正向的显著效应，2002 年虚拟变量则只在某些栏有正向的显著效应。也就是说，在 2005 年员工的规模要比 2002 年大，比以前的年份更大。在第一栏 2006 年虚拟变量与 2005 年虚拟变量的系数大小差不多，这说明 2005 规模大的企业在 2006 年继续保持。如果样本中剔除搬迁企业，这些结果依然保持不变。因此，我们有理由相信，在工匠集群对于企业增长的束缚与日俱增，企业只有从非正式实体转型为正式实体，才能化解这些问题。

表 5.10　肯尼亚金属制品业集群中 1998、2000、2002、2005 和
2006 年搬迁到正式工业区对员工规模的面板固定效应
模型估计结果(样本不包括搬迁企业)

	(一)	(二)	(三)	(四)	(五)
搬迁到正式工业区	0.742**	0.762**	0.453	0.313	7.452**
	(3.53)	(2.91)	(1.56)	(1.06)	(3.43)
直接采购		0.470*		0.447*	0.068**
		(2.46)		(2.38)	(2.79)
向有质量意识客户销售			1.079**	1.041**	0.025*
			(3.26)	(3.16)	(1.79)
2000 年(虚拟)	0.060	0.058	0.088	0.080	0.644
	(0.74)	(0.79)	(1.20)	(1.09)	(1.26)
2002 年(虚拟)	0.054	0.095	0.144*	0.139*	1.176**
	(0.70)	(1.34)	(2.01)	(1.95)	(2.27)
2005 年(虚拟)	0.344**	0.368**	0.426**	0.407**	2.794**
	(4.54)	(5.16)	(5.95)	(5.68)	(5.38)
2006 年(虚拟)	0.326**				
	(4.25)				
截距	1.065**	0.944**	0.958**	0.848**	2.346**
	(17.47)	(12.61)	(14.41)	(10.46)	(3.99)
观测数	476	352	348	344	351
企业数	122	119	117	116	116
每个企业的平均观测数	3.9	3.0	3.0	3.0	3.0
R^2	0.15	0.22	0.23	0.25	0.28

注：第一栏到第四栏的因变量是员工数量的对数，第四栏的因变量是员工数。括号内的数值是 t 检验值。** 表示 $p < 0.01$，* 表示 $p < 0.05$。

5.4 总结性评论

本章以内罗毕的工匠集群为例，研究了撒哈拉以南地区非正式企业规模和增长的影响因素。基于园部哲史和大冢启二郎（2006）在东亚的研究经验，我们假设企业主们为了提高利润，越来越有动力对企业进行多方位的改进，而且有更高管理型人力资本的企业主更有可能实现企业的多方位改进。我们还假设只要企业还停留在非正式的集群中，企业的多方位改进（以及随之而来的企业规模的增长）就很难实现。基于这些思考提出的可检验假设都得到了数据的强力支持。

回归结果清楚地表明，尽管在工匠集群提高产品质量的相对优势也在增加，但企业很难找到有质量意识的客户，很难找到扩展企业规模的空间。留在工匠集群中的企业所面临的增长桎梏越来越严峻。问题是，为什么他们对搬迁到正式的工业区犹豫不决？在那里他们可以进行多方位的改进并扩大运营规模。对他们而言，搬到正式的工业区需要能够获得更高的利润，以超过搬迁的成本以及与重新安置和从非正式企业转型为正式企业相关的其他成本。除了这些成本之外，不确定性似乎也是让他们犹豫的一个重要因素。总结起来，撒哈拉以南地区的大部分企业之所以没有发展起来，部分是因为拥挤的集群中的制约因素，部分是因为企业主缺乏管理能力。通过承担引入新的管理策略（包括搬迁）的风险，一些由受过良好教育的企业主管理的企业成功地获得了增长。

然而，能力和不确定性都是知识的函数。如果企业主更有知识，就更有可能通过成功地获得多方位的改进带来高额利润。同时，对于盈利性的评估也会更加准确。的确，那些已经把企业搬迁到正式工业区的企业主的受教育程度要高于依然留在工匠集群的企业主。

通过前面第二到第五章的分析，我们可以清楚地看到通过正式学校教育获得的管理型人力资本对于企业主升级产品、提高质量、改变销售渠道和加强内部管理是最为重要的。这就强有力地验证了假设 1。从性质上来说，管理型人力资本的重要性，无论在越南还是在肯尼亚都是同样重要，这跟园部哲史和大冢启二郎（2006）对非洲东北部国家的研究发现也没有太大的区别。

中国的冲击与质量提高

6 巴基斯坦：电气配件产业的
复制战略*

121　　中国的冲击（廉价的中国商品在进口中的大规模、间歇式和急剧性的增长）已经影响到撒哈拉以南地区在内的很多低收入的国家，冲击了它们很多生产贸易产品的产业（扎法，2007；维拉瑞尔，2009）。本书第三部分（第 6 章和第 7 章）探讨就是这个话题。通过巴基斯坦电气配件集群和埃塞俄比亚鞋业集群的案例分析，来探讨低收入国家的产业如何应对中国的冲击。这两个案例都是令人振奋的，它们通过多方位创新成功地扛过了中国的冲击。

　　巴基斯坦的萨果达（Sargodha）电气配件集群的一个主要特征是形成了合理的劳动分工，外部的贸易商、当地的贸易商、公司、分包作坊（subcontracting workshops）和家庭分包

　本章利用了政策研究大学院大学（National Graduate Institute for Policy Studies）巴布尔·瓦西姆（Babur Wasim）的博士论文《基于集群的产业发展：巴基斯坦萨果达的电气配件集群的案例研究》的初稿。当时作者是瓦西姆先生的博士学位论文委员会的成员。我们对他的贡献深表感谢。

152

户之间的外包分工体系（putting-out arrangements）普遍存在。许多没有丰富的管理型人力资本的小企业主，就作为分包商进入这个行业。他们只负责生产某些系列的产品，不用承担产品生产工艺和设计的任何创新。然而，公司不仅负责产品的生产，还要负责设计、设定高质量产品的新规格以及开拓新的市场渠道。

根据联合国工业发展组织（2006）的报告，在最近 30 年，萨果达地区产业集群中的企业数量显著增长，但经营活动在本质上却没有多少改变。集群中企业使用的工具和机器落伍，产品粗糙，质量低下，只在本国市场销售。但这种低质量的产品还是有需求的。因此，这个阶段的发展被认定为数量扩张的阶段。利润比较低或者利润在持续下降。然而，日益增长的从中国进口的电气配件，已经实实在在地威胁着集群中的生产者。问题是，集群是在中国的冲击下萎缩，还是通过进入质量提高阶段从冲击中复兴？

根据园部哲史等人（2004）的报告，在中国相同的产业，伴随着大量生产低质量产品企业的蜂拥而入，很多企业开始提升产品质量，并采纳新的营销策略。面对来自中国产品的激烈竞争，萨果达的企业试图提升它们的产品质量和生产过程吗？如果答案是肯定的，那么这些企业主们又是通过什么方法来更新设计、采购高质量的原材料以及改进终端产品的营销渠道呢？实行多方位创新的企业主又具有哪些特征？基于 126 个企业的面板数据，本章要探讨的问题是，多方位的创新是否会导

122

致萨果达集群进入到质量提高阶段？[①]

　　本章的主要发现是，为了应对从中国进口的电气配件的竞争，萨果达的企业主们试图提高其产品的质量。产品质量的提高，伴随着寻找适合高质量产品销售的市场渠道。与在东亚地区现已发展起来的其他产业集群相类似（园部哲史和大冢启二郎，2006），相对而言，主导创新的企业主们的受教育程度更高，在营销和管理方面更有经验。除了管理型人力资本之外，企业主的社会资本对于他们提高产品质量和找到新的销售渠道也大有帮助。这种社会资本产生于他们与电气配件集群中其他企业主的家庭联系。

　　本章其余内容安排如下：6.1 简要介绍萨果达电气配件集群的情况；在简要描述企业主最近采取的提高产品质量的策略的基础上，6.2 提出可供检验的研究假设；6.3 对样本企业进行描述性分析；6.4 报告了回归分析的结果；6.5 总结了主要发现和政策含义。

6.1 萨果达电气配件集群简介

123　　我们的调查点是在一个叫萨果达的地方。它位于旁遮普（Punjab）省，距离拉合尔（Lahore1）72 公里，距离首都伊斯兰堡（Islamabad）261 公里，距离 347 公里长的伊斯兰堡至拉合尔公路的几个交叉道大约 50 公里。萨果达距离旁遮普省

① 我们在数据分析中没有包括分包作坊，因为产品设计、原料采购和终端产品销售的决定都只是由公司的所有者来完成的。

非常有名的产业区锡亚尔科特（Sialkot）、古吉拉特邦（Gujarat）和古吉兰瓦拉（Gujranwala）不远，如图 6.1 所示，它们都位于该省的东北部①。1947 年独立之前，英国王室建造的铁路把萨果达与巴基斯坦的许多小城镇紧密相连。

现在，萨果达已是一个非常有名的产业集群了，在这里大量的小型企业生产电气配件。此处的"电气配件"指的是电器开关、插座、插头、灯泡座和不超过 30 安培的大型开关。联合国工业发展组织（2006）称，萨果达现有大约 1200 家企业，生产巴基斯坦国内 70% 的电气配件产品。其他重要的生产地点是，旁遮普省的省会拉合尔和信德省（Sindh）的省会卡拉奇（Karachi），卡拉奇是巴基斯坦的商业和制造业中心。

2008 年 8 月到 10 月，我们在萨果达对电气配件企业进行了为期 3 个月的调查。在 8 月初的两周，我们对萨果达地区中小企业发展局的官员和一些选择好的企业主进行了非正式的面对面访谈调查，目的是为了收集关于集群的发展历史及当地企业主和其企业的主要特征的资料。

在开展正式的随机抽样调查中，最大的困难是抽样框的问题。我们预期当地的联邦统计局（FBS）或者中小企业发展局（SMEDA）的官员可以掌握，但结果是他们的资料既不可靠、也不完整②。但联邦统计局的地区办公室可以帮助我们识别出

---

① 锡亚尔科特以生产手术器械和足球而著称（Nadvi，1999a，1999b，2008）。古吉拉特邦和古吉兰瓦拉是生产塑料产品、金属制品、机器和电器企业的集群地（Nabi，1998；Caniëls and Romijn，2003）。
② 联邦统计局没有名单，而中小企业发展局只有一个 31 家企业的名单。

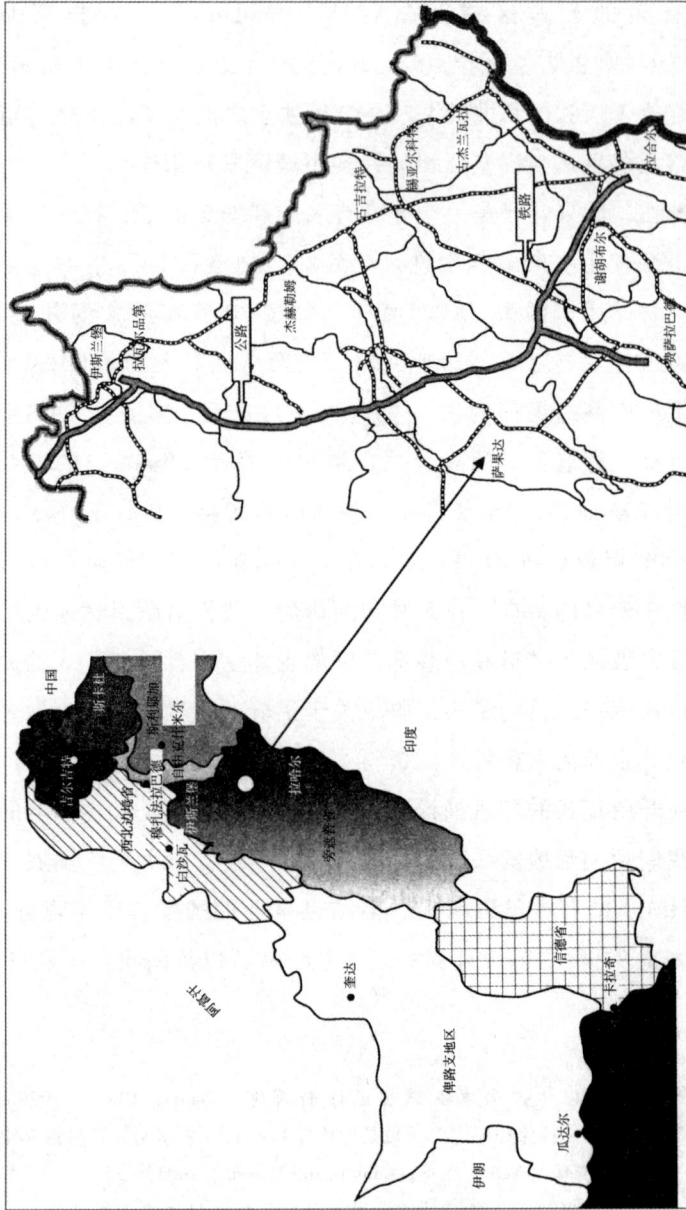

图 6.1 巴基斯坦调查点的位置

（左边图是巴基斯坦全貌，右边图显示的旁遮普省的东北部）

萨果达电气配件企业最密集的地方。在当地一名政客（工会委员）的帮助下，我们拿到了一份包括 249 个企业的名单，并逐一拜访。尽管 7 个企业拒绝提供任何资料，我们还是进行了 242 个企业主的个人访谈，从 232 个企业主获得了可靠的资料。这些资料包括 2004、2006 和 2008 年企业的历史、企业主的背景、销售、原料采购及雇工的相关资料。

125

　　根据被访者介绍，萨果达的电气配件产业开始于 20 世纪 60 年代。当时，一个当地商人在卡拉奇学到了生产技术，回来后就在萨果达建立了第一个工厂[①]。这种发展模式与日本和中国的服装产业集群的情况极为类似（山村等，2003；园部哲史等，2002）。在萨果达地区的电气配件产业开始几年后，这位先驱者的一个亲戚进入到这个行业，他是现在的领头企业——英雄电气设备公司——的老板。[②]后来，大量的衍生性企业家从这些先驱企业中分离出来，他们复制在先驱企业所学到的模式，创办了自己的工厂或作坊。企业数量的增长不仅吸引了终端产品的经销商，还吸引了模具制造商、金属配件生产者和供应商以及酚醛树脂粉（Bakelite powder）提供商。这就是第一章所描述的产业集群的形成过程。根据联合国工业发展组织（2006）的报告，在萨果达地区大概有 600 家酚醛树脂

[①]　在卡拉奇曾有一家名为 PPI 的大型工厂，建立于巴基斯坦独立前。在萨果达地区开始制造电气配件之前，那里是电气配件和附件的主要来源。甚至政府机构过去都是从这家工厂采购电气配件（联合国工业发展组织，2006）。

[②]　由于先驱者的儿子从巴基斯坦移民走了，所以第一家工厂于 20 世纪 70 年代末关门了。

粉提供商、金属配件生产者和供应商、模具制造商和终端产品贸易商。

电气配件产品主要是由酚醛树脂构成。酚醛树脂是一种绝缘、绝热的合成材料。酚醛树脂粉被加热之后在模具中融化，然后通过手动压力机把它压成各种形状的产品。这是最为资本密集和技术密集的过程。加热和压制过程中的微小误差，可能会由于用力不均匀而导致产品变形。接下来的生产过程就是组装，把一些小的金属配件，比如螺栓和弹簧，人工安装到酚醛树脂部件上。最后一道工序是检查组装好的产品并进行包装。

图6.2把电气配件产品的生产者分为三个群体：（1）公司；（2）分包作坊；（3）家庭分包户。因为第三个群体中的企业只负责组装工作，所以未被包含在我们的样本中。前两个群体中的企业生产制成品。不过，公司与分包作坊存在显著的

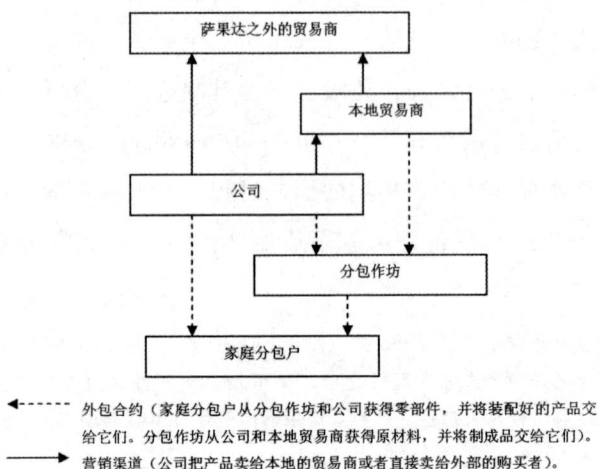

外包合约（家庭分包户从分包作坊和公司获得零部件，并将装配好的产品交给它们。分包作坊从公司和本地贸易商获得原材料，并将制成品交给它们）。
营销渠道（公司把产品卖给本地的贸易商或者直接卖给外部的购买者）。

图6.2　巴基斯坦电气配件集群中企业间的分包和市场关系

差异。公司不仅自己生产各种终端产品，同时还要负责样品的设计和生产、设定规格、质量控制和产品销售。此外，所有公司都使用自己的品牌来促进其产品的市场销售。与之相对，分包作坊只是根据公司设定的规格，专门负责生产一种或几种特定的产品，并且没有自己的品牌。

　　表6.1描述的是按照企业类型和建立时间分类的样本企业的数量。在我们的232个样本企业中，76个是以公司形式创立的，156个是以分包工厂的形式建立。每过10年，新进入企业的数量都在不断增长，这说明该产业仍处于数量扩张阶段。创建一家公司所需的投资是创办一个分包作坊的数倍。目前，232个样本企业中，106个是分包作坊，126个是公司，其中有50个是从分包作坊转变而来的。终端产品的购买者可分为本地和外部贸易商。本地贸易商是指，在萨果达市场中的零售和批发商店。外部贸易商从当地经销商或直接从公司买货。

表6.1　巴基斯坦电气配件集群中新进入企业的数量(根据企业类型)

	建立企业时的类型	
	公司	分包作坊
直到1980	6	3
1981～1990	13	18
1991～2000	23	46
2001～2008	34	89
总计	76	156

数据来源：2008年的调查。

分包作坊与公司或当地贸易商之间的外包合同并不是书面签订的合同，相反通常是基于信任关系的长期合约。分包作坊的企业主经常去拜访他们的发包商，从他们那里接订单，讨论样品的规格、设计、强度和重量。公司和本地贸易商经常给分包作坊提供原材料和模具，但从来不会提供锻压机器。公司或贸易商给分包作坊的付款方式是基于批次的，通常是在月底支付。分包作坊从家庭分包户手里收回组装好的产品，在逐个检查了质量之后进行包装，最终卖给他们的分包商。这种外包合同也会出现在公司与家庭分包户之间。

6.2 质量提高和可检验的假设

128 这一部分主要探讨的是萨果达企业主们最近采取的提高产品质量的策略，目的是提出可以检验的假设，以分析企业主的管理型人力资本及社会资本在提升产品质量和提高企业总体绩效中的作用。

6.2.1 质量提高

萨果达的公司采用两种类型的酚醛树脂粉：在巴基斯坦国内的古吉兰瓦拉（Gujranwala）、谢胡布尔（sheikhupura）和噶图（gadoon）生产的酚醛树脂粉，以及从中国和意大利进口的酚醛树脂粉。几乎所有的公司都从萨果达当地的供货商处购买两种类型的酚醛树脂粉。在这个集群中，有很多企业生产金属配件。公司基本上都是通过匿名现货交易在市场上购买金属配件，这可能是因为从不同的生产商那里直接采购诸如弹簧、螺丝、管子、螺栓和抓手等不同的金属配件是非常耗时的，另外也可能因为这些标准件在质量上没有什么差异。在萨果达地区生产的、用在电气配件上的诸如管子、螺栓和抓手等黄铜产品，质量都不太可靠，经常引起火花。公司从萨果达当地的制模企业采购模具，这些制模企业依然使用传统的机器设备，很难精确控制一模多腔模具的尺寸。因此，使用这类方法生产出来的模具很难生产出同质的标准化产品。园部哲史和大冢启二郎（2006）意义上的多方位创新过去在这个集群中是非常缺乏的。但是最近，由于进口自中国的电气配件产品的增加，加剧了产品质量的竞争，并且降低了低质量产品的利润率。因此，一些企业家开始尝试提高他们产品的质量。

正如以前所提到的，萨果达地区生产的电气配件产品包括开关、插头、插座、灯泡底座和不高于 30 安培的开关。这些产品都被涵盖在海关编码（HS，Harmonized Commodity Description 和 Coding System）8536 的各类子目录下。即使是在同一子目录下，进口的类别和萨果达当地生产的产品也有所不同。比如，高电压的开关和插座以及其他类型的灯座。因此，很难获得准确的数据，到底多少种进口的电气配件跟萨果达所生产的产品类似。但是当地企业家和萨果达地区中小企业发展局官员都相信，跟萨果达所生产的非常类似的产品都是从中国进口而来的。因此，在图 6.3 中，我们报告了从 1998/1999 到 2008/2009 年从中国进口的电气配件及相关附件的数据。在2003 到 2008 年间，从中国进口的产品额增加了 10 倍，但是

129

与 2008 年相比，2009 年的进口减少了 25%①。

被访者告诉我们，中国进口到巴基斯坦的电气配件是由塑料制造的，与酚醛树脂相比耐热性要差。但是中国产品销路好，因为塑料可以使电气配件的生产有更好的设计和做工，而且价格便宜。我们从 63 个公司收集了三大类主要产品（开关、插座和集成的开关插座）的价格。数据显示了这些样本公司产品的平均价相对于中国产品的价格比。图 6.3 显示，中国产品的低质量反映在巴基斯坦产品的高相对价格上。在研究期间内，相对价格比都超过 1，这就意味着在巴基斯坦生产的产品比中国的相应产品质量更高。但是随着时间的推移，巴基斯坦与中国产品之间的价格差在缩小。第一个可能的原因是，由于激烈的竞争，在 2004 到 2008 年间巴基斯坦产品的名义价格下降了 15% ~ 30%。第二个原因是，巴基斯坦的进口商开始从中国进口相对高质量的电气配件产品。第三个原因是由于巴基斯坦的国内货币贬值导致中国产品的价格升高。

中国进口的电气配件产品价格低而且容易设计，加剧了市场竞争，这使得萨果达的领头企业家们开始改进他们的设计、生产和产品的总体质量，优化生产过程。前面提到过，萨果达地区的模具制造商使用传统的机器设备。企业家们介绍说，传统的机器设备不能够控制精密的和一模多腔的模具所要求的尺寸。而且传统的模具机器需要 6 个月的时间才能生产出一个模

① 根据中小企业发展局的估算，中国进口商品大约占据巴基斯坦国内消费市场的 30% 左右。尽管我们的被访者给出的中国商品的市场份额估计从 20 到 50% 不等，但他们都一致认为中国商品的份额近些年一直在下降。

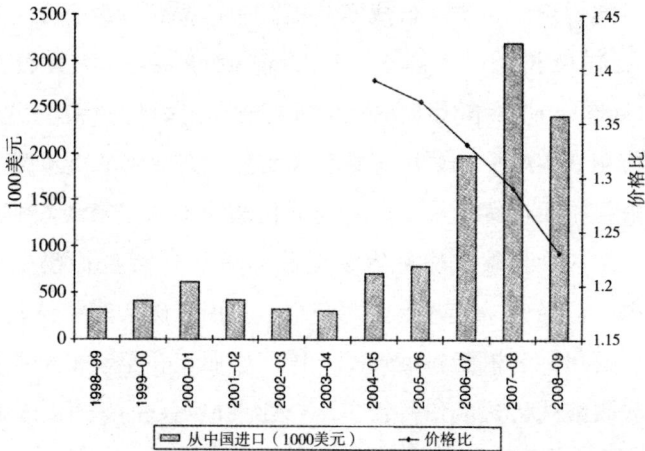

图 6.3　1998/1999 到 2008/2009 年从中国进口的电气配件及其相关产品（单位 1000 美元）以及巴基斯坦产品与中国产品的相对价格

具。如此一来，新设计的产品早已上市了。因此，为了新的、差异性的设计及提高生产率，当地的领头企业开始从中国和巴基斯坦的大城市采购它们的模具，在这些地方可以使用计算机化的数字控制技术（CNC）生产精密模具。在当地最大的企业中，另外一个可见的趋势就是在他们工厂内部设立自己的 CNC 模具制造部门。截至 2009 年，当地已有 5 家大企业建立了 CNC 模具制造部门。这些企业开始雇佣持有从公认机构获得 CNC 制模证书的员工。

前面提到过，萨果达地区的企业同时使用国产和进口的酚醛树脂粉。进口的价格大概是国产的两倍。根据当地企业介绍，进口的粉料比国产的更加容易制模，并且使用进口的粉料改进了产品主体部分的强度和成型。因此，企业提高了使用进口粉料的份额。为了降低成本和提高生产率，少数企业开始使用注塑制模机器（injection molding machines）和聚碳酸酯（polycarbonate），取代了人工压制机器和酚醛树脂粉。访谈得知，使用聚碳酸酯取代酚醛树脂粉有三个理由：首先聚碳酸酯比酚醛树脂粉便宜；第二，与酚醛树脂粉不同，聚碳酸酯可再回收；第三，聚碳酸酯更容易制模，更加适合生产复杂的产品。据一位经验丰富的企业主介绍，使用聚碳酸酯制模所需的时间比使用酚醛树脂粉缩短了 5 倍。然而，注塑制模机器要求使用聚碳酸酯，这就使得很多小企业负担不起。因此，目前仅有 6 家企业采用这项技术。

除了落后的设计和粗糙的产品做工之外，在伊斯兰堡的世界银行官员和萨果达中小企业发展局的官员都指出，萨果达地区电气配件产品中使用的黄铜部件质量堪忧。黄铜由铜和锌合成，是导电产品。铜和锌的比例不同，就会产生性能各异的一系列黄铜产品。更多数量的铜可以提高黄铜制品的导电性。我们前面讨论过，目前为止企业主们主要通过匿名现货交易在当地市场上购买黄铜和其他金属制品。不过，近年来少数企业主们开始从制造商那里直接采购高质量的黄铜和其他金属制品。企业主们介绍说，通过匿名现货交易购买的黄铜部件可能是"次品"，含有除了铜和锌之外的其他金属。相反，直接从厂家采购的黄铜部件具有更高的质量。

与园部哲史和大冢启二郎（2006）在东亚的研究发现一致，在萨果达地区同样可以观察到，伴随着产品质量的提高，企业市场销售渠道相应发生变化。萨果达的本地贸易商习惯于销售不同生产者的商品。此外，它们拥有强大的联盟，具有很强的定价权，不允许厂家为提高了质量的产品索要高价。因此，为了不把自己高质量的产品淹没于普通产品之中，获得更高的价格，节省中间商的费用，生产设计独特和质量更高产品的公司开始增加向外部贸易商的直接销售。一些企业开始配置销售人员，或者雇佣销售代理只销售自己的产品。大量的企业主自己带着样品到大城市直接获得订单。

在园部哲史和大冢启二郎（2006）看来，最近萨果达地区企业主们所采取的策略可被称之为"多方位的创新"。尽管他们没有使用最先进的科技发明，没有制造出真正的新产品。根据这些具有创新精神的企业家们的说法，通过采取这些升级策略，他们已经成功地恢复了他们在巴基斯坦国内的市场份额。

6.2.2 可检验的假设

可以看到，从中国进口的电气配件加剧了竞争，因此萨果达地区的企业主们试图提高产品质量和扩展市场渠道以应对竞争。他们开始生产差异化的产品，增加使用进口的酚醛树脂粉，直接采购高质量的金属配件，增加对来自萨果达外部的贸易商的直接销售。正如在第一章我们所论述的，一般来说受过更好教育的企业主，通过提高产品质量、加强组织管理和变革市场渠道，引导了产业进入质量提高阶段。除了正规教育之外，企业主通过经历获得的与行业和工作有关的专用性人力资本对于提高产品质量也至关重要。经验研究发现，从事过贸易或者销售工作的企业主，会更有能力把更高质量的产品直接卖给城市里的贸易商。根据我们对企业主的访谈，通过营销经验

132

获得的专用性人力资本，有助于企业主低价购买到原材料，且高价销售最终产品。因此，我们通过在萨果达地区获得的企业数据，来检验研究假设 1 的有效性（即管理型人力资本在实现多方位创新中的重要性），尤其是探讨正规学校教育及营销与管理经验的作用。

很多学者已尝试分析过社会资本在产业发展中的作用。例如，加纳小规模制造企业主的商业接触网络促进了企业之间的技术信息交流（巴尔，2000）。在巴基斯坦的手术器械市场，很多企业主都属于同一个扩展家庭，家庭关系为企业主们提供了一个外部商业联系网络，并就如何符合新的质量控制压力提供了有价值的信息（纳德维，199b）。在肯尼亚的服装集群（阿克特恩等，2006）和在巴基斯坦的农用设备集群（卡尼尔斯和罗梅恩，2003）中，个人网络可以帮助企业主们获得信贷。在第二章和第四章我们也分别报告过，在越南的服装行业和钢材行业，家庭关系发挥着重要角色。我们通过对企业主们的非正式访谈发现，与同一行业人员的社会关系有助于他们从本地贸易商那里获得商业信用。并且，朋友和亲戚群体之间可以分享很重要的商业信息。我们用企业主跟同一行业人员之间的个人联系来测量他们的社会资本。鉴于社会资本在提高产品质量和拓展销售渠道中的作用，我们提出如下假设：

假设 6-1：企业主的社会资本可以增强企业生产差异化的产品，提高使用进口粉料的比例，增加对高质量金属配件的直接采购，促进向外部贸易商的直接销售。

由于产品质量的提高和市场渠道的拓展有利于企业增加利润。因此，我们就可以预期，更多成功地实施这些改进的企业主们，能够更快地积累利润。同时，我们也可以预期，这些企业主将利润再投资在固定资本和流动资本上，随之扩大企业规模。因此，考虑到多方位改进不断增加的重要性，我们提出如下假设：

假设 6-2：企业主的管理型人力资本（包括通用性和专用性人力资本）和社会资本（用他们与同一行业人员的联系来测量）对于企业规模和增长具有正向影响。

6.3 样本企业的特征

表 6.2 显示的是样本企业及其企业主的特征。在表 6.3 和表 6.4，我们根据样本公司作为公司的运行年数，把它们分成了三组。由于很多公司是从分包作坊升级而来的，所以作为公司的运行年数已被从作为分包商的运行年数中分离开来。一般而言，作为公司运行年数较长的企业，运行的总年数也比较长。由表 6.2 可见，三个组的企业主在他们的个人和家庭特征上并没有太大的差异。不过，从公司起家的企业主比从分包商起家的企业主受过更多的学校教育，拥有更丰富的销售经验，并且在同一行业中拥有更广泛的人际关系网络。

在样本中，企业主平均受教育年限只有 9.4 年，只有 31.2% 的人受过完整的高中教育，它相当于 12 年的学校教育。跟东亚的案例相比，这要低很多（园部哲史和大冢启二郎，2006）。只有 1/3 的企业主以前有过销售经历，要么以前是商人，要么在其他公司做过销售。在 10 年及以上的公司组中，以前销售经历的比例最高；在 5 年以下的公司组中，其比例最低。由表6.2还可以发现，56%的企业主在创业之前，有过在电气配件企业工作的经历。这就说明在萨果达集群形成过程中企业衍生的重要性。表6.2还显示，9个企业主（大约7%）的父亲在同一行业工作，中间只有2人的企业是从父亲继承而来。

表6.2　2009年巴基斯坦电气配件集群中的公司和企业主特征

	作为公司的运行年数			
	少于5年	5~9年	10年以上	全部
观察数	34	41	50	125
从分包作坊转成公司的数量	18	20	13	51
运行的平均总年数	5.4	10.7	18.9	12.6
企业主的平均受教育年限	9.9	8.8	9.4	9.4
接受12年以上教育的企业主比例(%)	38.2	26.8	30.0	31.2
先前销售经历的平均年数	2.3	2.5	2.7	2.5
先前有销售经历的企业家比例(%)	23.5	31.7	46.0	35.2
先前电气配件从业经历的平均年数	4.3	4.4	3.5	4.0
先前有电气配件从业经历的企业家比例(%)	55.9	56.1	56.0	56.0
其父亲在同一行业的企业家比例(%)	2.9	7.3	10.0	7.2
在同一行业的朋友和亲戚的平均数量	3.2	2.6	4.1	3.3

数据来源：2008和2009年的调查。

表6.3展示的是2009年样本企业的工人数量、差异化产品的生产、使用进口粉料、直接采购金属配件和直接销售的情况。根据企业主的受教育年限是12年以下还是12年及以上，把企业分成了两组。从工人数量上来看，受教育程度高的企业主掌控的企业，其规模大约是受教育程度低的企业主的一倍。

与之类似，除了公司运行年数少于 5 年的之外，公司生产差异化产品的比例，教育程度高的企业主要高于教育程度低的企业主。教育程度高的企业主使用进口粉料的比例要高于教育程度低的企业主。直接采购高质量金属配件的比例，教育程度高的企业主大约是教育程度低的企业主的四倍。对外部贸易商直接销售的比例，教育程度高的企业主也高于教育程度低的企业主。以上所有的观察都与假设 6 - 1 相一致。

表6.3 2009 年巴基斯坦电气配件集群中的工人数量、差异化产品生产、使用进口粉料、直接采购金属配件和直接销售情况
（根据企业主的受教育年限）

	作为公司的运行年数			
	少于 5 年	5～9 年	10 年以上	全部
企业主的正规教育 12 年及以上				
观察数	13	11	15	39
工人数量	10.0	18.2	35.5	22.1
生产差异化产品的比例（%）	7.7	36.4	40.0	28.2
进口粉料的比例（%）	76.2	91.8	97.7	84.6
直接采购金属配件的比例（%）	7.8	20.0	31.6	20.4
直接销售的比例（%）	68.7	85.5	91.0	82.0
企业主的正规教育低于 12 年				
观察数	21	30	35	86
工人数量	7.2	10.6	14.4	11.3
生产差异化产品的比例（%）	14.3	10.0	22.8	16.3
进口粉料的比例（%）	55.2	76.4	84.5	74.6
直接采购金属配件的比例（%）	1.3	6.5	7.5	5.7
直接销售的比例（%）	63.1	71.1	71.5	69.3

数据来源：2008 和 2009 年的调查。

136   表6.4研究的是，企业主先前销售的经历对于企业各方面质量提高的影响。在125个样本公司中，44个企业主在创业之前有过销售的经历。除了作为公司运行10年以上的之外，有过销售经历的企业主，生产差异化产品的比例要高。与受教育程度更高的企业主类似，具有销售经验的企业主在使用进口粉料、从生产商直接采购高质量的金属配件、对外部贸易商直接销售的比例都要高。这些观察与假设6-2相一致。

表6.4　2009年巴基斯坦电气配件集群中的工人数量、差异化产品生产、
使用进口粉料、直接采购金属配件和直接销售情况
（根据企业主先前的销售经历）

	作为公司的运行年数			
	少于5年	5~9年	10年以上	全部
企业主以前有过销售经历				
观察数	8	13	23	44
工人数量	5.6	15.1	24.5	18.3
生产差异化产品的比例(%)	12.5	17.4	20.6	18.2
进口粉料的比例(%)	85.0	93.5	95.1	92.8
直接采购金属配件的比例(%)	5.0	16.5	20.5	16.5
直接销售的比例(%)	81.4	93.5	94.6	91.9
企业主以前没有销售经历				
观察数	26	28	27	81
工人数量	8.6	10.7	18.7	12.7
生产差异化产品的比例(%)	11.5	14.3	37.0	21.0
进口粉料的比例(%)	61.2	71.9	75.0	69.5
直接采购金属配件的比例(%)	3.4	3.9	13.3	6.9
直接销售的比例(%)	52.7	63.3	73.2	63.2

    数据来源：2008和2009年的调查。

通过表 6.3 和表 6.4 可以发现，无论企业主教育程度的高低，是否有过市场销售的经验，公司的运行时间越久，生产差异化产品、使用进口粉料、直接采购金属配件和直接销售给外部贸易商的比例都要更高。而且从企业的员工数量来看，公司的运行时间越久，企业的规模也越大。被访者提供了两种解释：第一，公司的规模受到固定资本和流动资本的制约。随着企业的运行时间更久，企业主就可以积累更多的资本，从而扩大企业的规模。第二，企业的规模也依赖于企业主管理员工、设计新产品和营销的能力，企业主们可以通过干中学来提高这些方面的能力。

6.4 估计方法和结果

这一部分我们使用回归分析来考察人力资本和社会资本对于企业各方面质量的提高和绩效的影响，从而检验在 6.2 部分所提出的研究假设。6.4.1 主要介绍模型设定，6.4.2 展示数据分析的结果。

6.4.1 模型设定

为了检验 6.2 部分所提出的研究假设，我们研究了如下 5 个因变量的影响因素：（1）公司是否生产差异化产品；（2）公司使用进口酚醛树脂粉的比例；（3）公司直接从生产商采购金属配件的比例；（4）公司向外部贸易商直接销售的比例；（5）用工人数量测量的企业规模及其增长。根据我们的假设，拥有更高通用性人力资本（用学校教育来测量）、更高专用性人力资本（用销售和管理经验测量）和更高社会资本（用企业主的父亲过去是否曾在同一行业工作过以及同一行业的亲朋数量来测量）的企业主运营的企业往往会更可能生产差异化的产品，使用进口粉料的比例更高，从生产商直接采购金属配件的比例更高，直接销售给外部贸易商的比例也更高。我们还假设，这些公司的规模会更大，增长得也会更快。

138　　　　为了检验假设 6－1 和 6－2，我们使用企业主的受教育年限、先前销售经验、作为公司的运行年数、作为分包作坊的运行年数、其父亲是否曾在同一行业工作过和行业内亲戚朋友的数量以及其他外生变量来对以上提到的（1）到（5）的因变量进行回归分析。我们使用的是 2004、2006、2008 和 2009 年的数据。由于自变量的系数每年都会发生变化，因此我们对每年的数据分别进行回归函数估计。因此，因变量用来表示，其下标和分别代表企业和年份。我们的解释变量都是不随时间而变化的，所以就用没有下标的来表示。

　　　　于是，我们估计的回归方程如下：

$$Y_{it} = X_i \beta_t + \mu_{it} \tag{6.1}$$

　　在此，β_t 是需要估计的参数向量，μ_{it} 是具有白噪音特征的误差项。由于是否生产差异化的产品是一个虚拟变量，如果公司使用 CNC 模具，其取值就为 1，否则为 0，对此我们用 Probit 模型来进行估计。解释使用进口粉末的比例，直接采购金属配件的比例和向外部贸易商直接销售的份额，其数据都是处于 0 和 100 之间，因此我们使用双限制的 Tobit 模型进行估计。

为了检验假设 6 - 2，用公司员工数量（E）的对数来测量的公司规模对 X_i 的回归方程如下：

$$LnE_{it} = X_i\gamma_t + \upsilon_{it} \qquad (6.2)$$

在此，γ_t 是随时间变化的系数，υ_{it} 是具有白噪音特征的误差项。我们也运行了一个增长回归，这个回归使用在关于经济和企业增长的经验文献中广泛使用的设定方式。它可从方程（6.2）中按照如下方式推导出来。用 δ 表示将被估计的收敛参数，用 E_{it-1} 表示滞后的员工规模。通过将 δLnE_{it-1} 加到方程（6.2）的右边，然后减去它的等值量 δ（$X_i\gamma_t - 1 + \upsilon_{it-1}$），于是可得到：

$$LnE_{it} = \delta LnE_{it} + X_i （\gamma_t - \delta\gamma_{t-1}） + （\upsilon_{it} - \delta\upsilon_{it-1}） \qquad (6.3)$$

在方程式（6.3）的两端减去，重新整理后就得出众所周知的增长方程：

$$LnE_{it} - LnE_{it-1} = \lambda_1 LnE_{it-1} + X_i\lambda_2 + w_{it} \qquad (6.4)$$

在（6.4）中，$\lambda_1 = \delta - 1$，$\lambda_2 = \gamma_t - \delta\gamma_{t-1}$，并且 $w_{it} = \upsilon_{it} - \delta\upsilon_{it-1}$。

6.4.2 估计结果

表 6.5 展示的是公司是否生产差异化产品的估计结果。由教育程度更高的企业主运营的公司更有可能生产差异化的产品。企业主正规教育的作用始终是正的且显著，而且年份越近，系数就越大，这为假设 1 提供了支持。同样，作为公司的运行年数的系数，在所有的年份都是正向且显著的。但是作为

139

分包作坊的运行年数的系数，在所有的年份都不显著。这些发现意味着，运营一个公司的经验明显地影响企业主生产差异化产品的能力。进行差异化产品的生产不仅需要技术能力以开发复杂的产品，还需要一定数量的固定资本来购买 CNC 模具。因此，作为公司运行时间更长的企业，会更强的能力满足使用 CNC 模具的资金要求。

表 6.5 还显示，虚拟变量企业主先前销售的经历在 2008 年和 2009 年的作用略微显著，这在一定程度上支持了研究假设 2。虚拟变量父亲以前是否在同一行业工作和同一行业亲戚朋友的数量的系数都不显著。

表 6.5　巴基斯坦电气配件集群中公司生产差异化产品的
影响因素（Probit 模型）

	生产差异化的产品			
	2004（1）	2006（2）	2008（3）	2009（4）
企业主的受教育年限	0.012* (1.88)	0.019* (1.82)	0.024* (1.97)	0.030* (2.52)
作为公司的运行年数	0.015* (1.93)	0.017* (2.07)	0.021* (2.39)	0.025* (2.41)
作为分包商的运行年数	−0.013 (−0.49)	−0.001 (−0.12)	0.006 (0.64)	0.001 (0.12)
以前销售经历（虚拟）	−0.063 (−1.18)	−0.044 (−1.27)	0.014 (1.69)	0.017* (1.73)
以前电气配件从业经历（虚拟）	0.001 (0.39)	−0.061 (−0.79)	−0.035 (−0.42)	−0.097 (−0.98)
同一行业亲戚朋友的数量	0.000 (0.11)	0.003 (0.51)	0.001 (0.10)	0.013 (1.39)

续表6.5

	生产差异化的产品			
	2004(1)	2006(2)	2008(3)	2009(4)
父亲在同一行业工作(虚拟)	0.074 (0.59)	0.244 (1.28)	0.264 (1.46)	0.111 (1.63)
父亲从事高收入职业(虚拟)	−0.050 (−0.78)	−0.035 (−0.42)	−0.071 (−0.77)	−0.100 (−1.11)
在启动资金中企业主和父亲占的份额	0.045 (1.02)	0.025 (1.08)	0.035 (1.18)	0.020 (1.13)
企业主的年龄	0.002 (0.85)	0.005 (1.09)	−0.001 (−0.18)	−0.001 (−0.28)
截距	−2.623* (−1.96)	−2.86* (−2.24)	−1.941* (−1.94)	−2.789* (−2.26)
伪 R^2	0.3223	0.2602	0.2955	0.3127
观察数	91	111	126	125

注：估计结果报告的是边际效应。括号内的数值是 Z 检验值。** 表示 $p < 0.01$，* 表示 $p < 0.05$。

表6.6 报告的是解释公司使用进口粉料比例的影响因素的估计函数。与研究假设 6-1 一致，企业主的教育年限、市场销售经历和作为公司的运行年数都对公司使用进口粉料的比例有正向且显著的影响。正如所预料的一样，作为分包商的运行年数的系数在所有年份都不显著。当企业主创业时在同一行业的亲戚朋友的数量的系数都是正向的，但只有在 2008 和 2009 年显著。与之类似，虚拟变量父亲过去是否在同一行业工作和父亲是否从事高收入职业，除 2004 年之外，都具有正向显著的影响。这就意味着，拥有更高社会资本的企业主倾向于使用更高比例的进口粉料，这与研究假设 6-1 是一致的。其父亲

140
|
142

或亲朋在同一行业的企业主似乎更容易获得商业信誉，并且通过亲朋群体之间的非正式交流更容易获得关于新的复杂设计、新产品和新的销售渠道的信息。不过，如同我们在表 6.5 所发现的，代表企业主的社会资本的变量对企业生产差异化的产品都没有显著影响。这或许意味着，与同一行业人员的亲属关系和社会联系对于从集群内的本地贸易商获得商业信誉是重要的，但却不能帮助他们从位于萨果达之外的模具制造商采购 CNC 模具。

表 6.6　巴基斯坦电气配件集群中公司使用进口酚醛塑料粉的
影响因素（Tobit 模型）

	进口粉料的使用			
	2004（1）	2006（2）	2008（3）	2009（4）
企业主的受教育年限	0.689* (2.18)	0.776* (2.28)	0.986* (2.24)	1.042* (2.05)
作为公司的运行年数	0.967** (3.02)	1.058** (4.16)	1.236** (4.53)	1.288** (3.95)
作为分包商的运行年数	-0.411 (-1.56)	-0.579 (-1.35)	-0.494 (-1.66)	-0444 (-1.71)
以前销售经历（虚拟）	27.266** (8.77)	28.869** (6.17)	24.453** (7.88)	22.352** (6.69)
以前电气配件从业经历（虚拟）	1.503 (0.37)	1.411 (0.40)	2.164 (0.65)	3.119 (0.71)
同一行业亲戚朋友的数量	0.634 (1.38)	0.445 (1.08)	0.538* (1.84)	0.566* (2.01)
父亲在同一行业工作（虚拟）	7.971 (1.13)	11.221* (1.82)	14.755** (2.70)	16.182** (2.20)
父亲从事高收入职业（虚拟）	1.632 (0.94)	3.540* (2.07)	5.409** (2.76)	7.577** (4.62)

续表 6.6

	进口粉料的使用			
	2004(1)	2006(2)	2008(3)	2009(4)
启动资金中企业主和父亲占的份额	0.016 (0.30)	−0.006 (−012)	−0.025 (−058)	−0.079 (−1.30)
企业主的年龄	0.105 (0.55)	−0.013 (−0.08)	−0.171 (−1.10)	−0.197 (−0.92)
截距	24.486 (1.79)	31.073 ** (2.70)	36.578 ** (3.99)	40.965 ** (4.03)
伪 R^2	0.2067	0.2076	0.1889	0.1928
观察数	91	111	126	125
左删截的观察数	15	18	15	14
右删截的观察数	28	35	48	50

注：估计结果报告的是边际效应。括号内的数值是 Z 检验值。** 表示 $p < 0.01$，* 表示 $p < 0.05$。

表 6.7 报告的是解释公司从生产商直接采购高质量金属配件比例的估计函数的结果。作为公司的运行年数在所有的年份中都有正向显著的影响。2008 和 2009 年的系数大幅高于 2004 和 2006 年。然而，企业主的受教育年限和先前销售经历，只有在 2008 和 2009 年略微显著。在 2009 年，只有 19 家公司从生产商直接采购金属配件。在 19 家公司中，有 16 个企业主的受教育年限超过 12 年，13 个企业主有过销售经历，只有 7 个企业主两者兼备。这些结果意味着，教育程度更高和过去从事过贸易的企业主们更加注重产品质量中的无形方面，比如产品的设计和做工，等等。

143

表6.7　巴基斯坦电气配件集群中公司直接从生产商采购金属配件的
影响因素（Tobit 模型）

	金属配件的直接采购			
	2004（1）	2006（2）	2008（3）	2009（4）
企业主的受教育年限	0.743 （1.14）	0.879 （1.59）	1.117* （1.70）	1.361* （1.87）
作为公司的运行年数	0.301* （1.79）	0.348* （1.82）	0.593* （2.30）	0.616** （2.71）
作为分包商的运行年数	−0.066 （−0.28）	−0.013 （−0.22）	−0.034 （−0.11）	−0.114 （−0.56）
以前销售经历（虚拟）	0.331 （0.40）	0.233 （.137）	0.138 （1.66）	0.140* （1.74）
以前电气配件从业经历（虚拟）	−0.001 （−0.81）	−0.087 （−0.24）	0.004 （0.58）	0.028 （0.03）
同一行业亲戚朋友的数量	−0.010 （−1.14）	0.127 （0.72）	0.256 （1.42）	0.166 （1.45）
父亲在同一行业工作（虚拟）	−0.116 （−0.09）	−0.016 （−0.38）	−0.166 （−0.07）	−0.040 （−0.02）
父亲从事高收入职业（虚拟）	0.043 （0.64）	0.208 （0.67）	0.931 （1.16）	1.686 （1.33）
启动资金中企业主和父亲占的份额	0.088 （1.42）	0.108 （1.39）	0.132 （1.02）	0.127 （1.03）
企业主的年龄	−0.031 （−0.70）	−0.027 （−0.81）	−0.291 （−1.35）	−0.205 （−1.57）
截距	−2.300 （−1.53）	−1.662 （−1.41）	−4.765 （−1.35）	−4.311* （−1.78）
伪 R^2	0.1898	0.1928	0.2201	0.1998
观察数	91	111	126	125
左删截观察数	82	98	108	106
右删截观察数	2	3	6	8

　　注：估计结果报告的是边际效应。括号内的数值是 Z 检验值。** 表示 $p < 0.01$，* 表示 $p < 0.05$。

表6.8报告的是直接销售所占比例的影响因素。企业主的受教育年限、销售经历和作为公司的运行年数在所有年份都有正向显著的作用。这个结果，再加上这些因素对于生产差异化的产品和使用进口粉料的影响，就可以显示出，企业主的通用性人力资本和专用性人力资本对于实施多方位创新的重要意义。这与我们的研究假设以及园部哲史和大冢启二郎（2006）从东亚国家和地区得到的发现是一致的。同一行业亲戚朋友的数量的系数只有在2008和2009年是显著的。虚拟变量父亲是否在同一行业工作和父亲是否从事高收入职业的系数，除了2004年之外，都是显著的。这些发现意味着，企业主在同一行业的社会关系影响着他们找到适合高质量产品销售的新渠道的能力。或许，父亲的高收入职业并不能直接影响到对外部贸易商的销售，但是通过对使用高质量原材料的影响它会间接地发挥作用。还需要指出的是，尽管不是很明确，但外部贸易商似乎有助于产品质量的提升，这支持了第一章所提出的假设2。

表6.8　巴基斯坦电气配件集群中公司向外部贸易商直接销售制成品的影响因素（Tobit 模型）

	直接销售			
	2004（1）	2006（2）	2008（3）	2009（4）
企业主的受教育年限	0.478*	0.507*	0.595**	0.642**
	(186)	(2.27)	(2.59)	(2.60)
作为公司的运行年数	0.589**	0.666**	0.685**	0.693**
	(2.93)	(3.99)	(3.33)	(3.87)
作为分包商的运行年数	−0.301	−0.144	−0.245	−0.441
	(−1.34)	(−0.86)	(−1.36)	(−1.07)
以前销售经历（虚拟）	10.017**	9.842**	8.621**	8.607**
	(3.39)	(3.79)	(3.33)	(3.21)

续表6.8

	直接销售			
	2004（1）	2006（2）	2008（3）	2009（4）
以前电气配件从业经历（虚拟）	-0.986 （-0.47）	-0.092 （-0.05）	0.688 （0.38）	0.758 （0.39）
同一行业亲戚朋友的数量	0.204 （1.41）	0.286 （1.61）	0.388* （1.88）	0.398* （1.99）
父亲在同一行业工作（虚拟）	3.997 （1.31）	4.112* （1.68）	4.803* （2.08）	4.902* （2.29）
父亲从事高收入职业（虚拟）	0.815 （0.84）	1.263* （1.96）	1.603** （2.81）	1.714** （2.91）
启动资金中企业主和父亲占的份额	0.051 （-0.35）	0.008 （0.64）	-0.010 （-0.43）	-0.035 （-0.22）
企业主的年龄	-0.153 （-0.35）	0.054 （0.64）	-0.010 （-0.12）	0.006 （0.06）
截距	-2.300 （-1.53）	-1.662 （-1.41）	-4.765 （-1.35）	-4.311* （-1.78）
伪 R^2	0.1805	0.1877	0.1927	0.2002
观察数	91	111	126	125
左删截的观察数	17	11	14	14
右删截的观察数	44	53	59	60

注：估计结果报告的是边际效应。括号内的数值是 Z 检验值。** 表示 $p < 0.01$，* 表示 $p < 0.05$。

最后，表6.9报告的是用工人数量来测量的企业规模及其增长的影响因素的估计结果[1]。第（1）栏到第（4）栏显示，

---

[1] 如同在对公式（6.3）和（6.4）的讨论中所解释的，规模和增长函数中的系数是彼此相关的。然而，表6.9中估计系数之间的关系是不准确的，这是由于新进入企业的原因，使得用于估计规模和增长的函数所使用的样本存在些许不同。

企业主的受教育年限和通过运行公司所学到的管理经验在所有
年份对企业规模都有正向显著的作用。销售经验和电气配件从
业经历以及运营分包作的管理经验的影响都不显著。除 2004
年之外，在同一行业的亲朋数量和虚拟变量父亲在同一行业工
作的影响都显著。

第 5 栏和第 6 栏分别展示的是，影响 2004—2006 年和
2006—2009 年企业增长的因素。企业初始员工规模的系数，
在前一阶段是负向显著的，但在后一阶段是正向且显著的。这
就意味着在最近几年规模越大的企业，其增长速度更快。这就
与集群发展的内生模式关于质量提高阶段的企业规模的预测相
一致。换言之，一旦集群进入到质量提高阶段，大企业和建立
时间长的企业在规模上可能增长得更快。与之类似，企业主的
受教育年限和作为公司的运行年数，在前一阶段都不显著，但
在后一阶段影响正向且显著。考虑到中国的冲击发生在后一阶
段，那么这些估计结果就明显表明，企业主的管理人力资本在
提升产品质量、促进销售和加强内部管理方面扮演者至关重要
的角色。在两个阶段，作为分包商的运行年数的系数都是负向
显著的。

6.5 总结性评论

在最近 20 年，产业集群在促进产业发展过程中扮演的角
色，极大地引起了发展经济学家和政策制定者的注意。这一方
面是因为，通过创造集聚经济，集群可以带来就业机会、减少
贫困和增加产业发展机会。另外一方面，集群甚至在发展中经

表 6.9　巴基斯坦电气配件集群中企业规模和增长的影响因素（Tobit 模型）

	员工规模的对数				增长率	
	2004 (1)	2006 (2)	2008 (3)	2009 (4)	2004－2006 (5)	2006－2009 (6)
初始员工规模的对数				-0.060* (-2.42)	0.003* (1.91)	0.001* (1.82)
企业主的受教育年限	0.028* (1.69)	0.030* (1.83)	0.032* (1.93)	0.033* (2.06)	-0.002* (-0.05)	0.002* (1.72)
作为公司的运行年数	0.074** (5.40)	0.079** (5.77)	0.089** (5.36)	0.088** (6.96)	-0.002 (-0.53)	-0.003* (-2.09)
作为分包商的运行年数	0.011 (1.05)	0.023 (1.29)	0.016 (1.25)	0.018 (1.27)	-0.028* (-2.18)	-0.015 (-1.40)
以前销售经历（虚拟）	-0.246 (-1.58)	-0.343 (-1.56)	-0.351 (-1.26)	-0.361 (-1.37)	0.007 (0.16)	0.008 (0.86)
以前电气配件从业经历（虚拟）	0.031 (0.28)	0.021 (0.19)	-0.091 (-0.68)	0.002 (0.01)	0.053 (1.43)	0.001 (0.84)
同一行业亲戚朋友的数量	0.016 (1.63)	0.017* (1.74)	0.019* (1.93)	0.023** (2.08)	0.001 (0.34)	

续表 6.9

	员工规模的对数				增长率	
	2004 (1)	2006 (2)	2008 (3)	2009 (4)	2004－2006 (5)	2006－2009 (6)
父亲在同一行业工作(虚拟)	0.247*	0.123*	0.143*	0.160*	-0.076	-0.011
	(0.68)	(1.83)	(1.81)	(1.79)	(-1.12)	(-0.45)
父亲从事高收入职业(虚拟)	0.081	0.058	0.011	0.020	-0.018	-0.001
	(0.74)	(0.51)	(0.18)	(0.37)	(-1.06)	(-0.20)
启动资金中企业主和父亲占的份额	0.001	0.001	-0.001	0.000	0.014	0.003
	(0.73)	(0.63)	(-0.47)	(0.32)	(1.16)	(1.02)
企业主的年龄	0.003	0.004	0.004	0.001	-0.001	0.000
	(0.58)	(0.61)	(0.62)	(0.14)	(-0.30)	(1.00)
截距	1.525**	1.377**	1.278**	1.267**	0.125	-0.023
	(4.65)	(5.13)	(4.77)	(4.20)	(1.33)	(-0.90)
调整后的 R^2	0.2469	0.2558	0.2610	0.2518	0.0897	0.0824
观察数	91	111	126	125	90	107

注：估计结果报告的是边际效应。括号内的数值是 t 检验值。** 表示 $p < 0.01$，* 表示 $p < 0.05$。

济体中都无处不在。萨果达的电气配件集群是巴基斯坦建立时间最长、规模最大的一个产业集群，占有该国电气配件生产70%的份额。然而，萨果达地区生产的电气配件粗糙且质量不高。从中国大量进口的低价电气配件已经对萨果达的生产厂家构成了很大的威胁。本章主要关注的问题就是，萨果达的企业是否能够以及如何与中国产品进行竞争？

经验分析显示，教育程度更高、有过销售经历、通过干中学获得技能的企业主开始表现出实行多方位创新的迹象，他们引入新的产品设计、采纳新的原料采购和营销方法。这些发现明显支持了我们的假设1。而且一些多方位的创新已经开始影响到企业的绩效。这些发现与关于东亚产业集群的近期文献是一致的，这些文献指出，教育程度更高且经验更丰富的生产者是多方位创新的执行者。此外，企业主的社会资本，即他们在同一行业中的社会关系，对于多方位改进也具有促进作用。

如此看来，中国的冲击的确为萨果达地区那些具有足够的管理型人力资本的企业家引入多方位的创新提供了动力，这种管理型人力资本是通过学校教育、贸易经验和管理公司的经验获得的。在下一章，我们同样可以看到埃塞俄比亚的制鞋业在中国的冲击之下，也经历了类似的变化。与之相对，在第三章报告的内罗毕的服装集群中，我们观察到缺乏这种变化。从长远来看，或许是管理型人力资本的禀赋决定了中国的冲击是导致中国之外的产业集群萎缩还是扩张。但也很明显，在中国冲击的大背景下，剧烈的竞争可能会促进集群从质量扩张阶段走向质量提高阶段，不管它是内源性的还是外源性的。

7 埃塞俄比亚：皮鞋产业的 V 型增长 *

在过去三十年里，撒哈拉以南地区的制造业普遍停滞或萎
缩（比格斯特恩和索德鲍姆，2006）。科利尔和冈宁（1999）、法肯姆普斯（2004）和一些学者认为，非洲地区的产业发展主要受到三方面的制约：高昂的交通成本、由于信息不完全导致的高交易成本以及高风险的商业和政治环境造成合同不能很好地执行。而且，公共服务的提供及草根机构（grass-roots institution）和社会资本的发展都不足以应对这些问题。除此之外，"中国的冲击"，即廉价的中国商品的大量和迅速涌入，也影响了撒哈拉以南地区低迷的国内产业。

20 世纪 90 年代，世界银行和一些组织在撒哈拉以南的一些国家收集了大量不同行业的企业数据。基于这些数据，很多经验分析对制约撒哈拉以南地区产业发展的原因，提出了很有洞察力的观点②。但学者们几乎没有发现有前途的产业，在撒

*　本章利用了园部哲史等人（Sonobe et al. , 2009）的研究成果。
②　参见比格斯特恩和索德鲍姆（2006）最近关于撒哈拉以南地区产业发展的文献回顾。

148

185

哈拉以南地区难以发现产业发展的成功案例（麦克米克，1999）。然而，比格斯特恩和索德鲍姆（2006，P. 242）、冈宁和门吉斯特（2001：50）的研究发现，一些非洲企业"表现非常好"，"非洲的制造业利润可观"。

基于在最贫穷的国家之一的一种最为劳动力密集的产业所进行的田野调查，本章展示了一个产业发展的成功案例——埃塞俄比亚首都亚的斯亚贝巴的皮鞋产业①。我们收集了这个产业中 90 个私营企业和 2 个国有企业（SOEs）的绩效和特征数据。从事这个产业的人们普遍认为，亚的斯亚贝巴大约有 1000 多家甚至 2000 家皮鞋工厂。它们大部分雇佣 10 名甚至更少的员工。但也有几个工厂的员工规模达到几百人。21 世纪初，中国制造的皮鞋洪水般涌入埃塞俄比亚，造成当地行业的萎靡。然而令人振奋的是，这个行业很快恢复并快速增长，不仅收复了本国市场，甚至还用自己的方式打开了国际市场。第三章内罗毕服装行业的案例说明，中国的冲击造成了撒哈拉以南地区很多行业的萎缩，因此如何克服中国的冲击成为一个非常重要的话题。相反，我们在第六章报告的巴基斯坦电气配件行业，也是在中国进口商品冲击的背景之下，成功地夺回了本国市场。

大多数埃塞俄比亚工厂的产品主要供应国内市场，一些鞋子也会大量地出口到意大利和其他发达国家还有非洲的邻国。效益好的企业都不是国企而是私企。他们正在创建或者规划建

149

---

① 皮鞋是一种由橡胶、塑料、皮革或合成皮革作为外底和皮革作为鞋面的一种鞋类，鞋类的海关商品代码是 6403。

立新型的大工厂，开始大规模批量生产高质量的皮鞋来供应国际市场。因此，亚的斯亚贝巴的皮鞋产业在非洲取得了出人意料的成功。我们相信这个案例是非常值得研究的，因为它可以为该地区的产业发展提供具有洞察力的"钥匙"。一个主要的发现是，这个产业的起初主要是由新企业的大规模进入所推动的，以前在鞋厂打工的工人，纷纷出来自己创业，建立了大量的新工厂。但近年来这个产业的增长是由企业规模的扩大所驱动的，产品质量、市场和管理水平的提高促进了企业规模的扩大。这些提高肇事于高教育程度的企业主，然后被其他企业跟进。跟进的企业规模在扩大，但是领头的企业增长得更快。这种发展模式跟园部哲史和大冢启二郎（2006）在中国大陆、中国台湾和日本所观察到的产业发展模式非常相似。

本章其他内容安排如下：7.1 回顾东亚地区基于集群的产业发展的经验研究文献，并与埃塞俄比亚的案例进行比较，从而提出几个可供验证的假设。7.2 描述我们数据收集的方法，报告关于企业规模、企业主的教育和职业背景、销售和采购以及企业增长的基本统计情况。7.3 展示回归分析结果，7.4 进行简要总结和说明政策含义。

150

7.1 比较的视角和研究假设

埃塞俄比亚制作皮鞋的历史，可以追溯到 20 世纪 30 年代末期。当时，美国的商人在亚的斯亚贝巴建立了两家鞋厂[1]。

---

[1] 美国人 20 世纪 20 年代在亚的斯亚贝巴也建立了一家现代的皮革厂。

这两家鞋厂培育了大量的制鞋工人。他们又在亚的斯亚贝巴开办自己的鞋厂，培训自己的工人。如今，亚的斯亚贝巴市的的麦卡托（Merkato）大市场附近，聚集着大量的制鞋匠、批发皮革、鞋底和鞋配件的商店以及零售鞋店。

由于马歇尔（1920）最先提出的聚集经济的优势，类似的产业集群在发展中国家和发达国家都非常普遍。交易主体彼此相近，降低了交通成本。信息不完全和合同不能很好执行所带来的交易成本也会降低。质量上乘的产品和出色的生产工艺也可以快速传播。产业集群增强了企业之间的劳动分工，提高了企业的专业化程度，促进了技术工人的培育，加速了技术和管理知识的传播。这种聚集效应会吸引新的企业加入集群，使集群进一步壮大，增强聚集经济。

在其他国家，比如印度的阿格拉（Agra）（昆宁，1999）、巴西的西诺斯谷（Sinos Valley）（施米茨，1995；巴赞和纳瓦斯—阿利曼，2004）和墨西哥的列昂（Leo）和瓜达拉哈拉（Guadalajara）（拉贝洛特，1995），同样可以看到像亚的斯亚贝巴一样成功的鞋业集群。与东亚以及其他地方一致（园部哲史和大冢启二郎，2006），埃塞俄比亚制鞋产业的早期，曾在鞋厂做鞋的工人离开工厂，自己开办鞋厂，复制生产以前所在企业的产品，企业数量急剧增加。但很多发展中国家的产业，在企业数量急剧膨胀之后，就停止发展了，比如内罗毕的服装产业（第二章；阿克特恩等，2006）。当随着它们的市场供给超过市场需求，生产低质量产品的盈利性下降时，产业就会停止增长。如果市场供给的增长，不能伴随着质量提高，就是典型的产业停滞。相反，能够成功提高产品质量的集群，就会继续发展，园部哲史和大冢启二郎（2006）所进行的东亚地区的案例研究及施米茨和纳德维（1999）所编撰的拉丁美洲和南亚地区的案例研究清楚地表明了这一点。

　　根据东亚基于集群的产业发展的文献来看，产品质量的提高，需要伴引入新型销售方式和新型生产组织（园部哲史等，2002，2004，2006）。例如，产品质量的提高，伴随着创品牌和做广告。这是因为质量的改进只有得到买主的认可，才能产生利润。开设自己的零售店，雇佣销售代理，都是保护差异性产品的品牌的有效手段。生产高质量的、差异化的产品，需要使用高质量的、特殊设计的零部件。建立品牌及建设专有的销售和采购体系能够带来积极的规模效应，发挥规模经济优势，以致在质量提高阶段大企业出现了。① 因此，基于集群的产业发展的案例研究普遍表明，一个集群形成之后能否进一步发展，关键在于是否能够实现技术、营销和组织的多方位创新（或改进），如同我们第一章所讨论的那样。

　　我们已经认识到多方位创新在产业发展中的重要角色，但随之而来的问题是，何种类型的企业家实现了创新，早期和晚期模仿者的特征又是怎样？园部哲史和大冢启二郎（2006）在东亚研究的 8 个案例中，企业家的通用性人力资本或正规教育对于实现多方位的创新意义重大。当然我们也并不否认，从各种经历中所习得的跟产业和工作有关的专用性人力资本，同样非常重要。

---

① 纳德维（1999a）和施米茨（1995）认为，产品质量和效率的提高与供货商—制造商之间长期关系的改进密切相关。

为了研究埃塞俄比亚皮鞋产业的发展模式在多大程度上类似于东亚的经验，基于以上对东亚产业集群发展的文献回顾，我们提出如下研究假设：

假设 7 - 1：教育程度高且经验丰富的企业主所运营的领头企业，能够生产出高质量的产品，并通过自己的销售体系把产品直接卖给客户。

假设 7 - 2：为了生产高质量、差异化的产品，这些领头企业直接从生产商购买高质量的投入品。

152　　假设 7 - 3：依靠高质量的产品、建立品牌以及直接销售与采购的体系，领头企业要比其他企业的规模更大。

需要指出的是，以上三个假设实际上是由第一章所提出的假设 1 变化而来，即"企业经营者的管理型人力资本是成功实现多方位创新的主要影响因素"。

7.2 样本企业的特征

7.2.1 抽样

2005 年 1 月初，我们对一些制鞋者进行了非正式的访谈，他们是埃塞俄比亚制革、皮鞋和皮衣制造协会（Tanners, Footwear, and Leather Garments Manufacturing Association）的会员。访谈之后，我们决定进行正式的企业调查，并且考虑用抽样的方法来进行。我们拜访了中央统计局（Central Statistics Authority），但没有发现任何关于皮鞋生产厂家的信息。他们建议我们去拜访协会获取信息。但是，协会只有 14 家作为会员的大型制鞋企业的信息。对于大多数非会员的鞋厂，他们知之甚少。因此，我们开始在麦卡托集市的后巷走访小微型的鞋厂。由于这些鞋厂都试图逃避政府当局，包括统计部门的调查，没有熟悉当地的人作向导，调查几乎是不可能的。我们跟两个了解当地情况的人熟识之后，就雇用他们做向导。由于每个向导认识制鞋者的数量有限，如果要想绘制一个全面的名单，即使只是在集群中的一小块区域，都需要雇佣大量的向导，这显然不太现实。我们的做法是，请几个鞋店老板和向导，写下他们所认识的所有制鞋者的名字，不管企业大小。我们从中随机选择了 100 个企业。我们剔除了 2003 年或者之后建立的新企业。部分是因为我们的向导对这些新建企业不熟悉；部分是因为我们重点分析在中国的冲击期间企业的增长，对此我们不能使用最近建立的企业的数据。在 2005 年的 2 月和 3 月初，我们实施了调查，获得了 90 个私营企业的可靠数据。

同时，我们还访谈了两家国企蒂库阿欠和安伯萨的经理，它们是在 20 世纪 30 年代末由美国人建立的最早的制鞋厂。在1974 年，它们被军政府收归国有，但一直都是第一和第二大制鞋厂。近年来，私营企业开始赶上这两家国有企业，于是它们也开始了私有化的进程①。尽管我们获取了这两家企业的可靠资料。但我们的分析还是聚焦于私营企业，毕竟国企的行为

153

————————

① 蒂库阿贝在 2000 年雇佣了 500 名工人，2004 年为 280 人。安伯萨在 2000 年雇佣了 750 名工人，2004 年雇佣了 660 名。虽然安伯萨的工人比蒂库阿贝多，但后者的附加值却是前者的大约 4 倍。

跟它们差异太大。

7.2.2 企业主分组与企业规模

在他们的父母曾经是鞋厂主、制鞋工人或者鞋商的意义上，样本中的一些企业主是"鞋二代"。在表 7.1 和其他的描述性表格中，根据企业主是"鞋一代"还是"鞋二代"以及企业目前掌控者的经营年数，我们把 90 个私营企业主分成了6 组。表 7.1 的第 4 栏显示，18 个企业主是"鞋二代"。样本中时间最久的私营企业是 OK 牙买加，由一名以前制鞋厂的工人在 1969 年建立，1985 年由他的儿子接手。还有两个鞋厂由现在鞋厂主的父母建立。其他 15 个"鞋二代"企业主的企业不是从父母继承而来的，但他们的父母曾经做鞋或卖鞋。

表 7.1 埃塞俄比亚皮鞋集群中 2004 年的样本企业数量、平均规模和企业主人力资本（根据企业主类型）

	经营的年数			
	2～4 年 （1）	5～9 年 （2）	10 年及以上 （3）	全部 （4）
父母不在制鞋业的企业主				
观察数	43	23	6	72
平均员工数	5.0	6.3	7.9	5.7
附加值（1000 美元）	7.1	9.6	17.0	8.7
（年均增长率 2002～2004，%）	（27.6）	（13.3）	（24.0）	（23.1）
上过大学的比例（%）	2.3	0	0	1.4
以前从业经历年数	10.2	10.7	10.8	10.4
父母在制鞋业的企业主				
观察数	4	9	5	18
平均员工数	5.8	20.6	58.8	27.9

续表 7.1

| | 经营的年数 | | | |
	2～4 年 (1)	5～9 年 (2)	10 年及以上 (3)	全部 (4)
附加值(1000 美元) (年均增长率 2002～2004,%)	5.9 (44.0)	84.8 (44.6)	107.7 (9.8)	73.6 (34.3)
上过大学的比例(%)	25.0	44.4	60.0	44.4
以前从业经历年数	7.1	4.4	4.5	5.0

表 7.1 的第 1 栏显示，47 家企业创建于 2001 年或 2002 年。据被访者介绍，最困难的时候是 2001 年，那时中国制造的鞋子如洪水般涌入。2002 年的情况依然很糟糕。图 7.1 显示的是 1997—2006 年进口和出口皮鞋的数量及其平均价格（进口价格是到岸价，即成本加保险费加运费；出口价格是离岸价，船上交货价格）的变化①。众所周知，并非所有进口的鞋子都来自中国，但在 2001 年中国的冲击的确非常严重。不过，不久之后进口就急剧下降。被访者介绍说，部分原因是尽管中国进口的鞋子做工很好也很时尚，但问题是不耐穿。消费者很快意识到这个问题，并倾向于选择本地生产的鞋子。进口鞋子质量低的问题，可以从平均价格中得到反映。进口的鞋子比从埃塞俄比亚出口的鞋子平均价格要低很多。而且，埃塞俄比亚国内生产的鞋子质量也提高了，在最近几年的出口大潮中

---

① 平均价格等于进口或出口的美元价值除以进口或出口的鞋子双数。整片文章埃塞俄比亚的货币比尔（Birr）的名义价值都被转换成美元，汇率是根据国际货币基金组织（IMF，2007）的数据。

154 质量达到顶峰。必须指出的是，现在从中国进口的鞋子绝大部分都是对耐用性要求不高的女鞋。本研究所关注的以及几乎所有的样本企业都是生产男鞋的企业。

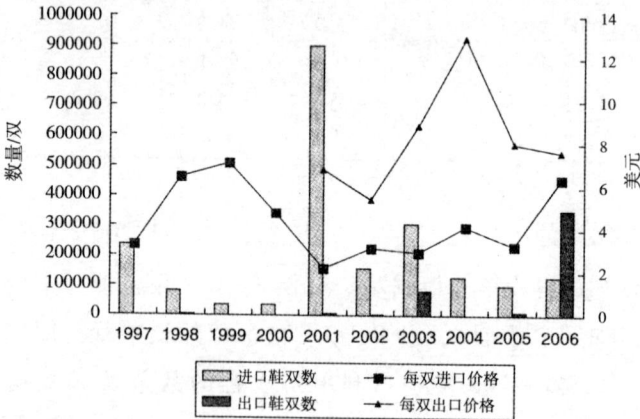

图 7.1　1997~2006 年，埃塞俄比亚皮鞋进出口的数量

数据来源：埃塞俄比亚外贸统计（各个年份）

　　制鞋业是劳动力高度密集产业，该产业的国际竞争力很大程度上由工资水平决定。表 7.2 比较了中国的城市皮革行业与基于我们自己调查数据的埃塞俄比亚皮鞋产业的工人的年均名义工资（nominal wage）水平，按照各自官方的汇率水平转换成美元①。很显然，埃塞俄比亚的工资要低很多，不到中国工人工资的一半。这意味着，与中国相比，埃塞俄比亚制鞋业存在着巨大的潜在比较优势。这在一定程度上说明，埃塞俄比亚

---

① 我们无法获取到中国皮鞋行业的工资水平数据，皮鞋产业占据了整个皮革行业大约 40% 的制品份额。

的生产技术和管理效率并非很低劣。埃塞俄比亚的这种低工资水平至少可以部分解释从中国进口的皮鞋下降的原因。

表 7.2　中国的城市皮革行业与埃塞俄比亚的皮鞋产业的
年均名义工资收入的比较（美元/年）

	中国 （1）	埃塞俄比亚 （2）	比率 （2）/（1）
2000	967	406	0.42
2001	992	—	—
2002	1100	412	0.37
2003	1164	—	—
2004	1296	517	0.4
2005	1526	—	—

注：中国的城市皮革行业指的是皮革、皮毛、羽毛及其相关制品的生产行业。埃塞俄比亚皮鞋行业的工资数据来源于我们的调查。使用官方的汇率把根据当地货币的工资收入转换成美元。

数据来源：中国的工资数据来自《中国劳动统计年鉴》（各期）；美元和人民币之间的汇率来自《中国统计年鉴》（2005）；埃塞俄比亚比尔与美元之间的汇率根据国际货币基金组织（2007）的数据。

尽管受到中国的冲击，但在 2001 和 2002 年，新建企业的进入依然非常活跃。大量企业新建的事实意味着，在激烈的市场竞争之下，只有少量的企业存活下来。我们的向导就是很好的例证，他自己的企业以失败而结束。现在重新在鞋厂作工，拿计件工资。因此，大批企业进入和死亡同时在发生。这些现象与冈宁和门吉斯特（2001）的观察是一致的。在 20 世纪 90 年代，非洲企业的市场选择过程比其他地区更残酷。

表 7.1 还展示了 2004 年企业的平均工人数和附加值的情况①。很显然，企业的规模往往随着当前企业主的经营年数的增加而扩大，对此被访者提供了两种解释。一是生产的规模受到流动资本的限制，尤其是购买皮革和其他原材料的现金的制约。随着企业主积累了更多的流动资本，他们就可以扩大企业规模。二是企业规模的扩大依靠企业主在管理员工、设计产品、控制成本和市场营销等方面的能力。这些能力是通过干中学而获得的，包括自己提出有用的创意和不断模仿。

表 7.1 告诉我们，在控制了经营的年数之后，"鞋二代"的企业规模一般较大。他们的优势可能是多方面的：遗传的聪明才智、成长的家庭环境与父母的建议与财力支持，等等。前面提到过，只有 3 个企业是从父母那里继承而来。另外，其中的一个在 2004 年比样本企业的平均值还要小。因此，大多数"鞋二代"的大部分优势不是通过继承企业本身而是通过其他渠道获得。

7.2.3 企业主的特征

在亚的斯亚贝巴之外出生的企业主，其父母几乎都是农民。然而，出生在亚的斯亚贝巴的企业主，其父母职业各异，包括制鞋者、鞋商、粮商和布商、裁缝、木匠、技工和士兵等②。在

---

① 在此附加值指的是销售收入减去诸如皮革，鞋底、辅料等中间投入品的成本，电和水的成本忽略不计。
② 一些"鞋二代"出生在亚的斯亚贝巴之外。因为他们的父母以前是农民，后来流动到城里鞋厂做工。

他们父母的年代，新来的制鞋工人是亚的斯亚贝巴的新居民。
后来，来自各省的青年男女迁到亚的斯亚贝巴做制鞋工人。
"鞋二代"的父母由于大多是在亚的斯亚贝巴长大，一般都受过
一点教育。与之相对，"鞋一代"的父母大多没有受过教育。

　　52 个出生在亚的斯亚贝巴之外的企业主中，45 名出生在
布塔吉拉（Butajira）。布塔吉拉在亚的斯亚贝巴以南 170 公
里，是古拉格人（Gurage）的核心地带。古拉格人是埃塞俄比
亚 80 个族群中的一个。尽管古拉格人只占 2%，但是在他们
在商界所占的比例却大得多。在门吉斯特（2001）的样本中，
大约有 1/3 的制造企业是被古拉格人占据的，该样本涵盖了亚
的斯亚贝巴各行业注册的商业机构。在利卡（1997）的样本
中，2/3 的制鞋者是古拉格人[①]。在我们的样本中，古拉格人
的比例更高，占了样本总数的 86%。在亚的斯亚贝巴出生的
企业主子样本中，他们占到 82%。"鞋一代"和"鞋二代"
在族群特征及在皮鞋行业工作的亲戚朋友的数量方面都非常
类似。

　　"鞋一代"企业主平均受过 8.5 年的学校教育，而"鞋二
代"则平均受过 11.8 年的教育。这种差异在 0.01 的水平上具
有统计显著性。在调查中我们得到的印象是，如果他们上过大
学，企业主就自认为受过良好的教育。如果使用这个标准，通
过表 7.1 第 5 行和第 11 行的数据，我们可以发现，"鞋一代"
和"鞋二代"之间的差异就更明显了。有意思的是，"鞋二

157

[①]　利卡（1997）基于 82 个企业的调查数据，描述了亚的斯亚贝巴皮鞋厂的
　　运行状况和工人的工作条件。

代"上过大学的比例，随着经营年数的增加而提高。这个观察似乎可以说明，教育提高了企业生存的概率，尽管我们很难在这两者之间建立起因果关系。受过良好教育的儿子选择在鞋业工作，而不是到公共部门或者其他部门工作，这说明鞋业的利润非常可观[1]。他们在大学中大多选择会计专业。

　　企业主的职业背景大致类似。除 6 个人外，他们都是衍生出来的，在成为企业主之前在鞋厂做工。这 6 个人中间 2 个以前是卖鞋的，另外 4 个来自其他行业。然而"鞋一代"和"鞋二代"创业之前，以前在鞋业工作的年数存在显著差异。在开始自己的生意之前，"鞋一代"平均用了 10 年时间来习得技能和积累资本，而"鞋二代"则只用了 5 年的时间（见表 7.1 第 6 和 12 行）。

7.2.4 质量提高

158　　在建厂的最初几周，小微型制鞋厂只需购买少量的皮革和其他原料，沉没成本很小。这就导致每年都有大量的新进入企业。但正如前面所提到的，很多新建的企业很快就死掉了。我们无法获取这方面准确的统计资料。一个经验丰富的被访者介绍说，新建企业的生存和发展的关键是建立起良好的声誉，用好的皮革生产出耐穿好看的鞋子。现在的大型制鞋企业都是这样走过来的。这种观点看起来在亚的斯亚贝巴的整个制鞋行业被广为接受，因为所有的被访者都同意产品质量和声誉的重

---

[1]　冈宁和门吉斯特（2001）的表 3 显示，在 1993 至 1998 年的 5 年间，埃塞俄比亚的皮鞋产业增长了 28%，而其他行业都是负增长。

要性。

　　表 7.3 显示了男士皮鞋的平均出厂价，作为产品质量的一个指标。① 与假设 7 - 1 相一致，富有经验的"鞋二代"经营的企业所生产的鞋子，价格普遍较高。在 2004 年最高的平均价格是 OK 牙买加公司的 17.34 美元，它是我们样本中建立时间最久的企业，规模排第 5 位。相对新的企业无法生产昂贵的鞋子，这部分是因为，它们无法负担昂贵的皮革；部分是因为，它们缺乏销售高质量产品的渠道，也没有能力进行时髦的设计。如此一来，鞋子的价格差距就很大，即使所有的鞋厂主都知道产品质量非常重要。②

　　表 7.3 还显示了 2004 年市场销售渠道的情况。新建企业的销售全部依靠在亚的斯亚贝巴的零售店、在省内销售的批发商和它们的销售代理。它们没有任何其他的销售渠道，比如自己的零售商店、出口或者来自政府和大公司的生产工鞋的订单。与假设 7 - 1 相一致，建立时间久的企业，特别是由"鞋二代"所掌控的企业，倾向于开拓新的销售渠道，把产品直接卖给最终消费者。表 7.3 还显示，直接销售所占的份额与平均价格之间存在正向相关。富有经验的"鞋二代"直接销售的比例会更高。

―――――――――

① 我们之所以比较男鞋而非女鞋和童鞋的价格，是因为我们的样本都是男鞋企业。

② 不可能得到一个关于埃塞俄比亚皮鞋的合适的价格指数，以反映其真实价格。为了比较 2000 年和 2004 年鞋子的价格，利用每一年的汇率，把以埃塞俄比亚比尔表示的名义价格换算为相应的美元价格。关于汇率的数据来自国际货币基金组织（IMF，2007）。

在 2004 年，对样本企业整体而言，出口基本上可以忽略不计。但对于拉姆希公司来说，出口却占到 25%；在包括 OK 牙买加在内的其他三家公司，出口占到 5%。拉姆希是 2004 年样本中的第四大公司，它为邻近的国家出口军鞋。OK 牙买加主要向南非、博茨瓦纳和以色列出口高质量的男鞋。为了扩大出口，这两家企业都在政府新规划的工业园区建立了大的工厂。在这个工业园区，大约 8 家另外的企业正在或者计划建立新的工厂。在第五章，我们看到肯尼亚金属制品业的案例也是如此。成功的企业从拥挤的集群中搬迁到工业园（区）。这 8 家企业中就包括皮考克公司，在我们的样本中，2000 年它是第三大企业，2004 变成最大的企业。2005 年 1 月，在我们访问之前，它的新工厂刚刚投产。在一家意大利公司派来的几个技术人员的指导下，它们第一批贴牌生产的鞋子恰好出口到意大利。那次调查之后，我们又两次回访了这家企业。在 2005 年的 6 月，公司人员介绍，在半年之内同样的设备和工人，他们的产量翻了一翻。在 2006 年 1 月，他们介绍，他们的出口增长很快。这些变化与图 7.1 出口数据所反映的情形是一致的。

表 7.3 还显示了 2004 年原料采购的数据。不管规模大小，大部分亚的斯亚贝巴的鞋厂都购买皮革、鞋底和各种辅料。后来，大企业和小企业的采购渠道发生了分化。与假设 7-2 相一致，大企业直接从皮革厂和工厂或国外大宗采购原料，然而小企业还是从市场上的原料批发商采购。大宗采购就可以拿到折扣，从而降低成本。

在表 7.3 中，低价鞋生产者所使用的从中国进口的鞋底未被算做是进口，因为它们是在市场中买到的。表中所说的进口鞋底指的是从意大利、西班牙和其他欧洲国家进口的高质量鞋底。通过从进口鞋底开始，这些鞋厂开始慢慢地与欧洲企业建立了联系，从它们那里学到了先进的技术和时髦的设计。另外一个发展趋势是，大企业开始建立自己的工厂生产橡胶鞋底，使用的模具是从中国台湾或中国大陆进口的。截至 2004 年，我们样本中的 3 家企业和其他一些大企业拥有了自己的鞋底工厂。

表 7.3 埃塞俄比亚皮鞋集群 2004 年的男鞋价格、产品和
原料的市场渠道(根据企业主类型)

	经营年数			
	2~4 年 (1)	5~9 年 (2)	10 年及以上 (3)	全部 (4)
父母不在制鞋业的企业主				
男鞋价格(美元)	6.14	6.90	8.03	6.54
直接销售(%)	0	0.7	15.8	2.8
从皮革厂直接采购皮革(%)[a]	0		13.3	2.1
进口鞋底(%)[b]	0	0	10.0	0.8
直接从工厂采购鞋底(%)[c]	0	10.7	23.3	1.9
父母在制鞋业的企业主				
男鞋价格(美元)	6.66	9.28	12.52	9.60
直接销售(%)	0	4.4	76.0	23.3
从皮革厂直接采购皮革(%)[a]	0	11.1	100	22.2
进口鞋底(%)[b]	0	0	38.0	10.6
直接从工厂采购鞋底(%)[c]	0	44.4	22.0	28.3

注：a. 此行显示的是直接从皮革厂采购的皮革的价值所占的百分比。皮革的另外一个来源是位于麦卡托的制鞋原料批发商店。b. 这是进口的鞋底的价值所占的百分比。c. 这是直接从鞋底厂家（包括企业自己的鞋底厂）采购的鞋底的价值所占的百分比。鞋底另外的来源是位于麦卡托的制鞋原料批发商店。

因此，"鞋二代"所经营的老企业，通过使用昂贵的皮革和鞋底提高了产品质量，增加了直接面向消费者的销售，通过从厂家直接购买原材料减少采购成本。同时，他们还走出国门去美国、欧洲邻近国家参观工厂、鞋店和博览会。这些企业主通过在国外考察不同的企业，促发他们采用不同的商业模式。在最近 5 年，经营企业超过 10 年的"鞋二代"平均每年两次出访欧洲国家，而其他的企业主则很难做到。尽管我们无法从统计上来证明，发展中国家的企业学习国外经验的重要性，但是很明显，成功的国际技术转移是埃塞俄比亚皮鞋产业成功的关键因素。[①] 这些观察与第一章提出的假设 3 是一致的。然而，也有企业专门生产不时髦的鞋子（比如军鞋）也是有利可图的。还有人强调，从为欧洲企业贴牌生产中学习的重要性。还有一些企业急切希望使生产过程机械化。但也有些企业主决定利用集群的优势，在大量的鞋厂之间发展灵活的劳动分工。这就让人想起皮奥里和萨贝尔（1984）所描述的意大利中部和东北部发展起来的弹性专精（flexible specialization）的产业区。

在这些活跃的企业领袖的带动下，埃塞俄比亚皮鞋产业中的私营部门已经从中国的冲击中恢复过来。表 7.1 括号中的数字显示的是，不同类型的企业的按美元计算的附加值的年均增长率。中国的冲击对富有经验的"鞋二代"经营的企业打击巨大，但在我们研究的后两年，它们却能保持正增长。在市场

161

[①] 与我们的观察一致，斯托克（2008）举例说明了教育在技术采纳中日益增加的重要性。

竞争中存活下来的其他企业在中国冲击期间也能够保持正增长，并且在近几年发展得更快。我们的样本企业在 2000 到 2002 年期间，年均增长率是 10%，2002 年到 2004 年是 25%。[①]

7.3 估计方法和结果

7.3.1 模型设定

为了检验 7.1 部分提出的假设 7－1 到 7－3，我们研究了 5 个因变量的影响因素：（1）男鞋的价格；（2）直接销售的份额；（3）直接从皮革厂采购的比例；（4）直接从鞋底厂采购的比例；（5）用附加值测量的企业规模。在以前关于非洲企业增长研究的指引下，我们还估计了解释企业增长的影响因素的函数。根据假设 7－1 和 7－2，教育程度高和经验丰富的企业主倾向于生产更贵的鞋子，直接销售和直接厂家采购的比例会更高。假设 7－3 预测的是，这些企业的规模也会更大。为了反映教育程度的影响，我们使用了一个虚拟变量。如果企业主上过大学是 1，否则就是 0。为了反映管理经验的影响，我们用当前企业主的经营年数来测量。

为了检验假设 7－1 和 7－2，我们对因变量从（1）到（4）进行了回归分析，自变量包括大学教育虚拟变量、经营

162

---

① 与之相对，国企的年均增长率在第一阶段是 －20.5%，第二阶段是 －7.2%。

年数以及其他外生变量。在这 4 个因变量中，鞋的价格和市场销售包括 2000、2002 和 2004 年的数据。因此这些因变量可以表示为带下标和的，代表企业，代表年份。原材料直接采购的因变量只有 2004 年的数据。所有关于企业特征的解释变量都是不随时间变化的，所以这些变量的向量用没有下标的来表示。的系数可能会随着时间的变化而发生变化。因此，我们要估计的回归方程如下：

$$Y_{it} = X_i \alpha_t + e_{it} \tag{7.1}$$

在（7.1）中，α_t 是需要估计的参数向量，e_{it} 是误差项。由于所有解释变量都是不随时间变化的，所以我们无需在此处考虑面板数据的模型（比如固定效应或随机效应模型）。鞋的价格的方程我们用普通最小二乘法来估计，但是解释直接销售比例和直接采购皮革比例的函数我们使用双限制 Tobit 模型来评估，因为这些变量的取值都在 0 和 1 之间。对于厂家直接采购鞋底的模型降级 Probit 模型来估计，因为在所有的样本企业中，这个比例的值非 0 即 1。

为了检验假设 7 - 3，用附加值（V）的对数来表示企业规模，其对 X_i 的回归方程是：

$$lnV_{it} = X_i \beta_t + \mu_{it} \tag{7.2}$$

在（7.2）中，β_t 是可以随着时间而变化的系数，μ_{it} 是误差项。我们还运行了增长回归方程，这个回归使用在关于经济增长（巴罗和萨拉·伊·马丁，1992）和企业增长（埃文斯，1987）的经验文献中广泛使用的设定方式。它都可从方程（7.2）按如下方式推导出来。用 γ 表示将被估计的收敛参数，

用 V_{it-1} 表示滞后的附加值。通过在方程（7.2）的右面加上 γlnV_{it-1}，再减去它的等值量 $\gamma（X_i\beta_{t-1}+\mu_{it-1}）$，我们就得到：

$$lnV_{it} = X_i\beta_t + \mu_{it} + \gamma lnV_{it-1} - \gamma（X_i\beta_{t-1} + \mu_{it-1}$$

$$= \gamma lnV_{it-1} + X_i（\beta_t - \gamma\beta_{t-1}）+（\mu_{it} - \gamma\mu_{it-1}） \qquad （7.3）$$

在方程（7.3）两边同时减去，重新整理后我们就得到了熟悉的增长回归方程：

$$lnV_{it} - lnV_{it-1} = \delta_1 lnV_{it-1} + X_i\delta_2 + W_{it} \qquad\qquad （7.4）$$

在（7.4）中，$\delta_1 = \gamma - 1$，$\delta_2 = \beta_t - \gamma\beta_{t-1}$ 及 $W_{it} = \mu_{it} - \gamma\mu_{it-1}$。在关于非洲企业增长的文献中，麦克米克（1996）、拉玛钱德朗和沙（1999）、冈宁和门吉斯特（2001）及门吉斯特（2001）普遍发现，初始的企业规模 lnV_{it-1} 和经营年数对企业增长 $lnV_{it} - lnV_{it-1}$ 产生负向影响。[①] 麦克米克（1996）、拉玛钱德朗和沙（1999）以及门吉斯特（2001，2006）发现，企业主的学校教育对企业增长有正向效应。

7.3.2 估计结果

表 7.4 展示的是解释鞋的价格（第 1 到第 3 栏），直接销售的份额（第 4 栏）和直接采购的比例（第 5 和第 6 栏）的影响因素的估计方程。虚拟变量是否为"鞋二代"在任何一栏的影响都不显著。这些结果清楚地表明，如同表 7.4 和表 7.5 所显示的，第一代与第二代企业主之间在产品质量、销售

---

① 门吉斯特（2006）修正了研究中由于使用只包括存活企业的样本所导致的退出偏差（attrition bais）。

表 7.4 埃塞俄比亚皮鞋集群产品价格、销售和投入品采购的影响因素

因变量		价格的对数		直接销售	直接采购	
样本年份	00,02,04	2000,2002	2004	00,02,04	皮革 2004	鞋底 2004
估计方法		OLS		Tobit		Probit
	(1)	(2)	(3)	(4)	(5)	(6)
鞋二代（虚拟）	0.085	-0.010	0.166	0.108	0.864	0.918
	(1.18)	(-0.10)	(1.65)	(0.49)	(0.52)	(1.52)
大学教育（虚拟）	0.211*	0.348**	0.103	0.652**	2.327	0.467
	(2.25)	(2.58)	(0.80)	(2.54)	(1.14)	(0.60)
经营年数	0.029**	0.029**	0.028**	0.083**	0.367*	0.079*
	(6.05)	(4.49)	(4.00)	(5.78)	(1.79)	(2.10)
以前经验年数	-0.004	-0.001	-0.006	0.023*	0.043	-0.103
	(-1.12)	(-0.31)	(-1.18)	(2.27)	(0.67)	(-1.52)
古拉格人（虚拟）	-0.052	-0.027	-0.048	-0.082	-1.232	-0.145
	(-0.76)	(-0.26)	(-0.52)	(-0.42)	(-0.77)	(-0.18)
2000年（虚拟）	-0.119*	0.003		0.017		
	(-1.92)	(0.05)		(0.11)		

续表 7.4

因变量	价格的对数			直接销售	直接采购	
					皮革	鞋底
样本年份	00,02,04	2000,2002	2004	00,02,04	2004	2004
估计方法	OLS	OLS		Tobit		Probit
	(1)	(2)	(3)	(4)	(5)	(6)
2002 年(虚拟)	-0.135** (-2.85)		-0.086** (-0.57)			
截距	1.782** (23.10)	1.611** (14.65)	1.799** (17.77)	-1.518** (-4.20)	5.415 (1.62)	-1.575 (-1.79)
样本数	204	109	89	216	90	90
调整后的 R^2	0.34	0.34	0.34			
左删截的观察数				188	81	
右删截的观察数				4	6	

注：括号内的数值是 t 检验值。** 表示 $p < 0.01$，* 表示 $p < 0.05$（除截距外都是单尾检验）。

和采购行为之间的差异，是教育水平或者其他方面特征的差异所造成的。

第 1 栏使用的是所研究 3 年的混合数据，我们假定系数是随着时间的变化是常数。如第 2 栏和第 3 栏所示，这个假设是有效的，只有大学教育的系数除外，与 2000 和 2002 年相比，它的系数在 2004 年变小。经营年数对鞋价一直都是正向且显著的影响。大学教育的影响在 2004 年有所减弱，这是因为一些教育程度高的企业主，包括拉姆希公司和皮考克公司的老板都开始增加不太贵的军鞋和休闲鞋的生产。这些企业正好开始关注用于出口的标准化鞋子的机械化规模生产。第 1 栏中的年份虚拟变量的系数表明，2000 和 2002 年鞋子的价格大概不到 2004 年的 90%。

与假设 7 - 1 相一致，表 7.4 的第 4 栏说明，大学教育虚拟变量和经营年数对于直接销售的比例有着正向和显著的作用。尽管表中没有报告，我们分别作了 3 年的回归分析，结果发现大学教育的系数从 2000 年的 0.54 提高到 2002 年的 0.65，到 2004 年提高到 0.77。尽管这些增长并非迅猛，但可以进一步佐证假设 7 - 1。另外一个发现是，以前的鞋业经历对直接销售有正向显著的作用。这个结果与经营年数一起可以说明，有过长时间制鞋经历的企业主能够强烈意识到直接销售的重要性。

第 5 栏和第 6 栏显示，大学教育和管理经验对直接采购的比例都有着正向的影响，这与假设 7 - 2 一致。但大学教育的作用不显著，管理经验的作用也只是微弱显著。尽管表中没有报告，但是使用普通最小二乘法来估计，这些效应都是正向显

164

165

208

著的。在 Tobit 和 Probit 估计中，这些影响显著度低的原因是，只有少数的样本企业直接从厂家采购原料。事实上，只有 9 家企业直接从皮革厂进货，9 家直接从鞋底厂进货，只有 6 家同时从皮革厂和鞋底厂进货。6 家企业中有 5 家企业超过 10 年，4 个企业主受过高等教育。这些企业主都急于把自己的产品出口到广阔的国外市场。

表 7.5 展示的是解释企业规模和增长的估计方程。如方程（7.3）和方程（7.4）所展示的，企业规模方程的系数与增长方程的系数相关，不过，表 7.5 中估计系数之间的关系并非完全准确，这是因为由于新建企业和缺失数据导致估计 t−1 和 t 时点的企业规模方程与估计从 t−1 到 t 时期的增长方程所使用的样本有所差异。与表 7.4 中一样，虚拟变量"鞋二代"在表 7.5 所有栏中都不显著。

表 7.5　埃塞俄比亚鞋业集群企业规模和增长的影响因素

因变量	$\ln V_t$				$\ln V_t - \ln V_{t-1}$	
年份和时期 自变量	00,02,04 (1)	2000 (2)	2002 (3)	2004 (4)	2000 ~ 2002 (5)	2002 ~ 2004 (6)
$\ln V_t$					0.041 (0.34)	−0.143** (−2.48)
鞋二代 （虚拟）	−0.011 (−0.04)	−0.191 (−0.32)	0.081 (−0.18)	0.135 (0.31)	0.266 (0.76)	0.301 (1.33)
大学教育 （虚拟）	1.618** (4.71)	2.415** (3.25)	1.157** (2.07)	1.547** (2.73)	−1.525* (−2.42)	0.529* (2.03)
经营年数	0.115** (6.16)	0.130** (3.22)	0.123** (4.09)	0.101** (3.27)	−0.042 (−1.66)	−0.011 (−0.79)

因变量	$\ln V_t$				$\ln V_t - \ln V_{t-1}$	
年份和时期 自变量	00,02,04 (1)	2000 (2)	2002 (3)	2004 (4)	2000~2002 (5)	2002~2004 (6)
以前经验 年数	-0.018 (-1.25)	-0.014 (-0.40)	-0.030 (-1.31)	-0.009 (-0.37)	-0.042** (-3.19)	0.017 (1.21)
古拉格人 （虚拟）	-0.024 (-0.09)	-0.033 (-0.05)	-0.167 (-0.41)	0.111 (0.27)	-0.846** (-3.44)	0.271 (1.54)
2000 年 （虚拟）	-0.543* (-2.27)					
2002 年 （虚拟）	-0.526** (-2.86)					
截距	8.055** (26.79)	7.266** (8.80)	7.778** (17.54)	7.911** (17.85)	1.556* (2.32)	1.227* (2.52)
样本数	214	39	86	89	36	85
调整后 R^2	0.37	0.53	0.33	0.30	0.41	0.12

注：括号内的数值是 t 检验值。第 5 栏和第 6 栏的 t 值是基于怀特（White）对异方差的稳健标准误方法而计算的。** 表示 $p < 0.01$，* 表示 $p < 0.05$（除截距外都是单边检验）。

与假设 7-3 相一致，表 7.5 的第 1 栏到第 4 栏显示，大学教育和管理经验的年数，对于企业规模有着正向且高度显著的影响。年份虚拟变量的系数是负向且显著的，2000 年和 2002 年企业的平均规模小到只有 Exp（-0.53），即平均附加值大约为 589 美元，只有 2004 年的 60%，这很大程度是原因中国的冲击。第 2 栏到第 4 栏显示，大学教育对企业规模的影响在 2002 年下降，在 2004 年上升。在 2002 年，教育影响减弱的可能原因是，教育程度高的企业主所掌控的大企业在当时受到的中国冲击最强烈。比如，2000 年最大的私营鞋厂坎加罗的销售额在 2 年之内减半。第 5 栏显示，与大学虚拟变量作用减弱一致，在 2000 到 2002 年，教育对企业增长的影响是负向且显著的。这样一个困境或许会促使教育程度高的企业主认真考虑大规模生产标准化但高质量的鞋子，以便出口。

从第 4 栏和第 6 栏可知，在 2002—2004 年的复苏阶段，虚拟变量大学教育对企业规模的影响在上升，而且对于企业增长的影响正向且显著。但是教育对企业规模的影响力，并没有回到中国冲击之前的水平。对此有两种可能的解释：一是中国鞋子依然占据着皮鞋市场上的女鞋市场，而这个市场过去是由埃塞俄比亚一些教育程度高的鞋厂主所垄断。另外一种解释是，教育程度高的企业主所领导的多方位改进还处在初级阶段。在亚的斯亚贝巴的皮鞋产业所观察到的创新性企业的规模扩张，还没有像园部哲史等人（2004，2006）在东亚的几个产业中所观察的那样蔚为大观。比如，在温州的电器产业和重庆的摩托车产业，创新性企业的规模已经急剧扩张。但从性质上来看，亚的斯亚贝巴所展现出来的发展模式与东亚是类似的。也就是说，质量提高伴随着新的销售和采购策略的采纳、生产组织的改进及大企业的出现，并且这些多方位的改进是由教育程度高和富有经验的企业家们所引领的。

门吉斯特（2001）的研究发现，古拉格人拥有的企业比其他企业规模更大，且增长更快。然而，如第 1 栏到第 4 栏所使，我们所估计的古拉格人对企业规模的影响却并不显著。我们的结果之所以与门吉斯特的结果不一致，可能是因为我们的样本企业大部分都是古拉格人。在第 5 栏，古拉格人对企业增

166

167

长的影响负向且高度显著的，但在第 6 栏却是正向但不显著。
我们无法解释这个矛盾的结果。在第 5 栏，以前经验年数的影
响是负向且显著的，这就意味着以前从事过贸易的企业主比以
前是制鞋工人的企业主在应对中国冲击上表现会更好。这个发
现又进一步佐证了我们在第一章提出的假设 1，做生意的经历
对于企业主管理制造业企业非常重要。

对撒哈拉以南地区企业增长的现有研究使用了收集于各种
行业的企业数据，并且发现即使老的在位企业（incumbents）
比新进入企业更能存活，但很难增长。这是因为撒哈拉以南地
区的产业在整体上是停滞的，缺乏技术和管理创新，以致只有
新建企业通过学习在位企业已经掌握的知识，有机会获得增
长。与这些结论不同，如第 5 栏和第 6 栏所示，我们估计的经
营年数对企业增长的影响并不显著，这就意味着老企业能够和
新企业一样快速地增长。与之对照，经营年数对于企业规模的
影响是持续正向显著的（见第 1 栏到第 4 栏）。这些估计结果
可能反映出，通过向国外学习，我们所研究的产业得到了长足
的发展。

7.4 总结性评论

埃塞俄比亚的皮鞋企业正在生产可出口至发达国家市场的
鞋子。这个产业收复了 2001 年左右洪水般涌入的中国鞋所占
据的国内市场。由此，这个行业得到了飞速的发展。这些发展
对于对在撒哈拉以南地区减贫感兴趣的人来说，是一个好消
息。埃塞俄比亚是最贫穷的国家之一，皮鞋行业是劳动力最为

168

密集的产业之一，它可以为穷人提供大量的就业机会。

　　本章发现产业的发展不仅是由新进入企业推动的，更重要的是，如同东亚一样，而是由领头企业和追随者的增长共同推动的。此外，我们验证了所提出的假设，拥有更多管理型人力资本的高教育程度企业主能够引入关于产品设计、生产方法、劳动管理、市场营销和采购的新理念。这是因为他们面临着严酷的竞争，这一方面来自中国产品，另一方面来自本地无需多大成本就能进入的大量微小企业。这些发现非常好地支持了假设 1。需要指出的是，尽管在第一章我们讨论基于集群的产业发展的内生模式时强调，由于新企业的大量进入导致产品价格下跌，会促发企业主努力去实现创新，但由于廉价商品的进口所导致的产品价格下跌也会诱发企业主提高质量。

　　为了与进口的廉价商品竞争或者促进出口，企业主们别无选择，只有实施多方位的创新。幸运的是，在埃塞俄比亚一些具有丰富管理型人力资本的企业主，积极地向意大利和其他发达国家学习先进的生产工艺、产品设计和营销方法。在东亚，企业主们也定期地向更发达的国家学习。因此，不足为奇的是，在本质上，埃塞俄比亚皮鞋产业发展的过程与东亚基于集群的产业发展模式极为类似。我们从埃塞俄比亚皮鞋行业的近期发展经验中得到的启示是，国际技术转移和管理型人力资本的作用都是至为重要的，而且二者是互补的。这个结论也可以应用到第六章巴基斯坦的电气配件行业，在那里具有丰富管理型人力资本的经营者通过向中国和印度学习引入新的理念。与埃塞俄比亚和巴基斯坦的经验相对照的是第二章肯尼亚服装行业的案例，在那里缺乏企业家精神，很少向国外同行学习。

产业发展战略的成功与失败

8 孟加拉：服装产业集群中的
国际知识转移[*]

在前面章节，我们已经展示了贸易商和管理型人力资本在
进行多方位创新中所发挥的重要作用。在第四部分（第 8 章
和第 9 章），基于对孟加拉和埃塞俄比亚的服装产业集群的案
例研究，我们拟探讨私营部门和政府的发展战略是如何影响产
业发展的成功或失败的。研究表明，集群的成功发展，不仅需
要贸易商和能干的经理的积极参与，而且需要有国际技术的转移。

克雷斯波和丰托拉（2007）的研究认为，外资企业的知
识是否能够溢出到发展中国家取决于当地企业的吸收能力。同
样有意思的是，施米茨（2004）所编辑的全球价值链案例研
究表明，发展中国家的服装、制鞋和玩具生产商，在与发达国
家的大型企业的交易中，可能有（也可能没有）学习如何从

---

[*] 本章参考了孔多拉·阿卜杜·莫塔莱伯（Khondker Abdul Mottaleb）的
博士毕业论文《人力资本与产业发展：孟加拉服装行业的案例研究》，
该论文被提交给政策研究大学院大学。本书作者是莫塔莱伯的博士学
位论文委员会的成员。我们对他的帮助表示诚挚的谢意。

事诸如设计、市场营销和品牌推广等高附加值的企业活动的能力。这些研究结果让人想到阿罗（1985：201）对不同国家之间收入水平上的极大差异的解释："信息交流之所以代价高昂，与其是说因为传播信息很难，不如说是因为接受信息很难。如同教书一样，教师要想让学生掌握所学知识，其过程之艰难实在让人感到太痛苦。信息的获取与传播的难易程度并不一样，对此我们也许并不会感到太惊奇。"

对于什么东西能帮助发展中国家的企业获得有利于产业发展的知识，我们在这方面的经验性知识十分贫乏。对于它们来说，从发达国家获取知识是如何地困难？如何能够轻易地把它们获得的新知识溢出到其他企业或工人？要实行怎样的制度才能将溢出带来的外部效应内在化？能否提出合适的产业发展政策取决于这些问题的答案。

本章旨在通过研究从孟加拉以出口为导向的服装产业中收集的企业原始数据来回答这些问题。这一产业接受外国直接投资，并把产品卖给发达国家的大买家。据说，这些与发达国家大公司签订的合同，为孟加拉的服装生产商提供了大量吸收先进技术与管理知识的机会（李，1990；昆杜斯和拉什德，2000；斯蒂奇，2005）。确实，正如伊斯特利（2002）的畅销书所证实的那样，这个最不发达国家的服装产业，在过去25年中获得了惊人的发展。然而，学习上的成功并不等同于有学习的机会。本次研究探讨的是，该产业如何从发达国家吸收知识以及这些知识对整个产业来说发挥了什么样的作用？

然而，测量知识的传播和吸收是很困难的，现有研究中所使用的指标并不精确。例如，大量关于国外直接投资溢出的研

172

究，把国内企业邻近地区外资企业的存在作为测量企业获得新知识的指标（克雷斯波和丰托拉，2007）。为了构建一个更好的测量指标，我们采访了 132 名企业家，也就是说 132 个被称为常务董事、总经理或者企业主的商人。这些人经营服装贸易商行和针织品工厂，其中包括这个国家最大的工厂。除了别的事情外，我们还询问他们是如何获得和更新技术、管理和营销知识的。

我们发现，企业家的受教育程度越高，他们的经营成就就越大。并且，在该产业企业家的平均受教育水平很高。这可能是他们能够做到不断更新关于规模生产、市场营销、管理和时尚的知识的原因之一。我们也发现，这一行业经营业绩好的企业往往是那些在发达国家受过密集培训（intensive training）的企业家所经营的。除了企业家的培训外，我们还发现雇用外国专家在提高企业绩效方面也是一个有效的举措。本次研究的另一个重要发现是：通过生产商与贸易商的劳动分工以及通过知识溢出，从国外培训中获得的先进知识给大量的企业带来了好处。如果一些前受训人员（ex-trainee）没有足够的金融或实物资本启动生产，那么他们就会成为贸易商并运用他们的先进知识为那些缺乏这些知识的生产商带来收益。尽管一些现有的对发展中国家的产业发展所进行的案例研究讨论了贸易商在知识吸收方面所起的作用，但由于缺乏贸易商方面的数据，它们不能提供任何关于贸易商以何种方式促进产业发展的统计证据（施米茨和纳德维，1999；园部哲史和大冢启二郎，2006）。

下面章节安排如下：8.1 节简要回顾孟加拉服装产业的发展；8.2 节提出了三个将用企业数据来证明的假设；8.3 节阐

述我们的数据收集方式，描述了样本企业的特征；对假设的检验在 8.4 节展开，随后在 8.5 节总结研究发现及其政策含义。

8.1 历史背景和假设

在 20 世纪 70 年代后期，孟加拉的服装出口微不足道，且没有受到《多种纤维协定》（MFA）的出口限制。为了利用没有出口限制和当地丰富的廉价劳动力的优势，韩国大宇集团计划在孟加拉开发一个生产基地，并与德西（Desh）服装有限公司合作。大宇从德西公司派遣了 130 名工人去韩国培训了 8 个月。然而，培训后的两年里，几乎所有的受训人员都离开了德西开始经营自己的服装生意（李，1990）。伊斯特利（2002：147~148）评论道："前德西工人所建立的服装公司数量的急剧增加如今为孟加拉带来了 20 亿美元的服装销售收入。"

1982 年，孟加拉政府实行了一项新的产业政策，以推动服装产业的发展，采取了诸如对进口的服装加工机器和保税仓库的设备免除关税的措施（昆杜斯和拉什德，2000；斯蒂奇，2005）。韩国和东亚其他的新型工业化国家的纺织品和服装公司在孟加拉首都达卡（Dhaka）以及最大的港口城市吉大港（Chitagong）的出口加工区不断地为其工厂投资。如德西—大宇培训项目案例那样，他们选派孟加拉的工人到他们的母国进行密集培训，但是许多受训者在回到孟加拉一段时间后却去其他工厂工作或者开办自己的工厂或商行。

由于发展迅速，孟加拉的服装产业于 1986 年加入了配额体制（the quota system）。据说，这一制度使孟加拉的生产商

174

受益，因为它使这些工厂免受外国竞争者的影响，而且分配给孟加拉的配额相对于印度和斯里兰卡获得的配额更为宽松（马拉齐拉和杨，2004；斯蒂奇，2005；萨克塞纳和维贝，2005）。根据霍丘（2004）的观点，发生在1986年另一重要事件是，孟加拉出口促进局和联合国开发计划署（UNDP）派遣了几个孟加拉针织品生产商去意大利、德国和波兰学习，以帮助该产业了解最新的生产技术和出口市场环境。令人吃惊的是，与其他国家的案例不同，孟加拉政府和捐赠机构都支持向外国学习。

从20世纪80年代末到90年代，该产业的重心从外资企业转移到了本地的生产商和贸易商。本地的生产商和贸易商加大了对欧洲和北美的大型零售商和品牌营销商的出口。这些客户在它们的总部开发新的设计方案，并以自己的品牌通过其分销渠道销售这些新产品。然而，这些产品的生产却分包给发展中国家的生产商。对这些把亚洲和拉美的供应商与发达国家连接起来的全球价值链的案例研究发现，尽管国际买家使供应商不能开发自己的设计、品牌和营销渠道，但是按照国际买家制定的规格所进行的生产有助于供应商提高生产效率并采用先进的生产线（杰里夫，1999；特瓦里，1999；施米茨和昆宁，2000；巴赞和纳瓦斯·阿利曼·阿利曼，2004；朱利亚尼等，2005）。在孟加拉供应商中似乎出现了相同的情况。

表8.1表明在1983年到2005年期间，服装生产商的数量、雇工人数、创造的出口值以及服装出口在该国总的出口收入中所占份额的增长过程。在2005年，该产业获得了50多亿美元的出口收入，包含4100个生产企业，雇用200万工人，占该国出口总收入的75%（孟加拉出口促进局，2005）。尽管

没有在表中体现出来，但是服装贸易商、充当中介角色的本地生产商和国际买家的数量都在增加。现在，注册的贸易商大约有600家（BGMEA，2005/6），但这只是冰山一角，因为贸易商与生产商不同，从法律来说它们没义务去注册。服装生产商和贸易商集中在大达卡地区（the greater Dhaka）和吉大港地区。达卡地区大约有3500名生产商并且正在向北部扩展，而吉大港地区有600名生产商。大部分贸易商都集中在达卡。

表8.1　孟加拉服装产业的发展

	生产商数量	雇工人数（百万工人）	出口值（10亿美元）	服装出口在该国出口收入中所占百分比
1983/4	134	0.04	0.03	3.9
1987/8	685	0.28	0.43	35.2
1991/2	1163	0.58	1.18	59.3
1995/6	2353	1.29	2.55	65.6
1999/00	3200	1.60	4.35	75.6
2004/5	4107	2.00	5.17	74.3

数据来源：孟加拉出口促进局（2005）。

当孟加拉服装产业还很弱小时，国际买家使用位于其他亚洲城市的办事处来与它们在孟加拉的供应商打交道。随着该产业的发展，对于一些国际买家来说，在达卡建立采购处就变得有利可图。有了达卡的采购处，他们直接从当地生产商获得服装产品就变得容易了。绕过当地贸易商后，买家和生产商节省了佣金，提高了质量控制。此外，一些国际买家通过互联网为出口订单寻求有竞争力的报价。这些发展大大降低了充当中介的当地贸易商的重要性（拉曼，2005）。作为回应，一些本地贸易商开始自己生产服装，尤其是针织品。

　　1994年，国际社会决定放弃《多种纤维协定》。配额体制从1995年起逐步淘汰，并在2005年取消。配额的取消使得国际买家能够从他们所喜爱的供应商那里进口任意数量的服装，从而给供应商施加了竞争压力（卡汉，2004；拉曼，2004）。它们的竞争重点在于更好的质量、更低的价格以及更快的发货。在孟加拉，与针织品生产相比，由于激烈竞争所引发的对于快速供货的强调使得诸如衬衫、裙子之类的梭织（woven）服装的生产商处于不利地位。这是因为梭织服装生产商严重依赖于进口的梭织纺织品，但梭织纺织品的发货很容易延误。而针织品（knitwear）生产商能够获得国内生产的纱线的充足而快速的供应（斯蒂奇，2005）。而且，孟加拉的针织品生产商能够为针织衫和羊毛衫找到新的市场。因此，如表8.2所示，从1995年以来，针织品部门在生产商数量和出口收入两方面都比梭织服装部门发展得更为迅速。

表8.2　孟加拉按部门统计的企业数量和出口值：1995—2005年

年度	梭织服装部门			针织品部门		
	企业数量	出口值（100万美元）		企业数量	出口值（100万美元）	
		总值	每个企业		总值	每个企业
1995/96	1646	1835	1.11	350	393	1.12
2000/01	2318	3364	1.45	1044	1496	1.43
2002/03	1997	3258	1.63	1229	1654	1.35
2004/05	1928	3220	1.67	1523	2536	1.66

　　注：一个财政年度从当年7月开始，到次年6月结束。
　　数据来源：孟加拉国服装制造及出口商协会（不同年份），孟加拉国针织品制造及出口商协会（2005）及孟加拉国出口促进局（2005）。

根据我们对孟加拉国服装制造及出口商协会（BGMEA）以及孟加拉国针织品制造及出口商协会（BKMEA）领导的采访，激烈的竞争引发了服装生产商和贸易商的不同反应。例如，为了提高产品质量和生产效率，生产商雇用了越来越多的外国专家，这些专家主要来自于印度和斯里兰卡。在中国，国有企业从日本和其他发达国家吸收知识，而私有企业却从国有企业挖走其工程师（园部哲史等，2006）。对孟加拉来说，外国专家的重要来源是印度和斯里兰卡。另一个例子是，为了遵守发达国家有关劳工、安全、环境和人权保护的标准及法规的要求，服装生产商把大量资金投资于设备和工作环境的改善（拉曼，2005）。国际买家更喜欢选择遵守这些行为准则的工厂，因为它们受到了来自于本国消费者团体和工会的压力（施米茨，2005）。

在配额体制逐步淘汰期间，孟加拉服装产业不断地扩大其国际市场份额，从 1995 年的 1.2% 扩大到了 2000 年的 2.0%，在 2005 年更是扩大到 2.3%。根据孟加拉国服装制造及出口商协会的统计，在配额取消后的一年里，该产业的出口收入增长了 23%。

177

在孟加拉服装产业发展进程的各种议题中，我们特别感兴趣的是企业家在包括韩国在内的发达国家受到的培训所造成的影响。该产业的高速成长始于德西公司 130 名工人在大宇所接受的培训。我们同时也对企业家创业能力或者适应激烈竞争的管理型人力资本所起到的决定因素感兴趣，因为产业发展的可持续性取决于这种人力资本。为了讨论这些议题，本节提出三个可检验的假设。

让我们惊奇的是，本次研究的假设3——从发达国家向发展中国家的知识转移是发展中国家产业发展成功的关键因素——尚未被人广泛接受。例如，关于国外直接投资溢出的文献有着不同的结论（克雷斯波和丰托拉，2007），并且有关全球价值链的研究很少展开统计分析。因此，我们将提出如下可供检验的假设：

假设8-1：在发达国家受过密集培训的生产商和贸易商，往往会雇用外国专家来提高生产效率，于是带来其经营规模的扩大。

在此，从理论上来说，我们假定培训和对外国专家的雇佣使边际利润曲线向上移动，企业的经营规模趋于边际利润等于零的位置。从这个意义上讲，经营规模是企业绩效的一个指标。培训对企业绩效的影响难以准确描述，这是因为知识溢出到了没有受过培训的企业家那里，不过我们难以想象知识溢出完全等同于企业绩效。

伊斯特利（2002：146～148）强调，由于"知识外溢"，从发达国家转移过来的知识有助于产业的整体发展。毫无疑问，知识确实外溢了，但并不能由此推断前受训人员的所有知识都溢出了。因为前受训人员在知识密集型的企业活动上具有优势，他们将从与那些在这些活动上处于劣势地位的企业家的交易中受益。亚洲和拉美的案例研究表明，贸易商在把技术知识和市场信息带给生产商的过程中占有重要的地位（施米茨和纳德维，1999；园部哲史和大冢启二郎，2006）。很可能是那些具有这些知识但却缺乏金融和实物资本的前受训人员充当贸易商的角色。

大量服装企业所形成的集群，促进了贸易商与生产商之间 　178
的劳动分工。贝克尔和墨菲（1992）以及园部哲史和大冢启
二郎（2006）认为，产业集群区域的交易成本往往很低；在
这里，投机行为很快被大量参与相同和相关交易的企业识别出
来。自马歇尔（1920）以来，经济学家认为知识溢出和劳动
分工的发展，都是产业集群所带来的主要好处（克鲁格曼，
1991）。通过这两个渠道，先进知识的应用将为孟加拉服装
产业大量的企业家和工人所分享。因此，有理由作出如下
假设：

假设8-2：与没有受过培训的贸易商相比，受过培训的
贸易商为生产商提供了更多的知识密集型服务；而与受过培训
的生产商相比，没有受过培训的生产商更多地依赖于贸易商的
中介服务。

我们将以生产商通过贸易商出口所占的份额，来衡量生产
商对贸易商的依赖程度。根据内生增长理论，知识积累是经济
增长的载体。这是因为，无论这种知识是排他性的、通过交易
得来的，还是非排他性的、通过溢出得来的，它都能被反复和
同时使用而不会引起竞争（罗默，1990a，1990b）。伊斯特利
（2002）仅仅强调非排他性知识的重要性。与其相反，我们提
出了假设8-2以说明排他性知识的重要性及贸易商的作用。

正如前面所提到的，如同在第6章和第7章所分析的中国
冲击的案例中那样，日趋激烈的竞争迫使发展中国家的服装供
应商提高产品质量、降低产品价格和加快发货速度。因此，它
们的利润最大化点，可能转向更多地雇用外国专家以及更倾向
于直接出口。尽管这些变化会增加固定成本，但它们会使边际

利润曲线向上移动。因此，企业新的利润最大化规模将比原来大得多。作为对生产商日益增大的直接出口的反应，一些贸易商通过进入生产领域来对抗。有意思的是，谁将在适应变动的均衡中占得先进。舒尔茨（1975）所提出的广为接受的人力资本观点把人力资本的价值归结为处理动态失衡的能力。对东亚地区产业发展的案例研究为这种观点提供了强有力的支持（园部哲史等，2003；园部哲史和大冢启二郎，2006）。因此，我们提出如下假设：

179 　　假设 8-3：受过良好教育的贸易商往往会进入生产领域，而受过良好教育的生产商往往会更倾向于直接出口，雇用更多的外国专家，且拥有更大规模的企业。

8.2 样本企业的特征

在 2005 年 8 月和 12 月，我们总共花了将近 4 个星期对生产商、贸易商和企业顾问进行了初步调查。我们拜访了不同规模的梭织服装和针织品工厂，其规模从不到 10 个工人到几千个工人不等。我们发现，研究针织品部门和贸易部门的发展很有意思。这是因为针织品部门近年来在该产业的发展中处于领先地位，同时也是因为贸易商在经济发展中所起的作用仍然是一个谜团。我们的样本是从孟加拉国服装制造及出口商协会、孟加拉国针织品制造及出口商协会和孟加拉国服装采购协会（BGBA）这三个协会提供的成员名单中随机抽取的。与这些协会的领导建立了融洽的关系后，我们请他们把我们介绍给我们随机选择的企业家。从 2005 年 12 月末到 2006 年 3 月初的 3

个月中，我们拜访了大达卡地区①的 40 位贸易商和 100 位针织品生产商，并且除了 8 个工厂外，我们能够去各个企业采访他们的企业家。

我们的样本由 40 家贸易商、55 家 T 恤生产商和 37 家针织衫生产商构成。② 他们除了向我们提供教育和职业背景外，还向我们提供了有关工人数量、生产和成本以及 1998 年、2000 年、2002 年、2004 年和 2005 年出口收入方面的信息。③ 如表 8.2 所示，每年都有大量的新企业进入针织品部门。在我们取样的 92 家针织品生产商中，在 1998 年只有 33 家正在营业，而在 2002 年有 74 家正在营业。同样，因为不断有新来者进入贸易部门，我们取样的 40 家贸易商中只有 27 位是在 1998 年正在营业，而有 36 位在 2002 年正在营业。这些数据直接来自于企业家和受企业家指示与我们合作的经理。

表 8.3 显示的数据是，在选定年份中按部门统计的样本企业的平均雇员规模。一家典型的贸易商雇用大约 20 名正式工人而不会雇用兼职工人。可能因为难以考核单个工人的绩效，它以计时的方式向工人支付报酬，而不是以计件或佣金的方式

---

① 大达卡地区由达卡以及两个相邻的地区纳拉杨甘杰（Narayanganji）和加济布尔（Gazipur）组成。纳拉杨甘杰是传统的针织品生产中心，现在有许多 T 恤工厂。加济布尔是新兴的服装工厂（特别是生产针织衫的服装工厂）的集群地。

② 更确切地说，我们称之为 T 恤生产商的是指那些使用所谓的圆形罗纹机生产 T 恤、Polo 衫以及其他针织产品的生产商。我们称之为针织衫生产商的是指那些使用所谓的针织横机生产针织衫、羊毛衫以及其他针织产品的生产商。

③ 由于样本企业存有记录，所以关于财务变量的回溯数据是准确的。

支付报酬。与贸易商不同，生产商以计件的方式向大多数雇员
支付报酬。① 尽管针织衫生产部门与 T 恤生产部门的附加值大
小相似，但是针织衫生产商的平均雇工数量比 T 恤生产商要
多。这两种类型工厂的参观者很清楚，这是因为针织衫生产部
门比 T 恤生产部门更为劳动密集。

表8.3　孟加拉服装集群在选定年份按部门统计的
平均每个企业的雇工数量

年份	贸易部门	针织品生产部门	
		T 恤	针织衫
1998	16.1	508.1	894.4
2002	18.2	587.0	1302.3
2005	23.2	828.1	1831.6

如表 8.3 所示，针织衫生产部门的平均雇工规模增长更
快。尽管表中没有显示，但是针织衫生产部门的生产商数量增
长得也比较迅速。针织衫生产部门的较快增长，在于这种生产
方式的劳动密集型本质，因为像孟加拉这种劳动力充足的国家
在这种部门具有相对优势。

如表 8.4 所示，服装企业由受过良好教育的企业家经营，
其平均年龄在 40 多岁。样本中的 5 家商行是外国商行的子公

---

① 　根据我们的数据，在 T 恤部门的正式工人约占工人总人数的 60%，而在
针织衫部门这一比例略少于 40%。大型机械的操作员工通常为正式工人，
他们的工资按小时计算。在 T 恤部门正式工人所占百分比更高的部分原
因是这个部门更为资本密集。

司。① 样本中的所有其他企业，都是由孟加拉人拥有和经营的。在孟加拉，需要花 16 年才能获得专业学位。我们样本中的企业家大多数具有这种学位。在贸易商和针织衫生产商中，50 位企业家上了 16 年学，剩下的 27 位企业家上了 14 年学。在这些企业家中只能找到这两种层次的教育，而在 T 恤生产商的子样本中，其教育程度差别很大。然而，重要的是，从任何标准来看，该产业的企业家的受教育程度都很高。② 考虑到该国低收入劳动力的充足程度，这些企业家在自己行业中获得高速增长并不令人感到惊奇。但是，企业家所受的良好教育在多大程度上有利于产业发展却值得在统计上加以研究。

表 8.4　孟加拉服装集群按部门统计的企业家的教育和工作经历

	贸易部门	针织品生产部门	
		T 恤	针织衫
年龄（2005 年）	43.0	44.0	45.7
教育程度			
#学校教育年限	15.2	14.7	15.4
#学校教育超过 16 年的企业家所占百分比	60.0	52.7	67.6
过去的工作经历年数			
#服装贸易	8.0	9.4	4.6
#服装生产	4.2	8.4	5.4
现有企业的经营年数	9.8	7.9	5.3

---

① 外资商行中，两家来自于韩国，一家来自于斯里兰卡，一家来自于印度，一家来自于意大利。

② 园部哲史和大冢启二郎（2006）所做的关于东亚服装行业、家用电器行业、机床行业以及摩托车行业的案例研究指出，他们的受教育程度比他们的同龄人更高。

表 8.4 还提供了服装行业企业家工作经历的数据。服装贸易年数衡量的是，企业家在创立现有企业之前，作为服装商行的所有者或雇员、纱线或布料贸易商或者是在服装厂营销部门工作的经验。正如在第 1 章假设 1 所论述的那样，过去从事服装贸易的经验似乎对企业家的管理型人力资本至关重要。服装生产年限衡量的是，企业家在创立现有企业之前作为服装厂的所有者或雇员的工作经验。由于当前的企业主就是该企业的创办人，所以企业主的经营年限就是企业的运营年限。与贸易商和 T 恤生产商相比，针织衫生产商在服装贸易和生产方面的经验较少，这是因为许多针织衫生产商是在其他行业获得成功或者从国外回国后才开始进入服装行业。尽管该表没有显示，但是在样本企业中，大约 30% 的贸易商曾经在由来自于印度、斯里兰卡和其他外国的贸易商所拥有及经营的商行工作过，而且大约 10% 的贸易商曾经在外资服装工厂工作过。

表 8.5 的样本企业中，7 名贸易商和 6 名针织品生产商，在国外培训机构接受过密集的培训。资助他们培训有三个来源：捐赠机构、雇主以及他们自己。一名贸易商在日本海外技术者研修协会（AOTS）的经费资助下，在日本接受了密集的培训。联合国开发计划署（UNDP）为三名针织品生产商在欧洲接受培训提供了资助。样本中的三名贸易商和两名针织品生产商，在受雇于外资企业期间在韩国和新加坡接受了密集的培训。其中有一名是在大宇接受培训的 130 名前德西工人中的一员。据他说，在德西公司招聘 130 名工人时，他们宣布了派遣工人去韩国受训的计划。尽管当时的知识青年普遍对制造部门的工作不感兴趣，但是这个计划吸引了包括他在内的大学毕业

生去德西公司工作。除了一家商行外，他现在还拥有和经营了几家梭织服装工厂。样本中的其余前受训人员自己花钱在中国大陆、中国台湾和斯里兰卡接受密集培训。在每个案例中，企业家都在创办自己的企业前接受过培训。

表 8.5　孟加拉服装集群中在国外受训过的企业家数量
以及他们在 2005 年的经营规模

	贸易部门		针织品生产部门	
	贸易商人数	平均出口额（100 万美元）	生产商人数	平均附加值（100 万美元）
受过培训	7	8.8	6	8.4
经费来源				
#捐赠机构	1		3	
#雇主	3		2	
#自身或同伴	3		1	
没有受过培训	33	4.0	86	5.1
总计	40	4.8	92	5.3

表 8.5 同时展示了 2005 年贸易商的平均出口额和针织品生产商的平均附加值。通常来说，一个企业的经营规模由附加值来衡量。然而，附加值的计算或者要求有销售收入、生产成本以及库存方面的数据，或者要求有利润、工资支付以及土地租金方面的数据。这两方面的数据都难以从贸易商处获得。因此，我们通过贸易商的出口额和针织品生产商的附加值来测量它们的经营规模。表 8.5 表明，受过培训的企业家的经营规模比没有受过培训的企业家的经营规模大得多。然而，企业家们受到的培训发生在很多年以前。那么，为什么受过培训的企业

家与没有受过培训的企业家之间在 2005 年的经营规模如此不同呢？我们将在下一节尝试回答这个问题。

183   表 8.6 提供了与假设 8 - 2 相关的数据。在交易开始时，生产商和买方交换样品。为了使外国买家相信他们能够生产出与买方所提供的样品完全一致的产品，他们为对方制作了样品。当生产商业务繁忙时，他们可能会请贸易商为它们制作样品。表 8.6 中的第一栏表明，大约三分之二的贸易商拥有制作样品的设备和人员，而样品的制作相对来说是一种知识密集型的行为。

表8.6 孟加拉服装集群中在选定年份提供额外服务的贸易商的百分比和通过贸易商获得的出口值的百分比

	（一）	（二）	（三）	（四）
	贸易部门		针织品生产部门	
	制作样品的贸易商的百分比	重新设计方案的百分比	通过贸易商获得的收入的百分比	没有营销人员的生产商的百分比
1998	67.7	22.6	43.8	39.4
2002	64.9	20.0	50.3	13.5
2005	75.0	28.8	41.4	6.5

  第二栏与样品的重新设计有关。在这种买方驱动型的服装产业，所有产品的设计来自于外国买家。然而，在生产开始后，结果人们发现对原始设计进行修改能使产品更具有吸引力，或者使得在更短时间内生产更多的产品变得更加容易。有时候，外国买家允许生产商修改设计。然而，在孟加拉，很少有生产商具有重新设计产品方案的能力。相反，一些贸易商能够做到这一点。根据表 8.6，贸易商为它们所经营的超过 20%

的产品修改了设计方案。这是知识密集型服务的一个明显的例子。

衡量生产商对贸易商中介作用的依赖程度的一个合理指标，是通过贸易商出口商品价值的百分比。针织衫生产商中的这个百分比要高于 T 恤生产商。但是在两个部门中，这个比例既没有明显的上升，也没有明显的下降（见表 8.7）。然而，该产业的非中介化获得了明显的进展；如表 8.6 第四列所示，没有雇用任何市场营销人员而是完全依赖于贸易商的生产商的比例从 39.4% 下降到了 6.5%。

表 8.7　孟加拉服装产业贸易商和针织品生产商的
新战略及其经营规模

	（一）	（二）	（三）	（四）	（五）
	贸易商		针织品生产商		
	经营工厂 （%）	平均出口额 （100 万美元）	具有国际认证 （%）	雇用外国专家 （%）	平均附加值 （100 万美元）
1998	29.6	3.6	9.1	6.1	3.0
2002	39.8	3.5	45.9	12.2	3.3
2005	57.5	4.8	54.3	20.6	5.3

贸易商对于非中介化的回应是直接进入服装生产领域。根据表 8.7 第一栏，到 2005 年为止，有超过半数的贸易商进入了服装生产领域。根据我们对这些贸易商的采访，他们通过自己的商行出口他们的产品，并且几乎所有人都继续为生产商提供贸易服务。在 2005 年，这些贸易商的平均经营规模增长到了 480 万美元。在下一节，我们将描述那些进入生产领域的贸

易商的特点，并研究它们进入生产领域是否有助于经营规模的扩大。

对于行为准则的遵守程度是很难测量的。相反，表 8.7 第三栏表明，为了赢得国际买家的青睐，越来越多的生产商获得了诸如国际标准化组织（ISO）之类的国际审查机构的认证。根据第四栏，越来越多的生产商雇用了外国专家，这一点与我们对企业家的采访结果相符。第五栏表明，尽管由于新进入者往往比在位企业的平均经营规模要小，从而降低了平均规模，但是在配额逐步淘汰期间，企业规模大幅度地扩大了。

8.3 估计方法和结果

8.3.1 模型设定

为了检验假设 8-1，我们首先估计了一个简化型的回归方程。方程的左边是贸易商或生产商的经营规模，右边是它们的培训经历、教育背景以及其他特征。为了估计雇用外国专家对生产商附加值的影响，我们使用了工具变量法或者两阶段最小二乘法，这是因为雇用决定极有可能是内生性的。由于知识的溢出效应，培训的影响往往会随着时间的推移而减弱。因此，我们加入了一个交互项，即，培训虚拟变量乘以从接受过培训后所经历的年数。培训的影响也许会受到受训者教育水平的影响。为了弄清楚这一点，我们加入了另一个交互项。这个交互项是培训虚拟变量和教育变量的乘积。

为了检验假设 8-2，我们运行了三个简化型的回归方程。

这些方程解释了（1）样品制造；（2）贸易商所进行的方案的重新设计；（3）生产商通过贸易商间接出口的倾向。由于样品制造方面的数据是二分的，所以样品制造函数使用的是 Probit 模型。因为重新设计方案和间接出口百分比这两种变量方面的数据在 0 和 1 之间，所以它们的函数采用的是双限制的 Tobit 模型。

假设 8-3 部分是通过解释经营规模的简化型函数的估计得以检验，它也被用于检验假设 8-1。同样地，因为出口商直接出口倾向是 1 减去通过贸易商间接出口的倾向，所以当我们检验假设 8-2 时，同时估计了教育对于出口商直接出口倾向的影响。如前面章节所提到的，样本中的贸易商毫无例外地接受了 14 或 16 年的教育。尽管样本中的生产商的教育程度变化更多一些，但是绝大多数的生产商受了 14 或 16 年的教育。因此，为了表示不同的教育水平，我们采用了更高的教育虚拟变量。这个虚拟变量用 1 表示那些受过 16 年或更长时间教育的人，用 0 表示其他人。

由于雇用外国专家的数据是二分的，所以我们通过运用 Probit 回归模型来估计生产商的教育程度对于雇用外国专家的影响。这个回归作为对生产商经营规模的两阶段最小二乘法回归的第一阶段。在这个两阶段最小二乘法回归模型中，我们把直接出口倾向作为右边的内生变量列入其中。对于贸易商，我们也运用两阶段最小二乘法回归分析来估计他们进入制造领域以及重新设计方案对它们的出口收入所造成的影响。①

186

我们有五个不同年份的观察数据，但是所有的外生变量都是非时变性的。因此，在此我们不考虑回归模型中的面板数据设定。尽管本文中没有显示，但是我们是分别对不同的年份进行了回归分析。在样本的最初年份，由于样本规模较小，对我们感兴趣的效应的估计往往并不稳定，并且没有统计显著性。然而，不管年份如何，其结果在性质上没有变化。从 2002、2004 和 2005 年样本中所获得的估计结果是稳定的。因此，我们混合了来自不同年份的数据，并且为了控制时间效应，使用了年份虚拟变量。对于生产商样本，我们把 T 恤生产商和针织衫生产商的数据混合起来，这是因为我们从分别处理的回归分析中获得了相似的结果。莫塔莱伯（2007）报告了这些独立的回归分析的结果。

8.3.2 估计结果

表 8.8 显示了简化型函数的评估结果。这些简化型函数解释了贸易商的出口额和生产商的附加值。与假设 8-1 相一致，培训虚拟变量对贸易商的出口额产生了正向且高度显著的影

① 在这些两阶段最小二乘法的回归分析中，几乎不可能预测哪些外生变量是工具变量。因此，我们基于两个标准来选择工具变量。一个标准是它们在第一阶段必须对内生变量具有显著影响。有效的工具变量的另一个标准是在第二阶段回归中，它们对因变量没有直接影响。这些标准通过第一阶段的 F 检验和过度识别检验来检测。除了普通的两阶段最小二乘法外，我们同时也采用了工具变量广义矩方法（IVGMM）。从统计上看，工具变量广义矩方法在存在异方差是是一个在统计上更有效的估计方法。

响。培训虚拟变量与自培训以来的年数的交互项并没有产生影响。这意味着，部分培训难以溢出到别的贸易商，或者说受过培训的贸易商能够与模仿者一样能获得快速增长。由于多重共线性的问题，我们试图把另一个交互项——培训虚拟变量和更高教育虚拟变量的乘积——加入回归模型的做法失败了。根据我们的采访，受过培训的贸易商同时也受过更好的教育，这只是因为培训是用英语进行的。

表8.8　孟加拉服装集群中贸易商和针织品生产商的
经营规模的影响因素

	（一）	（二）	（三）	（四）	（五）
	贸易商		针织品生产商		
	In（出口额）		In（附加值）		
更高教育（虚拟）	0.09 (0.47)	0.08 (0.41)	0.53** (3.51)	0.53** (3.49)	0.47** (3.07)
培训（虚拟）	0.77** (4.42)	0.73** (3.20)	0.14 (0.61)	0.26 (0.80)	0.42* (1.99)
培训虚拟变量 * 自培训以来年数		0.00 (0.20)		−0.01 (−0.52)	
年龄	−0.05* (−2.37)	−0.05* (−2.34)	0.003 (0.33)	0.003 (0.37)	0.003 (0.32)
过去从事服装生产经历的年数	0.03 (1.49)	0.03 (1.19)	0.05** (4.91)	0.05** (4.97)	
过去从事服装营销经历的年数	0.03 (1.07)	0.03 (1.05)	0.02** (3.23)	0.02** (3.24)	0.01 (1.40)
经营年数	0.13** (5.58)	0.13** (5.42)	0.10** (8.22)	0.10** (8.28)	0.10** (8.57)
外资企业经历（虚拟）	0.15 (0.81)	0.14 (0.80)			

续表 8.8

	（一）	（二）	（三）	（四）	（五）
	贸易商		针织品生产商		
	ln（出口额）		ln（附加值）		
外资所有权（虚拟）	0.80** (3.84)	0.79** (3.79)			
针织衫生产商（虚拟）		0.82** (6.60)	0.83** (6.54)	0.74** (5.79)	
达卡地区（虚拟）		-0.21 (-1.59)	-0.20 (-1.51)	-0.22 (1.56)	
核心地区（虚拟）	0.36* (1.86)	0.35* (1.85)			
2000 年（虚拟）	0.09 (0.31)	0.08 (0.30)	-0.23 (-0.87)	-0.22 (-0.85)	-0.22 (-0.86)
2002 年虚拟变量	0.07 (0.21)	0.06 (0.19)	-0.23 (-0.92)	-0.22 (-0.89)	-0.21 (-0.83)
2004 年（虚拟）	0.20 (0.64)	0.19 (0.60)	-0.10 (-0.49)	-0.10 (-0.44)	-0.12 (-0.51)
2005 年（虚拟）	0.28 (0.87)	0.27 (0.82)	0.16 (0.77)	0.17 (0.81)	0.15 (0.66)
常数项	14.7** (21.3)	14.7** (20.0)	13.00** (34.0)	12.97** (32.8)	13.28** (33.3)
R^2	0.40	0.40	0.30	0.31	0.26

注：从一到三中的样本规模为 176，四到五栏中样本规模为 341。括号中的数值为 t 检验值。** 表示 $p < 0.01$，* 表示 $p < 0.05$。

从第三栏至第五栏，更高教育的影响是正向的且非常显著，这与假设 8-3 相一致。然而，培训虚拟变量对生产商的经营规模并没有产生显著的影响。其原因可能是培训与过去从事服装生产经历的年数之间的多重共线性所致。如第五栏所示，如果把后者从回归分析中剔除，那么培训的影响就会变成正向且显著。如果同时把过去从事服装营销经历的年数也剔除，那么培训的影响甚至会变得更加明显。获得这些结果的原因是，与没有受过培训的企业家相比，受过培训的企业家作为服装工厂或商行的雇员的工作经历时间更长。总的来说，对培训所产生的影响的估计，有力地支持了假设 8-1。

对贸易商和生产商来说，决定它们经营规模大小的一个非常重要的因素是经营年数。其原因部分在于，当企业家把利润再次投资于生产时，其经营规模扩大了；部分是因为他们通过边干边学，随着时间的推移积累了专业知识。在企业经营年数既定的情况下，年轻的贸易商往往比年长的贸易商的经营规模更大，但是在生产商中却没有这种趋势。外资所有权虚拟变量表明的是该贸易商是否来自国外。这个变量对经营规模所产生的正向且非常显著的影响支持了这样一种观点，即对于孟加拉的贸易商来说，它们仍然需要向发达国家的贸易商学习。

针织衫生产商虚拟变量的正向影响表明，即使针织衫生产商和 T 恤生产商的教育背景、培训经历以及工作经历相同，前者也往往比后者具有更大的经营规模。核心地区虚拟变量的影响基本显著，这表明坐落于达卡的核心地带对于贸易商来说具有优势，或者说只有高效益的贸易商才能够驻留在核心地区。即使这个虚拟变量剔除在回归分析之外，对经营规模函数的估计也几乎保持不变。

表 8.9 显示了样品制造、方案的重新设计以及依赖于贸易商中介作用的间接出口的简化型回归分析的结果。培训虚拟变

量对于第一栏和第三栏中的样品制造和方案的重新设计具有正向且非常显著的影响。而对第五栏的间接出口具有负向且显著的影响。这些结果有力地支持了假设8－2。与培训虚拟变量一样，经营年限对于贸易商的样品制造和方案的重新设计具有正向的且非常显著的影响，而对通过贸易商所进行的间接出口具有负向且显著的影响。此外，在第五栏和第六栏，过去从事服装营销经历的年数具有负向且显著的影响。因此，受过培训的生产商和具有贸易经历的生产商能够免去与贸易商的交易。

表8.9　孟加拉服装集群中贸易商的样品制造和重新设计方案以及
针织品生产商对于中间商依赖程度的影响因素

估计方法	Probit 模型		双限制 Tobit 模型			
	（一）	（二）	（三）	（四）	（五）	（六）
	贸易部门				针织品部门	
	样品制造		重新设计方案的比例		通过贸易商的出口	
更高教育 （虚拟）	0.19 (0.82)	－0.05 (－0.19)	－0.14 (－1.58)	－0.02 (－0.23)	－0.53** (－5.98)	－0.53** (5.98)
培训（虚拟）	1.53** (3.72)	0.41 (1.04)	0.63** (4.93)	0.85** (5.97)	－0.39* (－2.35)	－0.04 (－0.12)
培训虚拟变量 * 自培训以来的年数		0.14** (3.55)		－0.04** (－3.19)		－0.04 (－1.13)
年龄	－0.05* (－1.93)	－0.06* (－2.31)	－0.01 (－1.30)	－0.01 (－0.65)	－0.001 (－0.28)	－0.00 (0.46)
过去从事服装生产经历的年数	－0.06 (－1.68)	－0.11** (－2.56)	－0.01 (－0.92)	0.01 (0.53)	－0.003 (－0.34)	0.00 (－0.11)

续表 8.9

估计方法	Probit 模型		双限制 Tobit 模型			
	（一）	（二）	（三）	（四）	（五）	（六）
	贸易部门				针织品部门	
	样品制造		重新设计方案的比例		通过贸易商的出口	
过去从事服装营销经历的年数	0.02 (0.63)	0.02 (0.49)	0.02 (0.85)	0.02 (0.97)	−0.02** (−3.18)	−0.02** (−2.56)
经营年数	0.12** (4.27)	0.14** (4.71)	0.04** (3.21)	0.03** (2.63)	−0.06** (−6.84)	0.06 (−6.75)
外资企业经历（虚拟）	−0.66** (−2.49)	−0.72** (−2.69)	0.42** (3.84)	0.43** (4.26)		
外资所有权（虚拟）	0.46 (1.17)	0.46 (1.17)	1.74** (8.02)	1.70** (8.38)		
左删截的观察数			107	107	83	83
未删截的观察数			50	50	144	144
右删截的观察数			19	19	114	114

注：每个回归函数都包含一个截距项、四个年份虚拟变量以及核心地区虚拟变量或者达卡地区虚拟变量。第七栏和第八栏还包含了一个产品虚拟变量以区分 T 恤生产商和针织衫生产商。从第一到第六栏的样本规模为 176，第七栏和第八栏的样本规模为 341。① 括号里的数值为 z 统计值。** 表示 p < 0.01，* 表示 p < 0.05。

在表 8.9 的第二栏，培训虚拟变量的影响被交互项所吸

---

① 不过，作者并未在原文的表 8.9 中报告第七和八栏的统计结果。——译者注

收；并且如果把交互项包括在内，那么过去从事服装生产经历的负向影响增强了。虽然很难解释这些结果，但它们很可能是过去的经历年数与自培训以来的年数二者之间的相关关系导致的。在第四栏，培训虚拟变量和自培训以来的年数之间的交互项，对方案的重新设计有着负向且显著的影响。这意味着随着时间的推移，相对于没有受过培训的人员，受训者的培训效应降低了，而且这个交互项的加入增大了对于培训效应的正向估计。然而请注意，如第三栏所示，培训对于提供重新设计方案服务的总体效应是正向的。这些结果表明，虽然存在着知识溢出效应，但是由于培训所导致的提供服务方面的差异持续了许多年。

外资企业经历虚拟变量的系数表明，那些曾在外资商行或外资工厂工作过的贸易商不是制造样品而是重新设计方案。如第三栏和第四栏所示，外资所有权虚拟变量对方案的重新设计所发挥的极大影响反映了来自韩国、斯里兰卡、印度和意大利的贸易商具有提供知识密集型服务的出色能力。总的说来，表8.9中所显示的结果支持了我们的观点，即不仅通过溢出效应，而且通过知识密集型服务的交易，贸易商从发达国家获得的先进知识为那些没有培训经历的生产商带来了好处。

表8.10报告了研究贸易商自己进行服装生产及其贸易业务的经营规模的影响因素的回归分析结果。更高教育虚拟变量对它们自行生产具有正向且显著的影响，这一点部分地支持了假设8-3。不仅是那些受过更高教育的贸易商，而且包括受过培训的、有经验的贸易商都更容易进入制造领域。如表8.9所示，加入培训虚拟变量和自培训以来年数之间交互项降低了

培训虚拟变量以及过去在生产部门和营销部门的工作经历的影响。外资企业经历虚拟变量和外资所有权虚拟变量都对贸易商自行生产产生了负向且非常显著的影响。尽管我们不能确定为什么真的存在这种现象，但是那些拥有国际经验的贸易商所具有的更强的专业知识可能会激励他们把重心放在贸易方面。

表 8.10　孟加拉服装集群中贸易商自行生产和出口的影响因素

估计方法	（一）	（二）	（三）	（四）
	自己生产		ln 出口额	
	Probit	Probit	2SLS	GMM
更高教育（虚拟）	0.49* (1.94)	0.34 (1.32)		
培训（虚拟）	0.79** (2.47)	-0.10 (-0.22)		
培训虚拟变量＊自培训以来的年数		0.12** (3.22)		
年龄	-0.02 (-1.04)	-0.03 (-1.44)		
过去从事服装生产经历的年数	0.12** (3.31)	0.08** (1.87)		
过去从事服装营销经历的年数	0.08* (2.22)	0.07* (1.92)		
经营年数	0.05 (1.57)	0.06* (1.89)	0.07* (2.85)	0.07* (3.06)
外资企业经历（虚拟）	-0.86** (-2.96)	-0.92** (-3.05)		
外资所有权（虚拟）	-1.40** (-3.50)	-1.50** (-3.63)		

续表 8.10

估计方法	（一）	（二）	（三）	（四）
	自己生产		ln 出口额	
	Probit	Probit	2SLS	GMM
核心地区（虚拟）	0.82** (2.72)	0.79** (2.54)		
自行生产 （使用工具变量）	1.42** (2.84)	1.43** (3.15)		
样品制造 （使用工具变量）	-0.03 (-0.06)	-0.20 (-0.47)		
方案的重新设计 （使用工具变量）	0.07** (2.85)	0.07** (3.06)		
2000 年（虚拟）	0.09 (0.27)	0.01 (0.04)	0.03 (0.09)	0.07 (0.24)
2002 年（虚拟）	0.31 (0.88)	0.20 (0.54)	-0.10 (-0.29)	-0.05 (-0.18)
2004 年（虚拟）	0.48 (1.27)	0.34 (0.88)	-0.10 (-0.29)	-0.04 (-0.13)
2005 年（虚拟）	0.92* (2.31)	0.78* (1.94)	-0.31 (-0.86)	-0.22 (-0.68)
常数项	-0.78 (-0.90)	-0.13 (-0.15)	13.1* (40.7)	13.2* (45.6)
R^2	0.19	0.22		

注：工具变量是指除了经营年数和年份虚拟变量之外的解释变量。对这些工具变量对自行生产的影响的联合显著性的 F 统计量为 4.94，对样品制造的影响的联合显著性的 F 统计量为 4.57，对重新设计方案的影响的联合显著性的 F 统计量为 20.81。对于两阶段最小二乘法的过度识别检验的卡方值为 2.9，对于广义矩方法的过度识别检验的卡方值为 2.2。观察数为 176。括号里的数值为 z 统计量或 t 统计量。** 表示 $p < 0.01$，* 表示 $p < 0.05$。

表 8.10 的第三栏和第四栏分别报告了使用两阶段最小二乘法和广义矩方法对出口额函数的估计结果。[①] 如我们所料，自行生产和方案的重新设计对出口额具有正向且非常显著的影响。然而，可能因为大多数贸易商都能提供足够的样品制造服务，样品制造的影响是不显著的。出口额随着经营年数的增加而增长，这意味着在商行工作的经历的重要性。根据过度识别检验的结果，一旦对自行生产和重新设计方案的影响进行控制，那么和其他外生变量一样，教育和培训也不会对出口额产生显著的影响。这些结果表明，它们对于出口额的正向且显著的影响间接来自于自行生产和方案的重新设计，如表 8.8 所示。

表 8.11 显示了对研究生产商雇用外国专家和附加值的影响因素进行回归分析的结果。我们可以从中得到几个重要的观察。首先，即使培训的影响看起来随着时间的推移而减弱，但是更等教育和培训经历都会导致更频繁地雇用外国专家。这些研究结果与假设 8 - 1 和 8 - 3 相符。其次，在服装生产、服装营销以及生产商经营自己公司方面的经历都影响了外国专家的雇用，这些结果意味着通过这些经历所获得的知识是对由外国专家提供的知识的一种补充。第三，根据最后两栏，这三种经历变量也对附加值具有正向且显著的影响。第四，针织衫生产商雇用了更多的外国专家，这可能是因为这个部门比 T 恤部门更新，且发展得更快。第五，被预测的外国专家虚拟变量和

193

---

① 这两个种方法的结果非常相似，这表明异方差并不严重。所采用的工具变量都是外生变量而不是经营年数和年份虚拟变量。

直接出口收入的比例对附加值有着正向且显著的影响，这显示了雇用外国专家和直接出口在提高管理效率方面的重要性。这些研究结果再次与假设 8 - 1 和 8 - 3 相符。

表 8.11　孟加拉服装集群中针织品生产商雇用
外国专家和附加值的影响因素

	外国专家的雇用		ln 附加值	
	Probit	Probit	2SLS	GMM
更高教育（虚拟）	0.84 ** (3.36)	0.85 ** (3.23)		
培训（虚拟）	0.92 ** (3.04)	2.69 ** (5.78)		
培训虚拟变量 * 自培训以来的年数		- 0.17 ** (- 4.96)		
年龄	0.01 (0.48)	0.01 (1.06)		
过去从事服装生产经历的年数	0.03 * (1.90)	0.05 ** (3.03)	0.04 ** (3.51)	0.04 ** (4.06)
过去从事服装营销经历的年数	0.03 * (2.13)	0.04 * (2.50)	0.01 (1.40)	0.02 ** (2.47)
经营年数	0.05 * (2.39)	0.05 * (2.26)	0.07 ** (4.84)	0.08 ** (5.28)
达卡地区（虚拟）	- 0.25 (- 1.06)	- 0.12 (- 0.52)		
针织衫生产商（虚拟）	1.05 ** (4.00)	1.27 ** (4.32)	0.36 * (2.08)	0.42 ** (2.55)
外国专家的雇用（使用工具变量）			1.02 * (1.98)	1.12 * (2.18)
直接出口占销售收入的比例（使用工具变量）			0.72 * (1.87)	0.68 * (1.82)

续表 8.11

	外国专家的雇用		ln 附加值	
	Probit	Probit	2SLS	GMM
2000 年（虚拟）	0.09 (0.20)	0.23 (0.45)	-0.19 (-0.73)	-0.25 (-0.97)
2002 年（虚拟）	0.34 (0.83)	0.65 (1.31)	-0.21 (-0.86)	-0.25 (-1.05)
2004 年（虚拟）	0.38 (0.95)	0.71 (1.47)	-0.11 (-0.53)	-0.11 (-0.52)
2005 年（虚拟）	0.68* (1.74)	1.03* (2.16)	0.09 (0.44)	0.12 (0.58)
常数项	-3.45** (-5.47)	-4.37** (-5.91)	13.28** (54.4)	13.14** (34.8)

注：工具变量是指更高教育虚拟变量、培训虚拟变量、培训虚拟变量*自培训以来的年数、年龄以及达卡地区虚拟变量。它们对雇用外国专家的影响的联合显著性的 F 统计量为 50.42，对直接出口比例的影响的联合显著性的 F 统计量为 13.74。对于两阶段最小二乘法，过度识别检验的卡方值为 5.6；对于广义矩方法，过度识别检验的卡方值为 5.2。观察数为 341。括号里的数值为 t 检验值。** 表示 $p<0.01$，* 表示 $p<0.05$。

8.4 总结性评论

本章以孟加拉迅速增长的服装产业为例，探讨了发展中国家产业发展取得成功的过程。这个案例看起来与东亚产业发展的成功进程十分不同。以往对东亚案例的研究表明，产业的发展以生产低质量的、模仿进口的产品开始；直到受过更高教育的生产商主动引进生产、营销和管理方面的新知识，以回应因生产低质量产品所带来的日趋下降的盈利为止，它们才终止生

247

产低质量的产品（园部哲史和 Otsuba，2006）。东亚许多产业在这种转型中获得了成功，而非洲的许多产业却失败了。与这两种情况不同，孟加拉服装产业甚至在生产商的数量激增前就已经为发达国家的市场生产服装，并且一直在不断地提高产品质量和生产效率。

然而，东亚案例和孟加拉案例都具有相同的成功发展的载体。与第 1 章提出的假设 1 至 3 相一致，其关键在于那些具有贸易经验、受过更高教育的企业家对于从发达国家获得的先进知识的吸收。对东亚和非洲的产业发展的以往研究——包括第二章到第七章中所提到的案例——已经证明，当国际知识转移开始时，企业家的管理型人力资本起着重要作用。然而，以往这些研究未能为从发达国家转移过来的先进知识的重要性提供直接证据。本章的分析清晰地表明，这两个因素都是重要的。此外，研究结果表明，在长期过程中，通过知识溢出和生产商与贸易商之间的劳动分工，大量的企业能够获得先进的知识。本次研究的这些发现有力地支持了以下观点：以一种持续的方式为企业家提供传授技术、营销和管理方面的培训项目对于促进发展中国家的产业发展来说是至关重要的。

9 埃塞俄比亚：促进措施无法奏效的出口导向型服装产业

2000 年，美国特惠贸易政策《非洲的增长与机会法案》 195
(AGOA) 正式签署为法律。该法案允许撒哈拉以南非洲地区
使用第三国布料作为投入品的服装产业以零关税、无配额的方
式进入美国市场。这个机会与 1980 年前后给予孟加拉服装产
业的机会非常类似，当时《多种纤维协定》限制了韩国和其
他东亚服装制造商的出口。为了应对《多种纤维协定》的出
口限制，许多东亚服装制造商跟在大宇集团后面，将技术转移
到孟加拉并在那里直接投资。如前章所述，孟加拉商人和政府
充分利用这个新的机遇，将他们的服装产业发展成为世界服装
主要出口国之一，也使该产业成为了他们本国最最重要的产
业。孟加拉的成功能在撒哈拉以南非洲地区复制吗？

根据美国国际贸易委员会（USITC, 2007）的统计，从
2001 年到 2005 年，撒哈拉以南非洲地区出口额的大幅增长主
要表现在与能源相关的产品、矿物质和金属以及农业产品的生
产部门。但同期四年，非洲服装出口额增加了 13%，而世界
服装出口额却增加 31%。促进非洲服装出口的因素有两方面：

一是关税的特惠待遇和贸易协议，比如，《科托努协定》（即《非加太地区国家与欧共体及其成员国伙伴关系协定》）、《非洲的增长与机会法案》和美国从中国进口服装制品的配额；二是政府促进服装产业的政策，比如发展工业园区和出口加工区。为什么有了这么多的有利条件，非洲的服装出口增长率却还是如此之低呢？

196

为了回答上述问题，本章对埃塞俄比亚亚的斯亚贝巴服装产业的近期发展，作了一些调查研究。这个国家之所以值得特别关注，有几个原因。在撒哈拉以南非洲地区，埃塞俄比亚的人口占第二位，其收入却是最低的国家之一。在美国国际贸易委员会 2007 年挑中的 6 个撒哈拉以南非洲国家里面，埃塞俄比亚 2001 年的服装出口额是最小的。为了充分利用《非洲的增长与机会法案》提供的机遇，埃塞俄比亚政府制定了各种措施，支持出口导向型服装企业。① 埃塞俄比亚的服装出口额，从 2001 年的 66 万美元增长到 2005 年的 474 万美元，增长率为 624%。但疑问是：高增长反映的是这个国家在服装生产方面未被利用的相对优势，因为政府的优惠政策而终于得到开发，还是因为其初始水平低到几乎可以忽略，才出现如此的高增长？

本章采用了 2007 年从亚的斯亚贝巴服装产业收集的企业数据。这些数据囊括了该市所有的出口导向型服装生产商和其他满足本地需求的成衣产商以及随机选取的当地裁缝。一个主要的发现是，出口导向型服装企业的劳动生产率，比其他成衣

---

① 2001 年 8 月，埃塞俄比亚成为了服装条款受益国。

（ready-to-wear，RTW）服装企业要低得多，甚至比裁缝的劳动生产率还要稍微低一些，而后者的生产远非是资本密集型的。出口导向型服装企业，好像并没有积极地从国外获得关于生产、营销、采购和管理方面的专业知识。比起其他类型的服装生产者，出口导向型企业不仅劳动生产率要低一些，而且其增长情况也要差一些。这些观察表明，政府的支持措施并没有帮助出口导向型企业快速发展，这与1980年代孟加拉的情况不一样。

本章其余部分安排如下：描述了政府给服装产业提供的支持以后，9.1节提出了可以检验的假设；9.2节考察了根据企业类型而选择的样本企业的特征，而紧随其后的9.3节提供了回归分析的结果；9.4节比较了埃塞俄比亚和孟加拉两个案例，寻找是什么原因让两国的出口导向型服装产业，在经历初始发展阶段之后，走上如此不同的增长之路。

9.1 产业促进政策和可检验的假设

正如前章所述，出口服装市场是由总部设在北美和西欧的大型零售、批发或者制造公司等国际买家所控制。它们把服装生产订单发给劳动力低廉的发展中国家的销售商或供应商。两者之间外包合同上的参数都是由国际买家设定。在20世纪60和70年代，为数不多的一些亚洲和拉美的发展中国家能满足他们的要求，为他们廉价生产服装（杰里夫，1999）。在20世纪80至90年代，国际买家将它们的供应来源分散到其他一些发展中国家，如菲律宾、孟加拉和越南。一些国家在经历了

197

由计划经济到市场经济的蜕变、放宽了外贸和资金流通限制并改善了治理方式后，成为全球价值（或者商品）链上的新成员。其结果是，不同发展中国家的生产商之间的竞争开始白热化，而国际买家就在价格、交货时间和产品质量上变得更加吹毛求疵。

在全球价值链的体系中，发展中国家的生产商必须按照国际买家的要求履行一系列逐步升级的功能阶梯。供应商的功能水平，从仅仅按照来样缝制进口布料，到负责布料来源并修改来样，到自行设计产品，到用自己的品牌销售产品，一级一级往上提升（施米茨和昆宁，2000）。发展中国家生产商为国际买家生产的产品，其质量也存在一个逐步升级的过程。生产商通过积累经营者的管理型人力资本和员工的技术能力，来攀升这个阶梯。在全球价值链的早期，国际买家为了使发展中国家的生产商能够攀升阶梯，为它们提供了大量的支持（杰里夫，1999）。但是近些年来，国际买家没有和需要它们帮助的生产商合作过。不用说，运行在阶梯底端的是竞争残酷的生意，在全世界有成千上万的潜在竞争者。要想获利，发展中国家的生产商必须具备提高了的管理型人力资本和技术能力，才能获得一点点准租金（quasi-rents）。

埃塞俄比亚政府非常急切地希望能实现出口导向型的工业化。① 服装生产属于劳动密集型产业，而埃塞俄比亚又有充分的劳动力，因此，该国政府把出口导向型服装产业当作值得政

---

① 本段落内容基于我们于 2007 年 11 月 7 日在贸易工业部对其纺织品及皮革工业局所进行的访谈。

府支持的主要产业之一，就显得理所当然。所以，《非洲的增 198
长与机会法案》一通过，埃塞俄比亚政府就决定充分利用法
案提供的机遇，给出口导向型服装企业提供各种鼓励方案，例
如：（一）特惠信贷，超长的宽限期（3 年），超长的偿还期
（15 年），贷款利率也低于市场利率；（二）提供出口信用以
保证最高能够贷到与前一年出口利润相当的金额而无需抵押担
保品；（三）特惠土地供应；（四）进口机器（包括二手机
器）都免除关税；（五）对于出口商品所需的中间设备的购
买，关税 100% 退回；（六）对于雇用外国专家来培训工人的，
都提供补贴。这里有两点值得注意。第一，政府试图大力促进
出口导向型服装产业的发展。第二，政策的要点是提供财政鼓
励，而非关注管理型人力资本和产业所需技能的提升。

按照原计划，这些鼓励措施的受益者应该是那些有能力向
发达国家市场输出服装产品的服装制造商。但是，政策颁布之
时，这样的企业却并不存在。虽然埃塞俄比亚的服装制造商也
曾小规模地向邻国出口过它们的产品，甚至有可能通过别的渠
道向发达国家市场出口过服装，却还没有一个制造商能够进入
过覆盖欧美市场的全球价值链。不仅如此，从整体上来讲，埃
塞俄比亚的制造业很少向外国市场输出过产品，工厂系统的批
量生产也罕见。制造业工人的技能非常有限，对产品质量、效
率和守时的重要性也知之甚少，经理们对管理这样的工人也没
有专长。简而言之，出口导向型服装产业所需的技能、制造领
域里的技工、国际营销的专业知识以及管理型人力资本，在这
个国家少之又少。在这样的情形下，当然不能保证政府能挑选
到有潜力促进出口的企业。

253

　　李嘉图的国际贸易模型认为，一个可进行贸易的好产业，如果其劳动生产率、产品质量相对于工资水平和产品的国际价格而言太低的话，没有政府的支持是不能生存发展的。也许，出口导向型服装企业为了进入国际市场并在国际市场中发展，需要政府的支持。出口企业得到支持的初始阶段，它们的劳动生产率可能低于满足国内市场的服装企业的劳动生产率，因为后者有进口产品的竞争压力。由此提出的一个主要的问题是，政府的支持能否帮助企业成为可以生存发展的出口商？

　　我们对这个问题的回答是否定的。其原因可以归纳为三点：第一，提高生产率所获得的赢利并不能完全让投资者得到。经理们和工程师们可能被送到国外学习掌握先进的管理方式和技术，但是他们可能在为企业的利润做出贡献之前就辞了职。邀请外国专家培训埃塞俄比亚经理和工人的成果，可能因为受训经理和工人的跳槽或者被人挖走而烟消云散。这可能就是为什么政府给出口导向型企业雇用外国专家、训练工人提供补贴的原因。但是，从我们的观察来看，服装企业只雇用了非常少量的外国人。第二，就算没有挖墙角或者投资赢利的侵蚀，这种投资的短期赢利也是很低的。在国际服装产业质量阶梯和功能阶梯的底端，制造商之间的竞争是非常残酷的，埃塞俄比亚的低薪也帮不上太大的忙，因为还有其他低薪国家的存在。要想有高回报或者获取准租金，投资者必须在管理型和技术型人力资本上进行长期的或者大规模的投资。第三，如果服装产业的确低于预期利润，那么投资者可能会在政府愿意帮助发展出口导向型产业的政策上获利。就是说，寻求更多的支持可能获利更多（巴格沃蒂，1982）。从这些考虑来看，下面的假设应该是合理的：

假设 9 - 1：出口方面缺乏专业知识的企业，为了生存而接受补贴，结果比没有接受补贴的企业的劳动生产率更低。

如果生存补贴扭曲了出口导向型企业发展的动力，那么其经营者的管理型人力资本对于企业绩效的意义不大。如果对特定类型生意的专业知识短缺，那么这个短缺应通过对企业经理或者核心人员的人力资本投资加以补偿。在这种情况下，经营者的人力资本应该是管理效率和其企业获取所需专业知识的速度的决定因素。但是，就埃塞俄比亚出口导向型服装产业的情形而言，这个论点却站不住脚。这是因为企业经理或所有者学习、发展的动力可能被扭曲了，寻求租金比在无需政府支持的条件下通过企业经营实现利润最大化来得更重要。由此，我们可提出下列假设：

假设 9 - 2：在没有得到补贴的部门，拥有受过更多教育的管理者的企业，其劳动生产率往往更高，雇员规模更大。而在得到补贴的出口导向型部门，生产效率与管理者的教育程度可能关联不大。

虽然埃塞俄比亚的服装产业在批量生产质量达到出口水平、可在国际市场上销售的产品方面没有丰富的经验，但是在获取国际原料方面则有专长，因为它们的布料和许多其他原料一向依赖于进口。如果服装企业经营者有过作为原料进口商的经验，则可以帮助他低价获取原材料，即使这样的好处在享有补贴的部门可能会因为被扭曲的激励而减少。因此，我们提出另一个可以检验的假设：

假设 9 - 3：在没有得到补贴的部门，由有进口贸易经验的管理者所经营的企业，其劳动生产率往往更高，雇员规模往往更大；但在获得补贴的部门，其情形则不一定。

9.2 样本企业的特征

简单地说，埃塞俄比亚的服装产业和发展中国家的许多产业一样，拥有一个双层结构：现代化的大型工厂与传统的微型和小型企业（MSEs）并存。大型企业在工厂体制下生产西式成衣，出口导向型服装企业就属于这个范畴。像埃塞俄比亚的其他制造部门一样，大型的服装工厂在 20 世纪 70 年代和 80 年代的社会主义政权下一度被收归国有，之后又被私有化，有些至今还在私有化进程中。这些服装工厂在雇员规模和生产规模方面，仍然是服装企业中的领军者。它们生产线上的主要产品是军队、警察、学校和工厂的制服。学校很少有自己独特的校服，它们都跟别的学校一样穿同样的校服，而工厂的工作服在所有工厂和产业中就更加标准化了。因此，这种社会里的制服生产商，无需了解最新时尚。另外，作为社会主义经济的遗留产物，大型工厂经常忽略成本，也没有顾客至上是产品销售最重要的因素的概念。不难想象，要获取国际市场的竞争力，必须要花很大精力改造管理层和工人的态度。

埃塞俄比亚服装产业中典型的中小型企业是裁缝个体户。他们在自己商店里存放一卷一卷的布匹，在商店里为顾客量体裁衣。他们的顾客是相对富裕的城市居民。因此，裁缝们传统上集中在亚的斯亚贝巴的几个商业区。大多数裁缝原先都是裁缝店的雇员，他们一旦掌握了缝纫技术，就去开自己的裁缝店。从企业注册局获得的资料来看，由于商业区的房租较高，新的裁缝店已经渐渐开到亚的斯亚贝巴十个卫星城的六个里了。除了裁缝，埃塞俄比亚传统服装生产商和分包商也可以被视作中小型服装企业。不过，它们不在我们的研究之列，因为埃塞俄比亚的传统服装跟出口导向型服装企业的产品太不一样了。而且，那些生产者大多是分包商，它们经常在贸易商提供的房屋里运作，基本不能被称之为独立企业。

2007 年 6 月，我们跟埃塞俄比亚发展研究院合作，对在亚的斯亚贝巴营业的成衣厂和裁缝作了一次普查，因为据说该市是全国绝大多数服装企业的所在地。① 经过一番彻底的调查，我们找到了 35 家成衣企业和 677 个裁缝，并从 32 家成衣企业和随机抽选的 130 个裁缝那里获取了可靠的数据。如表 9.1 所示，我们将成衣企业分成三个组。第一组由 14 家出口导向型企业组成，截至 2007 年这些企业的平均年龄为 8.4 年。这一组包括了三家前国有企业，而其他大多数企业的年龄仅为 3 年或者更短一些。在 2001 年 8 月埃塞俄比亚成为了《非洲的增长与机会法案》服装条款受益国后，其出口导向型服装企业的数量于 2002 年开始增长，并且由于政府采取了支持措施而在 2004 年获得了迅猛增长（见下表 9.5）。

---

① 本次调查获得了埃塞俄比亚发展研究院以及政策研究大学院大学 21 世纪卓越中心计划的经费资助。如有需要，可以从作者那里获得该数据库。

表 9.1　埃塞俄比亚服装产业不同类型企业的样本规模

	成衣企业			
	出口导向型	裁缝转型	其他	裁缝
样本企业数量	14	7	11	130
截至 2007 年 7 月的经营规模				
平均值	8.4	10.3	7.5	11.9
中位数	3	10	4	8
最大值	41	18	23	42
拥有海外经历的所有者数量	5	0	4	1

第二组是由裁缝转型发展而来的企业。它们开始时从事裁缝职业，但后来采用了工厂生产体制以生产成衣和其他成衣类产品。在我们进行调查时，它们尚未出口产品。第三组企业指的是"其他企业"或"其他成衣企业"。它们一开始便像出口导向型企业那样生产成衣，但仅仅在埃塞俄比亚国内销售其产品。与成衣企业相比，这些裁缝更具有同质性。在样本企业中，即使有一些企业主是在美国、加拿大和意大利的埃塞俄比亚移民，但没有一家为外商独资或合资企业。

发展中国家的内生产业中，企业所有者的初始投资是通过自筹资金或者从家族获得融资来完成。表 9.2 的第一栏清楚地表明，在这方面出口导向型服装企业属于例外，因为其中有七家企业的初始投资是通过银行贷款来获得的。请注意，在这张表中，由于没有得到三家前国有企业初始投资的数据，所以出口导向型企业的总数是 11 家。我们向裁缝转型企业咨询了它们是如何在工厂生产体制中进行融资的。其中有 3 家能够从银行贷款，这是因为当有它们想要拓展其业务时，已经建立了良好的声誉。

表9.2 埃塞俄比亚服装产业初始投资的融资来源和移民的投资

	成衣企业			裁缝
	出口导向型	裁缝转型	其他	
全部自筹资金	4	3	7	106
部分或全部通过贷款来筹集资金	7	4	4	24
银行贷款	7	3	2	4
由具有海外经历的所有者投资	5	0	4	1

注：表格显示了适用于每种情况的企业数量；在14家出口导向型的成衣企业中，在此未包含三家前国有企业，因为它们的初始投资数据是缺失的。

新成立的出口导向型服装企业由包括海外侨民在内的富商和合作社所有。海外侨民指的是移居到欧洲和北美的移民，特别是在20世纪70年代和80年代埃塞俄比亚国家危机期间移居的。他们中间有许多人在其定居的地方获得了商业上的成功，并且等待合适的机会回到国内或者在国内投资。如表9.2的后面部分所示，亚的斯亚贝巴5家出口导向型服装企业和其他四家成衣企业从海外侨民那里获了投资。有些服装企业的所有者自己担任总经理，而其他的所有者则雇佣他人担任总经理。

表9.3提供了总经理背景特征的数据。从这张表中得到的最重要的发现可能是，出口导向型企业经理的平均受教育水平很高。的确，他们比孟加拉出口导向型企业经理的平均受教育水平要略高一些（见表8.4）。裁缝转型和其他成衣企业经理的平均受教育水平，即13年的教育水平，在发展中国家的许多产业中属于中等水准（见表10.2）。裁缝的平均受教育水平

203

比成衣企业经理要低的多。

表9.3　埃塞俄比亚服装产业不同类型企业的总经理的背景特征

	成衣企业			裁缝
	出口导向型	裁缝转型	其他	
受学校教育年限	16.1	13.0	13.1	9.1
女性(%)	14.3	0	27.2	16.1
年龄(截至 2007 年)	47.4	39.4	47.2	41.0
其父母经商或从事白领工作(%)	17.9	0	29.7	7.8
有服装行业工作经验(%)	35.7	100.0	54.5	84.6
有进口贸易工作经验(%)	7.2	0	18.2	3.1
接受培训(%)				
服装生产				
#职业学校	0.0	14.3	0.0	2.3
#正式培训	42.9	14.3	18.2	10.8
管理				
#职业学校	0.0	0.0	0.0	0.0
#正式培训	78.6	42.9	36.4	6.2

　　注：服装行业工作经验指在他或她成为服装企业家之前在裁缝铺或者服装工厂作为企业家、工人，或者受雇经理的工作经验。

　　样本企业中，几乎所有的裁缝都是生意的所有者。同样，所有裁缝转型的成衣企业的经理都是企业所有者。我们很快会发现，除了他们的教育水平之外，这两种类型的企业经理具有相似的背景。似乎有理由推测，他们相对较高的教育水平有助于他们从裁缝生意拓展到成衣生产。然而有趣的是，该服装产业中最具有创新性和最成功的企业家是一个仅仅上过 9 年学的裁缝转型的成衣生产商，样本中裁缝的平均受教育水平就是 9

年。他的创新被受教育程度相对较高的裁缝所模仿，这些裁缝在他的引领之下转变为成衣生产商。类似这种受教育程度较低的创新者和教育程度较高的模仿者的故事，在产业发展的东亚经验中比比皆是（园部哲史和大冢启二郎，2006，第 2 章和第 5 章）。

我们再来看一下其他的背景特征，裁缝和裁缝转型的成衣企业经理平均年龄都在四十岁左右。他们可能是农民或裁缝的儿子，以前在裁缝店做过缝纫工。因此，他们不需要接受缝纫技能的短期正式培训。但是，七家裁缝转型的成衣企业中，有三家的经理参加过管理方面的正式培训，应该是因为他们需要学习如何管理比裁缝铺更大的组织，而很少有裁缝需要学习管理。出口导向型企业和其他成衣企业的经理平均年龄大约 47 岁，其父母经商或从事白领工作的可能性稍大一点，而本人在就任管理职位之前在服装行业有工作经验的可能性较小一些。值得注意的是，四分之三的出口导向型企业的经理参加过管理培训项目。204
|
205

表 9.4 基于 2004 年到 2007 年四年合并的数据，报告了我们的描述性分析中最重要的结果。出口导向型企业在实际销售收入和附加值上，不管是平均值还是中位数，都比裁缝转型的成衣企业要少。但是，出口导向型企业比裁缝转型的成衣企业的雇员人数和设备数量要多。因此，出口导向型企业与裁缝转型的成衣企业相比，其人均附加值低很多。此外，它们比其他成衣企业甚至裁缝的人均附加值都要低。裁缝不仅在附加值和雇员人数上规模要小，其设备也很差。他们的缝纫设备是老古董式的脚踏机。与之形成对比的是，出口导

向型企业使用电动高速缝纫机。但是尽管这样，它们的人均附加值比裁缝要低。

表 9.4　埃塞俄比亚服装产业不同类型企业的
规模和劳动生产率（2004—2007 年）

	成衣企业			
	出口导向型	裁缝转型	其他	裁缝
实际销售收入（1,000 比尔）				
平均值	2751	8342	812	31
中位数	828	1154	335	14
实际附加值（1000 比尔）				
平均值	1376	3870	275	19
中位数	404	480	144	10
生产工人人数				
平均值	192.5	121.7	35.1	2.3
中位数	176.5	56.5	24.0	2.0
缝纫机总数				
平均值	248.4	92.1	50.7	2.7
中位数	214.0	58.0	31.0	2.0
高速缝纫机（%）	74.3	72.1	72.3	3.5
实际人均附加值（1000 比尔）				
平均值	5.6	22.2	8.2	7.2
中位数	4.1	21.5	5.0	4.8

注：平均值和中位数来源于从 2004 年到 2007 年的四年期间合并的数据。此处的附加值定义为销售收入减去原料费、水电费和运输费。实际价值是指名义价值用世界银行发展指标数据库的国内生产总值价格平减指数扣除通货膨胀后的价值。

人均附加值与劳动生产率不完全是一回事，因为它不考虑劳动小时数。2007 年，出口导向型企业的工人每周只工作

44.7 小时，而裁缝转型企业的工人工作 59.1 小时，其他成衣企业工人工作 49.6 小时，裁缝工作 52.8 小时。因此，即使把劳动小时数考虑进来，出口导向型企业比裁缝转型企业的生产率还是明显要低。这些观察结果支持假设 9－1。

　　实际销售收入和实际附加值的平均值与中位数有很大的差别。在裁缝转型的成衣企业中，这一差别特别大。原因是这一组企业包括两大类，一类是上述提到的受教育程度相对较低的创新者，而另一类企业的经理则受过 12 年的教育。但是请注意，即便把这些特别成功的企业从样本中剔除，裁缝转型的成衣企业仍然比其他各类企业有更高的劳动生产率。

　　如果政府支持有助于提高生产率，那么实际劳动生产率会倾向于随着时间的推移而提高，这样，先进入的企业会比新来的企业生产率高。为了看这一猜测是否符合事实，表 9.5 突出了本次研究期间最近年份的绩效，重点集中在出口导向型企业。2005 年至 2007 年期间创办的企业（A 组），在 2007 年的下半年（或 2006 年 7 月）开始出口服装产品。在 1999 年至 2004 年期间创办的企业（B 组），大约在 2004 年中期（或 2003 年 5 月）开始出口服装产品。在 1998 年前创办的三家出口导向型企业（C 组）过去是国有企业，大概在 2005 年末期开始出口服装产品。B 组企业劳动生产率中位数最低，但出口经验是最多的。因此，出口导向型企业的劳动生产率，看起来并没有随着时间的推移而提高。虽然 C 组企业比裁缝和其它成衣企业的劳动生产率略高（见表 9.4），但与那些劳动生产率非常高的裁缝转型成衣企业比起来并不算什么。

表 9.5　埃塞俄比亚服装产业出口导向型企业的绩效（2007 年）

	创办于		
	2005 至 2007 A 组	1999 至 2004 B 组	1998 或更早 C 组
企业数量	7	4	3
前国有企业的数量	0	1	3
开始出口年份	2006.7	2003.5	2005.0
实际人均附加值（1000 比尔）			
平均值	3.5	4.7	5.4
中位数	4.1	2.0	6.8
实际附加值（1000 比尔）			
平均值	359	1473	1354
中位数	275	256.1	1820
生产工人人数			
平均值	144.1	170.75	266.3
中位数	124	123.5	278
实际销售收入（1000 比尔）			
平均值	740	1662	5358
中位数	467	357	4755
出口占销售收入百分比			
平均值	56.4	62.5	40.5
中位数	64.3	70.0	46.0
原料费占当期成本百分比			
平均值	29.1	6.8	71.0
中位数	29.8	4.7	71.4

注：当期成本指原料费、人工、租金、电费和运输费的总和。

　　从附加值、雇员人数和销售收入的数据来看，C 组的规模最大，B 组与 A 组的规模从中位数来看几乎一样。出口占销售收入百分比的数据表明，B 组的出口导向最强。这一组的原料

费占当期成本的百分比小，使它们有更强的出口导向，因为国
际买家经常为生产商提供原料。与之形成对比的是，C 组有相
对低的出口率和高的原料成本比率，这表明这一组的出口导向
弱一些。总而言之，出口导向越强，企业的生产效率越低，增
长越缓慢。这些观察结果进一步支持假设 9.1。

　　表 9.6 的数据展示的是升级企业能力方面的努力。在 14
家出口导向型企业中，只有 6 家在本次研究的年度期间（即
2004 年到 2007 年）雇用了外国专家。只有一家出口导向型企
业和创新性的裁缝转型成衣企业雇用了外国专家 2 年或 3 年。
大部分外国专家来自印度和毛里求斯。只有少量的出口导向型
企业雇用了外国专家的事实与它们的低劳动生产率相一致。

　　表 9.6 还描述了工人培训的情况。除了在工作岗位上的培
训，大部分的企业都提供内部培训。40% ~70% 的员工得到培
训，平均培训时间 5 周以上。有些企业送工人去正规机构举办
的短期培训项目。但这些短期培训项目，无法与德西公司在出
口导向型服装产业在孟加拉起步的时候派往韩国大宇工厂接受
的强化培训相比拟（见前面 8.1 节）。

表 9.6　埃塞俄比亚服装产业企业能力的升级

	成衣企业		
	出口导向型	裁缝转型	其他
雇用外国员工的企业数目	6	1	0
企业内部培训项目举办培训的企业（%）	92.9	71.4	64.0
接受培训的工人（%）	73.2	52.9	44.7
平均培训时间（周）	5.6	5.5	7.8
正规机构培训项目送工人去培训的企业（%）	42.9	57.1	18.2

续表 9.6

	成衣企业		
	出口导向型	裁缝转型	其他
接受培训的工人(%)	25.9	2.6	21.9
平均培训时间(周)	2.1	5.4	3.4

注：第一行显示的是企业在 2004 年至 2007 年雇用了外国人员做经理、主管或者技术员的企业数量。

如表 9.7 上半部分所示，出口导向型企业的原材料成本占运营费用的百分比很低。如前面所述，国际买家倾向于提供原材料给发展中国家的生产商。发展中国家的生产商处于全球价值链产品质量阶梯的底部，它们被期望提供像缝纫这样的简单加工服务。这就是为什么出口导向型企业的原材料成本相对较低，而劳动力成本相对较高的原因。如果它们被主要的全球价值链完全接受的话，那么这些趋势很有可能将会增强。但是，正如我们在表 9.5 中所显示的，在亚的斯亚贝巴，完全出口导向的企业是少数，至少在我们做调查的时候是这种情况。大多数的出口导向型企业也向国内市场供货。一些其他的企业试图通过寄送样品，进入一些全球供应链，还有一些其他的企业向邻国出口产品。

表格 9.7 的下半部分显示，出口导向型企业自己采购原材料时，比裁缝转型成衣企业和裁缝更多地使用国内生产的原材料。后面这两类企业使用昂贵的进口布料生产男士西服和女士裙装。这就是为什么原材料成本占它们的运营费用很大比例的原因。对于它们来说，租金也是一项很重要的开支。因为与其他工厂不同，它们的店铺在城里。对于它们来说，店铺在繁华的商业区更有利。如果它们能付得起高额租金，它们更愿意把店铺设在这种区域。在我们的样本中，25%的裁缝在我们调查的时候已经更换过地址。当它们把生意扩展到成衣生产时，裁缝转型的成衣企业就把生产车间搬到了更宽敞的地方。

那位创新性的裁缝转型成衣企业经理，第一个开发了从迪拜直接进口男士西服布料的渠道。他的生意增长很快，后来他采用了工厂体制，变成了一家成衣企业。他在设备上进行了大量投资。他首次在埃塞俄比亚的服装产业引进了两班制来提高产能利用率。为了使规模生产与市场营销相吻合，他也是服装产业中开始做电视广告的第一家。后来，其他裁缝和成衣企业跟他学习，开发了进口布料的其他渠道。根据对他个人进行的访谈，他不想做出口服装生意。他解释说，他没有受过良好的教育，很难在国际贸易中取得成功。

210

表 9.7 埃塞俄比亚服装产业运营费用构成和
布料的供货渠道(2004—2007 年)

	成衣企业			
	出口导向型	裁缝转型	其他	裁缝
运营费用的构成				
原材料(%)	32.6	62.2	58.8	47.3
劳动力成本(%)	46.0	23.4	32.1	16.0
水电和运输(%)	9.9	2.2	3.4	9.4
租金(%)	11.5	12.2	5.7	27.3
布料供货渠道				
国内生产(%)	43.3	6.4	44.9	9.4
通过贸易商从迪拜进口(%)	8.5	36.7	18.0	55.9
直接从迪拜进口(%)	7.4	21.1	19.0	0
从其他国家进口(%)	40.8	35.8	18.1	34.7

迄今为止，出口导向型企业没有实现过任何创新。相反，最近发表的一篇文章介绍说，它们中有一些还向政府要求更多的补贴。① 其中，有些企业抱怨说，因为国内生产的原料质量太差，使得它们不能在国际市场竞争。同样，还有一些企业抱怨说，它们很难在国际市场竞争，因为他们不得不高度依赖进口原料。

9.3 估计方法和结果

表 9.3 和表 9.5 表明，裁缝转型成衣企业比裁缝有更多的雇员、更高的生产率，而且其经理受过更多的教育。而出口导向型企业尽管有受过良好教育的经理，但其生产率比没有得到政府补贴的企业要低。这些观察结果与假设 9.1 和 9.2 一致。在这一节，我们要超越对企业类型之间的比较，以提供更有力的证据。通过使用回归分析，在控制协变量影响的情况下，我们可以证实出口导向型企业是否有更低的生产率。我们也有兴趣研究，在裁缝和成衣企业中，劳动生产率和雇员人数是否是与经理的受教育程度正相关。我们还想估计作为进口贸易商的经验对生产率和雇员人数的影响，以检验假设 9.3。

下面我们将运行简化型的回归分析，解释变量是表 9.3 中所列的经理的背景特征以及企业的经营年数。我们不能说表示背景特征的变量都是纯粹的外生变量，因为有一些混杂因素

---

① 伊萨亚斯·马库利亚（Issayas Mukuria），《服装生产商向政府抱怨发展瓶颈》，《亚的斯财富》（*Addis Fortune*），8（393），2007 年 11 月 11 日。

（confounding factor），比如未被观察到的特征或者与某些解释
变量相关的干扰因素。因为我们的企业数据有四个时间点，所
以我们假定误差项由个体效应 u_i、时间效应 λ_t 和特异误差 ε_{it}
构成，于是回归方程可写成 $y_{it} = X_{it}\beta + u_i + \lambda_t + \varepsilon_{it}$。这里 X_{it} 是
自变量的向量。如果个体效应 u_i 是固定效应，那么我们就不
能估计非时变性变量的系数，比如受教育程度变量，即使我们
对这些变量的系数很感兴趣。因此，只要豪斯曼模型检验的结
果能证明它们是一致的，我们就将讨论随机效应的模型估计。

表格 9.8 报告的是对裁缝的估计结果，表 9.9 报告的则是
对成衣企业的估计结果。在表 9.8 中，在第（一）栏中，因
变量是雇员人数的对数；在第（二）栏中，因变量是工人人
均附加值的对数。如这两栏的底部所示，豪斯曼检验不拒绝随
机效应估计的一致性。括号中报告的 t 统计量基于允许企业内
相关的标准误计算的。经理的受教育程度由三个虚拟变量表
示，即经理是否中学毕业，是否职业学校毕业，或者是否大学
毕业。有不少裁缝是小学毕业或肄业。与未受教育的裁缝比
较，中学毕业的裁缝倾向于雇佣更多的工人，并且有更高的劳
动生产率，其比例超出 40%。大学毕业的裁缝雇佣更多的工
人，但是他们比中学毕业的裁缝劳动生产率低。

尽管表中没有列出，我们也运行了其他设定方式的回归分
析。如果把三个关于受教育程度的虚拟变量用代表受教育年限
的单变量取代，那么其估计系数在雇员规模的模型中是
0.084，在生产率模型中是 0.066，两者都在 1% 水平上显著。
经理受教育程度与劳动生产率的关系看起来因使用设定方式的
不同而差异很大。系数的估计结果表明，大学毕业生担任经理

的企业有更高的生产率。我们相信使用三个虚拟变量的估计结果更可靠。如果大学毕业生的企业有非常高的生产率，则如受教育年限的系数所表明的，那么在裁缝样本中就会有较多的大学毕业生。有些大学毕业生把生意扩展到成衣。与之相一致的是，在用包括 130 名裁缝和 7 家裁缝转型成衣企业的数据进行加权回归时，大学毕业生虚拟变量的系数是正向且显著的。[①]这些结果都与假设 9.2 相一致。

企业成立以来的经营年数在雇员规模和劳动生产率这两个模型中系数都是正向且显著的，但是其在雇员规模模型中的系数大于在劳动生产率模型中的系数，显著性也更高。这些结果表明，裁缝企业规模的增长，是通过积累物质资本、管理型人力资本以及工人的产业专用性人力资本或技能来实现的。这里的物质资本包括充足的布料、更好的地点、更大的店铺以及更多的高速缝纫机。很难把这些不同类型资本的效应分解开来。我们在下面将很快回到这个问题上来。

尽管在样本企业中前公务员和前进口商很少，但公务员虚拟变量和进口商虚拟变量在第一栏和第二栏中都有着正向和显著的系数。进口商虚拟变量的显著影响与假设 9 - 3 是一致的。这些结果也许可以这样解释，它们反映了贸易经验和资金财富的影响。请注意，裁缝部门中的大部分经理都是生意所有者；并且如果不是所有者，就是所有者的子女。有公务员经历的经理也许在成为裁缝以前积累了财富。前进口商也许有财力建立

---

① 因为裁缝转型的成衣企业的数据来源于普查而裁缝的数据来源于随机抽样调查，所以我们采取了加权回归分析法。

比平均规模更大的裁缝生意，并且他们的经验可帮助他们以较低的价格采购高质量的原料。我们很快将更仔细地考察资金能力的影响。

年份虚拟变量的系数表明，所显示的年份的情况与2007年的情况不同。在第一栏中，年份虚拟变量的系数表明，裁缝的雇员规模随着时间稳步扩张，在这一点上不管其经营年数和其他特征如何，所有的裁缝几乎都是一致的。这势必反映了埃塞俄比亚，尤其是亚的斯亚贝巴经济的蓬勃发展。在第二栏，只有2004年虚拟变量有显著的系数。这很可能是因为随着2005年雇员规模的扩张，之后出现向下倾斜的平均劳动产品曲线，于是平均劳动生产率开始下降。

第三和第四栏报告的是用横截面数据计算的回归结果。在第三栏，因变量是初始雇员人数的对数，即企业开始营业的第一年的雇员人数。我们做这个回归分析是为了把受教育程度的影响与经验的影响分开识别。中学虚拟变量和大学虚拟变量在第三栏中，与在第一栏中一样，是正系数并显著，而且在第三栏的系数值比在第一栏要大。① 这些结果表明，中学和大学教育对于裁缝开始营业后对他们雇员人数的增加没有什么帮助。

请注意，虽然教育对雇员人数增加的影响可以忽略不计，但这并不意味着教育对裁缝的生意没用。在第四栏，因变量是2007年租金支出的对数。估计结果表明，受教育程度越高

① 尽管它们在第三栏的显著性水平要比在第一栏低，但因为较低的显著性水平只是由于第三栏的样本规模非常小造成的，所以这并不影响我们的结论。

的经理倾向于在更昂贵的地方做生意。对于一个成功的裁缝来说，在一个拥挤的、无法扩张店铺的商业区做生意更有利润。如果裁缝想寻求进一步的增长，他或她更愿意增加店铺的数量，然后多样化生意。对这种裁缝来说，转到成衣生意是其中的一个选择。

第三栏中经营年数的系数与第一栏的系数有着非常不同的意义。在第三栏，这个变量不代表作为企业主的经验，而是代表建立企业的时间。由于系数接近于零，老建企业和新建企业在初始雇佣规模上没有差异。年龄在第三栏的系数值比在第一栏大很多，年龄更大的新进入者比年龄更小的新进入者在开始时建立较大型的店铺，但是他们在随后的增长比后者缓慢。同样，公务员虚拟变量和进口商虚拟变量在第三栏的系数值比在第一栏大。这些结果表明，有着作公务员或进口商经历的新进入者比其他裁缝，在开始他们的裁缝生意时能开设更大的店铺，但他们的生意增长并没有像其他裁缝那样多。看来合理的推断是，他们有能力安装更好的设备，这将带来更高的劳动生产率，如第二栏所示；虽然从第四栏来看，他们没有位于高租金地区。参与管理培训项目对租金支出具有负向且显著的影响，不过这很难解释。

总的来说，教育对裁缝生意的影响是正向和显著的，这与假设 9.2 相一致。如果分析范围限制停留在裁缝生意的裁缝上，那么在大学教育层次上其影响减弱了。但是，如果分析范围扩大到包括成衣企业生意，那么更高教育程度的影响就变得更强。

216

表 9.8 埃塞俄比亚服装产业裁缝的雇员人数、劳动生产率和
租金支付的影响因素

	（一） ln 雇员人数	（二） ln 人均附加值	（三） ln 初始雇员人数	（四） ln 租金支出
中学教育 （虚拟）	0.447 ** (3.52)	0.416 * (2.10)	0.586 * (2.13)	0.776 * (2.60)
职业学校 教育（虚拟）	0.275 (0.79)	-0.049 (-0.08)	0.059 (0.23)	-0.036 (-0.04)
大学教育 （虚拟）	1.158 ** (3.05)	0.223 (0.68)	1.608 * (2.59)	2.090 ** (3.37)
经营年数	0.018 ** (3.29)	0.013 * (1.79)	-0.006 (-0.47)	0.042 ** (3.28)
年龄	0.011 * (1.70)	0.010 (1.11)	0.029 * (1.72)	0.008 (0.49)
女性 （虚拟）	0.042 (0.33)	0.114 (0.45)	0.061 (0.22)	0.090 (0.46)
管理培训 （虚拟）	0.091 (0.34)	-0.324 (-0.77)	0.240 (0.46)	-1.348 ** (-2.38)
公务员 （虚拟）	0.192 * (2.11)	0.743 ** (4.46)	0.310 (1.27)	-0.070 (-0.27)
进口商 （虚拟）	0.160 * (2.39)	1.096 ** (9.97)	0.401 ** (2.82)	-0.256 (-1.42)
2004 年 （虚拟）	-0.093 ** (-3.02)	0.142 ** (3.26)		
2005 年 （虚拟）	-0.071 ** (-2.98)	0.060 (1.57)		
2006 年 （虚拟）	-0.021 * (-2.22)	-0.021 (-0.84)		
常数项	-0.416 (-1.37)	7.558 ** (18.55)	-0.054 (-0.07)	6.340 ** (9.34)

续表 9.8

	（一）	（二）	（三）	（四）
	ln 雇员人数	ln 人均附加值	ln 初始雇员人数	ln 租金支出
观察数	456	456	104	114
豪斯曼检验卡方值	2.94	5.76		
P 值	0.400	0.1242		
R^2			0.144	0.245

注：对第一栏和第二栏的面板数据使用随机效应模型，而对第三和第四栏的横截面数据使用普通最小二乘法。第一栏的因变量是雇员人数的对数，第二栏是工人人均实际附加值的对数，第三栏是初始雇员人数的对数，第四栏是 2007 年租金支出的对数。经营年数和年龄为是 2007 年时的数值。括号中的数值是 t 统计量，在第一和第二栏基于集群标准误，在第三和第四栏基于稳健标准误。** 表示 $p < 0.01$，* 表示 $p < 0.05$。豪斯曼检验结果表明随机效应模型的估计是一致的。

我们现在再看成衣企业的雇员人数和劳动生产率的影响因素。表 9.9 中的四栏数据显示的是，随机效应模型的估计结果和基于允许组内相关的标准误的 t 统计量，即使第二和第四栏的人均实际附加值模型不满足豪斯曼检验的渐进性假设。因为成衣企业经理的受教育程度很高，故此回归中没有包含中学虚拟变量。第三和第四栏包括两个交互项，而第一和第二栏中则没有。其中一个是出口虚拟变量和大学虚拟变量的交互，另一个是出口虚拟变量和经营年数的交互，出口虚拟变量是指企业是否是出口导向型的。之所以将这些交互项包含在回归分析中，是为了研究出口导向型企业有何特殊之处。

在所有各栏中，大学虚拟变量的系数都是不显著的。即使把这一变量用受教育年限来替代，结果本质上没有变化。但是请注意，大学变量的系数在劳动生产率模型中是正向的，并且当把交互项加入进来后，这一变量的系数从 0.4 增加到 0.7。我们可以推测，在我们的样本规模很小的情况下，这些结果表明，在不享受政府补贴的企业中，经理的受教育程度对生产率有正向影响。与之相反，出口变量和大学变量的交互项是负系数并且非常显著，这表明大学毕业生管理的出口导向型企业的劳动生产率低于那些由低教育程度的经理管理的企业。这些结果对假设 9.2 提供另外的支持。

出口虚拟变量对第一栏的雇员人数有正向且高度显著的影响，但是对第二栏的劳动生产率却有负向的影响并且显著性不强。但是，如果在回归中加入出口和经营年数的交互项，那么出口变量对雇员人数的高度显著影响变得不再显著，而出口变量对劳动生产率的负向影响变成了正向影响。此外，加入交互项后，经营年数的非显著影响变成了正向的，并在 5% 水平上显著。在第四栏，出口虚拟变量的系数和经营年数变量的系数之和（0.107 – 0.136）为负数且不显著，这清楚表明受补贴的企业没有提高劳动生产率，而不受补贴的企业则提高了劳动生产率。这个结果支持假设 9.1，并给保护幼稚产业的观点提供了一个鲜明的反差，这种观点认为，受保护的企业通过干中学可以提高生产率。

当经理是女性时，女性虚拟变量为 1。它对雇员数量的负向且显著的影响难以解释。进口商虚拟变量在每一栏都是正系数，而且对雇员人数的影响是显著的。这些结果与假设 9.3 相一致。

国有企业虚拟变量和最大两家虚拟变量都需要解释。如果企业以前是国有的，则国有企业虚拟变量为 1，否则为 0。因为

217

所有前国有企业都是出口导向型的，出口虚拟变量的系数和这个国有企业虚拟变量的系数之和显示了这些企业与典型的成衣企业的区别。最大两家虚拟变量指的是，企业是否是裁缝转型的成衣企业中最大的两家企业之一。因此，最大两家虚拟变量被用来控制这些特异值（outlier）的影响。估计结果表明，原国有企业和最大两家裁缝转型的成衣企业的雇员人数一样多，但是没有这最大两家企业的生产率高。如果把这两家企业从样本中剔除，估计结果总体上与该表格中所展示的结果在本质上是一样的。

表 9.9　埃塞俄比亚服装产业中成衣企业的雇员人数和
劳动生产率的影响因素

	（一）	（二）	（三）	（四）
	ln 雇员人数	ln 人均附加值	ln 雇员人数	ln 人均附加值
大学教育（虚拟）	-0.091 (-0.32)	0.422 (0.75)	-0.192 (-0.57)	0.712 (1.14)
出口导向 * 大学			0.542 (0.72)	-2.216** (-2.93)
出口导向（虚拟）	1.075** (2.91)	-0.961* (-1.70)	0.542 (0.68)	1.641* (1.87)
经营年数	-0.016 (-1.22)	0.033 (1.05)	-0.024 (-1.22)	0.107* (2.10)
出口导向 * 经营年数			0.016 (0.55)	-0.136 (-2.38)
国有企业（虚拟）	1.793** (5.75)	0.913 (0.98)	1.661** (4.42)	2.018** (3.32)
年龄	0.008 (0.53)	0.008 (0.25)	0.015 (0.99)	-0.032 (-0.91)
女性（虚拟）	-0.887* (-2.4)	-0.143 (-0.22)	-0.823* (-1.80)	-0.272 (-0.36)

续表9.9

	（一） ln 雇员人数	（二） ln 人均附加值	（三） ln 雇员人数	（四） ln 人均附加值
管理培训 （虚拟）	-0.142 (-0.51)	-0.027 (-0.06)	-0.082 (-0.27)	-0.070 (-0.14)
公务员 （虚拟）	0.217 (0.71)	-0.464 (-0.94)	0.116 (0.36)	0.091 (0.18)
进口商 （虚拟）	0.471* (2.22)	0.531 (0.74)	0.411* (1.77)	0.972 (1.36)
最大两家企业 （虚拟）	2.266* (7.46)	1.228* (3.02)	2.267** (6.98)	1.103* (2.56)
裁缝转型 （虚拟）	0.152 (0.35)	1.041* (1.70)	0.224 (0.51)	0.625 (1.04)
2004 年 （虚拟）	-0.435** (-2.74)	0.154 (0.79)	-0.437** (-2.72)	0.183 (0.92)
2005 年 （虚拟）	-0.135 (-1.12)	0.013 (0.06)	-0.137 (-1.13)	0.044 (0.22)
2006 年 （虚拟）	-0.033 (-0.37)	-0.186 (-0.61)	-0.038 (-0.41)	-0.150 (-0.49)
常数项	3.389** (4.32)	7.533** (4.53)	3.171** (4.06)	8.601** (5.34)
观察数	99	99	99	99
豪斯曼检验卡 方值	0.06	♀	0.22	♀
P 值	0.997		0.974	

注：第一和第三栏的因变量是雇员人数的对数和第二和第四栏的因变量是工人人均实际附加值的对数。经营年数和年龄为2007年时的数值。豪斯曼检验结果表明随机效应模型的估计是一致的，♀表示基于这些数据设定的模型不能满足豪斯曼检验的渐进性假设。括号中的数值是 t 统计量，基于集群标准误。** 表示 p<0.01，* 表示 p<0.05。

9.4 总结性评论

本章探讨的是政府促进产业的努力缘何无法奏效。由于政府政策所瞄准的企业的样本数量很小，所以难以对政府干预不奏效的原因提供一个深入的剖析。但是不管怎样，通过考察一个与第 8 章中讨论的成功案例形成鲜明对比的案例，本章对产业发展政策有了新的见解。在第 8 章我们看到，在 20 世纪 80 年代早期，孟加拉服装产业最初进入国际服装行业，给该国服装产业的生产功能带来了较大规模的向上提升。这种规模较大的技术转移，大大提高了服装工厂投资的回报率，从而吸引了大量的投资。这还激励受过良好教育的年轻人获取技术和管理技能，反过来又促进了这个产业的惊人增长，表 8.1 清楚地表明了这一点。这一动态过程可以用一个图示来说明。图 9.1 中，A 组表示技术转移（方格 1）对产业蛙跃式发展（方格 3）的直接影响，以及通过它对金融和人力资本供给的影响（方格 2）而对产业蛙跳式发展产生的间接影响。

图中 B 组表示的是，埃塞俄比亚出口导向型服装产业的情形。方格 1 的内容，在 A 组是技术和管理知识的输入，在 B 组中是政府支持。作为政府支持的结果，有钱人和受教育程度高的经营者被吸引到出口导向型服装生意中来。这样，A 组和 B 组的方格 2 都是同一内容。但是不管怎样，它们的结果大为不同。这是因为在 B 组缺乏国际服装贸易的专门知识。

根据第 8 章展现的数据、故事和分析，我们还不大清楚，产业成功的关键是在于技术和管理知识初始的大规模转移，还

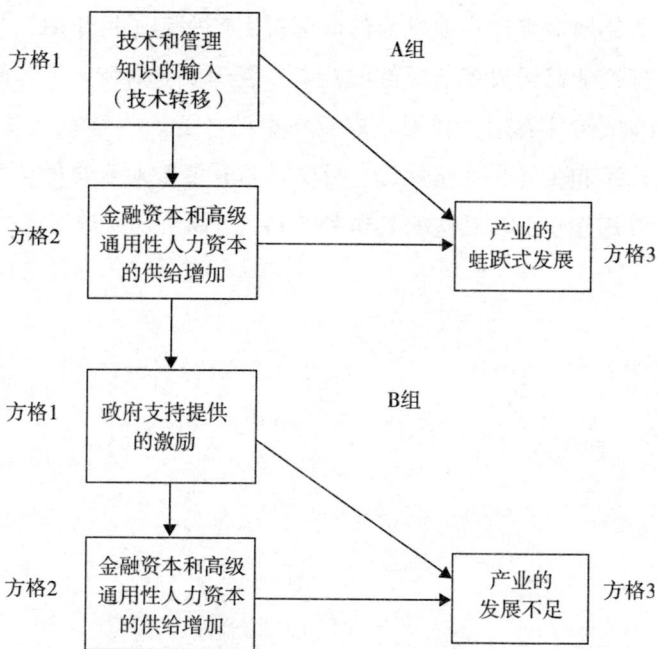

图 9.1　分叉的产业发展路径

是在于受过良好教育的经理对该产业的参与。产业的可持续增长是向国外不断学习的结果，这反过来又由高水平的管理型人力资本所促进。根据 21 世纪初所搜集的数据，难以为初始的技术转移的重要性提供直接证据。

　　现在清楚的是，开始时的大规模技术转移，对孟加拉出口导向型服装产业的发展至关重要。没有高层次的专业知识，就没有其他选择，只能落入与其他低工资国家的企业进行残酷竞争的地步。没有高层次的专业知识，但政府愿意支持企业发展，那么受补贴企业的经理的理性做法是从政府那里争取进一步的优惠政策，而不是组织向国外学习。除非从技术转移开始，否则政府促进产业发展的政策对生产率起了反作用。只有在目标产业已经发展起足够的技术和管理专家的情况下，政府的财政支持才有用。如果政府意在帮助产业取得蛙跃式发展，那么除了相关知识的最初输入外，政府还需要对来自国外的技术和管理知识的转移进行持续的支持。

10 结论：设计有效的产业发展政策

为了减少发展中国家广泛而长期的贫穷，我们必须发展劳
动密集型产业，给穷人提供充分的就业机会。但是，对于很多
经济学家和政策制定者来说，"产业政策"是"不受欢迎的政
策"的代名词，因为在 20 世纪 60 和 70 年代，支持工业化的
政策很不成功。此类政策通常是由政府进行高度干预，却不谨
慎考虑市场失灵的可能性。在考虑合适政策的时候至关重要的
是，要认识到在产业部门存在多种市场失灵，其原因有：（1）
因合同执行不完全，对终端产品、原材料和零部件的信息不对
称以及雇员的品质和工作态度所引起的高额交易成本；（2）
技术和管理知识从创新者溢出到模仿者；（3）因信贷约束和
不确定性而对人力资本的投资不足；（4）对公共设施，如道
路、电力和通讯系统的投资不足；（5）由于存在逆向选择、
道德风险及合同不完全造成信贷市场的不完善。我们相信问题
的实质是，如何能减少这样的市场失灵以促进产业发展。本书
的最终目的是制定有效的政策促进产业发展，我们称之为
"产业发展政策"，以区别于"产业政策"。

我们的注意力集中于产业集群。因为在发展中国家，大多

数（即便不是全部的）劳动密集型产业都是集群化的。我们的基本观点是：在基于集群的产业发展的动态过程中，不同的市场失灵的相对重要性是变化的。相应的政策也需要改变，以适应这种变化。

221 　　即使信息不对称始终是个问题，但产业集群可以有效地减轻它，因为在一个集群中，人们互相认识，有关不规范行为的信息总是很快地通过口口相传而扩散开来。换言之，集群可以减少信息不对称，从而有利于市场运行。因而，支持产业集群的形成是有意义的，这需要建设方便交易的市场场所，提供诸如道路、电力和通讯系统等地方公共物品。

　　在产业集群中，由于地理上的接近，信息溢出是个大问题。信息溢出在社会上是不受欢迎的，因为它减少创新的动力。因此，在质量提升阶段，由于需要积极的创新，产业集群带来的好处就减弱了。为了填补由创新所带来的社会收益和私人收益之间的差异，政府对创新的支持就有必要了。既然创新需要管理型人力资本，那么支持创新的一个有效方法就是，从质量提升的早期阶段，通过提供适当的培训在管理型人力资本上进行投资。

　　一个企业一旦在多方位的创新上取得成功，它就会想扩张经营规模。当集群变得拥挤时，企业常常会迁往场地更大、基础设施更完善的工业区。所以，在质量提高阶段，对建设工业区的投资是有效的支持政策。此外，在这个阶段，由于创新企业需要扩张生产能力，信贷约束也可能成为严重的问题。值得注意的是，与数量扩张阶段比较，在质量提高阶段会相对容易区分创新企业和非创新企业。这是因为在数量扩张阶段，所有企业看起来都是同样的小企业。因此，在质量提高阶段，提供信贷支持就成为有效的政策。

在下面的 10.1 节中，为了对亚洲和非洲的产业集群的本质有正确的认识，我们将对本书和以前撰写的书中所研究的产业集群作一个简短的比较。在 10.2 节中，我们将考察，第一章中提出的关于增长的关键动力的三个主要假设：管理型人力资本、与贸易商的联系及国际知识转移。在 10.3 节中，根据这次研究取得的新证据，我们将重新探讨在 1.2 节中讨论过的"基于集群的产业发展的东亚模式"或"产业集群的内生发展模式"。最后，在 10.4 节中，我们将提出本研究对制定有效产业发展政策的意义。

222

10.1 产业集群的发展：比较的角度

我们将对本书探讨的八个产业集群与园部哲史和大冢启二郎（2006）所研究的东北亚八个产业集群作一个简要比较，包括：集群中企业的数量、每个企业的平均雇员规模以及企业经理的平均受教育年限。通过这些方面的比较，我们可以看到东北亚、亚洲其他地方和撒哈拉以南非洲地区产业集群之间的相似和不同之处。

10.1.1 中国大陆、日本和中国台湾

表 10.1 展示了在中国大陆、日本和中国台湾产业集群的主要特点。请注意，这里引用的日本摩托车产业的案例是一个关于 20 世纪 50 年代的历史研究。还有一些产业并不是高度劳

动密集型的产业，如机床和印刷电路板。^① 下面我们将仅指出这八个案例的显著区别。

首先，中国的服装产业集群，企业数目很多，而雇员人数很少，如表 10.1 第一栏所示。尽管中国庞大的国内市场、广泛分布的廉价劳动力和中国经济的一些其他特征，可以部分解释这些特点。但我们相信一个主要的原因是，这一产业集群很大程度上处于数量扩张阶段。在这一阶段，大量的小企业生产相似的低质量产品。虽然我们没有 20 世纪 50 年代早期日本摩托车产业的平均雇员人数的数据，但那可能也是相对很少的，因为这一产业的质量竞争始于后来的 50 年代中期。事实上，这一产业在 50 年代中期后发展很快，但是只有 4 家大型企业生存过渡到了质量提高阶段。在所有其他案例中，质量提高阶段都已经开始了。

第二，除了中国的服装和电器产业集群以外，企业经理的平均受教育年限在 11～16 年之间，这意味着大多数经理都从高中或大学毕业。在这些产业中，企业数量不多但平均雇员人数相对较多。经理受教育程度高和企业人数多是产业处于质量提高阶段的特点。在中国的服装和电器产业集群，经理的平均受教育程度非常低，原因是这些产业起源于农村，许多企业经理以前是农民。^② 我们可以预料，随着质量竞争的加剧，这两

224

① 我们仍然认为，这些产业的基本发展模式与其他基于集群的产业发展模式相比并非如此不同。
② 实际上，中国江苏省的印刷电路板制造业有三种不同的集群。尽管我们没有精确的数据，但是在该产业一个基于村庄的农村集群中，存在着大量由文化程度相对较低的经理所经营的小型企业。

个产业集群中的经理的平均受教育程度也会提高。①

第三，日本的服装产业和台湾的机床产业员工数量相对较少。前者是因为企业主要从事设计和营销，其大型的生产基地建在中国。后者是因为所调查的企业都是装配企业，依赖大量的零部件供应分包商。所以这两个产业的从业人员总数实际上大于表中所显示的雇员人数。

最后，我们要指出的是，大多数东北亚的企业都从原来拥挤的集群区域迁到了工业区。也就是说，现在的大型企业过去都曾经是位于内生发展起来的产业集群，并主要由家庭劳动力运营的小企业。

10.1.2 亚洲其他地区和撒哈拉以南非洲地区

表10.2列出本书研究的产业集群的汇总数据。我们有几项重要发现：第一，孟加拉服装产业的成功发展引人瞩目。该集群企业数目众多，许多企业规模很大，而且大多数经理受教育程度很高。这一产业是出口导向型的，因而其国内市场的有限规模不会制约这一产业集群的发展。许多企业经理不仅受教育程度高，而且在国外受过密集培训。这样一来，他们很多人都具有创新性。在我们看来，这一产业是发展中国家基于集群的产业发展模式的成功典范。

第二，总的来说，撒哈拉以南非洲地区的集群企业规模小，经理受教育程度低。就原初的产业集群来说，在内罗毕的

---

① 的确，在中国的电器行业，由未受过正规教育的经理所经营的小型企业往往被由受过良好教育的经理所经营的大型企业所吞并。

服装集群企业的平均雇员人数是 3 至 5 人，金属制品企业是 6 人；亚的斯亚贝巴的皮鞋制造企业平均 6 人，服装企业平均 2 人。我们注意到，许多相对大型的工厂，其平均雇员人数为 120 人，位于原生集群的外部，并享受政府补贴。很显然，这些产业集群还处于数量扩张阶段。

第三，内罗毕的金属制品集群和亚的斯亚贝巴的皮鞋制造集群的调查表明，受教育程度高的经理，有的企业已经迁移到工业区。这些企业的规模比仍然留在原初集群的企业大很多。看来企业成功地进行了创新，并扩大了企业的规模。这些成功的企业看起来和东北亚的那些企业多少有些相似之处。

第四，越南北部的服装和钢材产业集群以及巴基斯坦的电气配件集群的企业都是小企业，并由教育程度很低的经营者管理。与之形成对照的是，集群中企业的数量相对较多，特别是如果我们考虑到越南北部服装集群里，成千上万的家庭企业生产服装部件。正如我们在前面的章节里所看到的，这些集群里的一些企业开始了创新，但是它们远未完成从数量扩张向质量提高阶段的转换。从这个方面来说，越南和巴基斯坦的产业集群面临的问题，看起来与撒哈拉以南非洲地区产业集群所面临的问题没有太多本质的区别。总的来说，尽管在以越南和巴基斯坦为代表的亚洲和以肯尼亚和埃塞俄比亚为代表的撒哈拉以南非洲地区的产业集群有些不同，但这些不同只是程度的差异，而不一定有本质的区别。

表 10.1　东北亚产业集群的主要特征

	中国织里服装	日本本州服装	日本浜松摩托车	中国重庆摩托车	台湾台中机床	中国温州电器	台湾北部印刷电路板	中国江苏印刷电路板
研究年度	1999	1998	1952	2001	1996	2000	2003	2002
企业数量	5000	75	130	55	65	117[e]	47[e]	150
平均雇员人数	17	56.8[a]	无数据[c]	932[a]	95.6	338	1100	70–280[f]
平均受教育年限	7.5	13.5	无数据[c]	13.7–15.2[a,d]	13[a]	10.4	11	12–16[f]
增长速度	很快	停滞	很快	很快	很快	很快	快	很快
出口	不活跃	无[b]	活跃	活跃	活跃	无	活跃	无

注：a. 数据没有显示在园部哲史和大冢启二郎（2006）的著作中，而是从原始数据计算而来。b. 在中国的子公司对日本出口活跃。c. 无可用数据。d. 第一个数指的是指董事长的，第二个数是指总经理的。e. 数据限于我们研究的样本，企业总数无准确数据。f. 第一个数指中国企业的平均，第二个数是指外国企业的平均。

资料来源：园部哲史和大冢启二郎（2006）

表 10.2 东南亚、南亚和撒哈拉以南非洲地区产业集群的主要特征

	越南北部服装	肯尼亚内罗毕服装	越南北部钢材	肯尼亚内罗毕金属制品	巴基斯坦萨果达电气配件	埃塞俄比亚亚的斯巴贝皮鞋	孟加拉达卡服装	埃塞俄比亚亚的斯巴贝服装
研究年度	2006ᵃ	2003	2007	2006	2009	2004	2005	2007
企业数量	142ᵃ	750	370	150	1200	1000-2000	4100	700
平均雇员人数	27	3-5ᵇ	10-36ᶜ	6-25ᵈ	15	6-92ᵉ	830-1830ᶠ	2-120ᵍ
平均受教育年限	10.5	8.5	6.5	11-13ᵈ	9.4	9-15ᵉ	14.7-15.4ᶠ	9.0-14.5ᵍ
增长速度	快	停滞	较快	快	快	很快	很快	慢
出口	活跃	无	无	无	无	开始	很活跃	不活跃

注：a. 存在 5000 至 6000 个作为分包商的家庭企业。b. 三个市场的雇员人数不同。c. 雇员人数取决于产品类型。d. 第一个数是指位于产业集群区域内企业的平均值，第二个数是指在工业区的企业的平均值。e. 第一个数是指位于产业集群区域内企业的平均值，第二个数是指在集群外部的企业的平均值。f. 第一个数是指 T 恤生产商，第二个数是针对衬衫生产商。g. 第一个数是指裁缝，第二个数是指成衣厂。

10.2 关键的增长动力

在第一章，我们提出如下三个假设：

假设1：企业经营者的管理型人力资本是成功实现多方位创新的主要影响因素。

假设2：贸易商不仅在数量扩张阶段中为促进低质量产品的销售起着关键的作用，而且还在促进升级产品的生产以及高质量配件和原料的供应方面起着关键的作用，从而提高了产业集群内企业的绩效。

假设3：多方位创新的成功，关键在于国际知识的成功转移。

本节将基于本书报告的统计分析结果，依次探讨这三个假设的有效性。

10.2.1 管理型人力资本

我们假定管理型人力资本由接受的正规教育、在贸易或市场营销方面的以往经验、作为管理者的经验以及参加的培训等构成。这样，我们对表示多方位创新的几个变量，包括作为产品质量指标的产品价格，直接销售和出口的份额，采购高质量原料的程度，以及作为整体绩效指标的企业规模，进行了基于管理型人力资本指标的回归分析。表10.3对回归分析的结果进行了总结。

受教育程度是多方位创新和企业整体绩效的影响因素。这一假设得到了所有案例研究的普遍支持。这一假设也得到了园

227

表 10.3　多方位创新和企业绩效的主要影响因素的总结[a]

	越南服装	肯尼亚服装	越南钢材	肯尼亚金属制品	巴基斯坦电气配件	埃塞俄比亚皮鞋	孟加拉服装	埃塞俄比亚服装[b]
受教育程度	**	**	**	**	**	**	**	- **
贸易经验	**	n. a.	**	n. a.	**	n. a.	**	* ***
管理经验	*	*	**	**	**	**	***	- *
培训项目	n. a.	-	n. a.	-	n. a.	n. a.	**	-
与贸易商熟识	**	**	n. a.	n. a.	n. a.	n. a.	**	n. a.
国际知识转移	东欧	无	越南、中国的国有企业	在内罗毕的外商直接投资企业	印度、斯里兰卡、中国	意大利	韩国、新加坡、欧洲、印度、中国	印度、毛里求斯

注：a. *** 非常显著，* 显著，- 不显著，n. a. 不适用。b. 本列左边的符号表示皮革裁缝的显著性，右边的符号表示服装企业的显著性。

部哲史和大冢启二郎（2006）的强烈支持。根据舒尔茨（1975）的观点，受教育程度提高了处理不均衡的能力。进行创新的能力和处理不均衡的能力有密切的联系，因为创新就是一种改变均衡的主要方法。此外，在产品质量、生产方法、市场营销和内部管理上的创新都是相辅相成的。所以为了能够成功，这些创新必须或多或少同时进行。① 十有八九，引进多方位创新的能力需要具有从正规教育中获得的通用性人力资本。必须指出的是，尽管埃塞俄比亚服装产业大型企业的经理的受教育程度很高，但是由于扭曲的管理激励机制，这些企业的利润率还是很低。

销售新的和改进了的产品、采购合适的新材料和零部件，都需要与有贸易有关的人力资本。这就是为什么产业发展通常都由曾从事过贸易的经营者来引导的，尤其在产品容易生产而难于销售的情况下，比如服装和鞋子（园部哲史和大冢启二郎，2006）。与这种观点相一致的是，在本书报告的五个案例中，前贸易商在引进多方位创新和提高企业绩效方面起到了重要作用（见表10.3）。我们没有预料到的是，在埃塞俄比亚的皮鞋产业中，以前做过贸易商的经验并不是一个显著的因素。但是，我们也必须注意到，尽管因案例太少而无法做统计，有些前贸易商在这个产业拥有并管理着大型且成功的企业。看起来，尽管贸易经验至关重要，但在撒哈拉以南非洲地区，由于在20世纪80年代引进结构调整政策之前，自由市场受到政府

---

① 令人感到有些奇怪的是，当熊彼特（1912）列举不同类型的创新时，他并没有认识到这种互补性。

过度干预的压制，有能力的前贸易商并不多。

229　　正如所预期的，管理经验是在所有案例中始终影响企业多方位创新和绩效的另一个重要因素。这可能是因为，与企业和产业有关的专用性知识是通过干中学习得的。然而，管理经验也许捕捉的是企业管理者如何存活的天赋，而不是在管理企业中习得的能力，这是可能的。的确，老的和生存下来的企业很可能将积累的利润投资在固定资本上，所以它们的规模更大，并且比新企业效率更高。

对于我们样本企业的经理们在过去受到培训的情况，除了孟加拉的案例以外，我们都未能获得详细数据。在很多案例中，回答我们调查问卷的经理说，他们从未参加过任何培训项目（见表10.3中的"不适用"）。即使有些人说参加过培训项目，虚拟变量表明他们参加的这种培训无显著意义（见肯尼亚的服装和金属制品产业案例）。但是，这不一定意味着培训项目是没用的。事实上，在孟加拉，在更发达的国家接受的培训对于促进创新和企业绩效是决定性的因素。看起来有可能是，设计良好、高强度的高级培训项目是刺激创新和企业成长的重要因素。

总之，毫无疑问，企业经营者的管理型人力资本在基于集群的产业发展中起到了关键的作用，这一点明确支持假设1。不仅孟加拉的企业经理而且埃塞俄比亚皮鞋产业中成功的企业经理，都是受过良好的教育。因此，正规学校教育的重要性，尤其值得我们注意。

10.2.2 贸易商的作用

我们相信除了提供市场营销服务以外，贸易商在把市场信息和技术知识带到产业集群中扮演着"推动者"的角色。但是，很难在统计分析上确定它们的作用，部分是因为所有制造企业都与它们集群中提供或多或少相似服务的贸易商有联系，部分是因为忙碌的贸易商不愿意把它们的业务数据提供给外人。但是，我们还是有幸在三个案例中，发现了它们的作用。

在越南北部的服装集群中，企业经理是否有海外越南裔贸易商亲戚，对他们产品的出口份额和质量及企业的绩效有影响。在内罗毕的服装集群中，吸引了小商贩的企业，在相对较大的作坊生产大量生产小批量的产品，从而获得了优异的企业整体绩效。在孟加拉的服装集群中，有些企业受到良好培训但没有资金来源，于是选择成为贸易商，与那些由缺少经验的企业主管理的企业做生易。这样一来，贸易商通过给这个集群的制造商提供相关信息而为生产扩张做出了贡献。此外，在越南的钢材集群和巴基斯坦的电气配件集群，想要提高产品质量的生产厂家，与外部贸易商签订长期合同是很常见的。

考虑到我们发现前贸易商成功地管理生产企业，看来很清楚，营销知识是管理型人力资本不可或缺的组成部分。这种看法与我们和企业经理的非正式访谈的结果是一致的。他们强调，企业经营的一个主要问题，是如何把质量改进了的产品卖出更高的价钱。这些论据支持假设 2。

230

10.2.3 国际知识转移

向国外学习对于提高企业业绩是非常重要的，这对于研究东亚产业发展的学者而言是再清楚不过的了。滨田等（2010）指出，日本经济在 20 世纪 60 年代奇迹般的增长，是因为有效地学习了发达国家的先进技术和管理经验。我们的案例研究有充足的证据支持这一论点。例如，现在越南和孟加拉的服装产业中成功的企业经理们，经常到中国学习改进了的技术和管理方式。而且，埃塞俄比亚皮鞋集群领头的企业经理们，常常去意大利学习设计、生产系统和营销。也需要注意到，在内罗毕的金属制品集群，有过在外国企业（如印度公司）工作经验的经理，比那些从未在这个产业的外国公司工作过的人，更倾向于经营更大型的企业及生产更高质量的产品。此外，亚洲的企业通常使用从中国进口的机器，它们的经理们向中国的机械师学习如何操作机器，这促进了生产技术从中国向其他国家的转移。

231　　　值得注意的是，我们对孟加拉服装产业的研究发现，向国外学习的影响有统计上的显著性，在国外受过培训的经理比其他经理的表现明显更好。考虑到对这种影响的量化研究通常很难，这一发现是很重要的。尽管我们没有其他统计证据，假设 3 看来与我们的经验观察是一致的。

我们希望指出的是，不仅从国外学习技术，而且学习管理知识也是很重要的。一旦引进新的生产技术，如何销售这些新产品、控制质量以及管理工人就成为关键的管理议题。因此，和多方位创新一样，如果想要成功，向国外学习也必须是多方位的。

10.3 重思产业集群的内生发展模式

在 1.2 节描述产业集群的内生发展模式时，我们想当然地认为：（1）创新是在数量扩张阶段由于新的模仿企业的快速进入，从而导致生产低质量产品的利润下降所激发的；（2）在数量扩张阶段后是质量提高阶段；（3）集群化的企业倾向于在整个质量提高阶段留在集群中。我们需要重新考察这些观点，因为中国的冲击也激发了创新的努力，孟加拉的服装集群跨越了数量扩张阶段，甚至在撒哈拉以南非洲地区的一些进步企业实际上离开了拥挤的产业集群。

10.3.1 中国冲击的影响

在数量扩张阶段，当低质量产品的价格下降时，企业可以选择继续生产低质量产品，尽管这样做利润会下降，或者选择努力引进创新来重获利润。在内生发展的模式下，利润下降能激发创新。虽然价格可能因内生原因下降，也可能因外在原因下降。问题在于，中国冲击带来的外生性价格下降，是否也促使在这场冲击中遭受损失的企业家们进行创新呢？

从埃塞俄比亚的皮鞋产业和巴基斯坦的电气配件产业应对中国冲击的反应来判断，答案看来是肯定的。不管降价的原因是什么，企业看来面对同样的选项：它们可以继续生产低质量

232

产品或者通过创新改进产品质量。① 企业更愿意选择后一选项，因为前一选项随着时间的推移利润会越来越少。

此外，根据纳德维（1999a）的报告，在美国因为卫生原因禁止进口低质量外科手术器械时，巴基斯坦的外科手术器械生产厂家被迫提高它们的产品质量。与之相似的是，特瓦里（1999）发现，以前苏联对低质量、低价格的产品需求很高，但苏联的瓦解刺激了印度的服装企业改进产品质量，因为这样才能在只需要高质量产品的北美和欧洲营销它们的产品。因而，不仅是市场内部产生的降价，而且外部的冲击引起的降价，看来也激励了企业为了生存而进行创新。

然而，根据我们对内罗毕服装集群的多次访谈来看，这一集群受到了中国冲击的重创；店铺的数目下降了，产品的构成也从日常服装转为本地服装和箱包，因为中国不对肯尼亚出口这类产品。在这一集群，管理型人力资本很薄弱，也很少向国外学习。看来，如果没有足够的管理型人力资本和向国外学习，就不能克服中国冲击带来的问题。

10.3.2 蛙跳的可能性

是否可能跳跃过数量扩张阶段，直接从出口产品的质量提高阶段开始工业化进程呢？因为孟加拉服装产业的发展开始于生产高质量的出口产品，所以这个问题的答案是肯定的。然而，极其重要的是，要认识到这一点之所以成为可能，是因为在比较发达的国家，如韩国和新加坡，对受教育程度高、能胜

① 其他的选择是关闭业务并转向受中国冲击影响程度较低的产品组合。

任工作、具有潜在的企业家才能的工人进行大规模的培训。换句话来说，对管理型人力资本有充足的投资，以从国外习得先进的技术和管理知识。

在工业化开始之前，不容易吸引许多年轻、能干的企业家。同时，谁来提供培训也是个问题。韩国的大宇公司为130个孟加拉工人培训了8个月，从这家私营公司的角度来看，这明显是个错误，因为所有这些人都离开了大宇公司。培训提供的不仅是与公司相关的信息，也有与产业相关的信息。因为受训人员是流动的，所以外国公司对本地雇员的管理型人力资本的投资是没有回报的。中国台湾的印刷电路板产业也有类似的经历，几乎所有第一代的台湾经理都离开了美国或日本的合资企业（园部哲史和大冢启二郎，2006）。

埃塞俄比亚政府也试图通过对新成立的大型出口导向型公司进行补贴和让它们入驻工业区的方法来使服装产业进行蛙跳。但是，它们这样做没有成功，因为它们没有努力去提升那些享受补贴的企业经理的管理型人力资本。

从孟加拉服装产业得到的经验教训是，如果我们提供适当的培训项目，就可能提高产品质量及营销和内部管理的效率。通过培训项目向国外学习和对管理型人力资本的投资是非常重要的，孟加拉的这个案例似乎为此提供了初步的证据。

10.3.3　搬迁

尽管我们的经验资料不够充足，但是我们的研究表明，一旦企业成功地获得了多方位创新，它们就常常会从产业集群搬走。值得注意的是，先驱企业往往坐落在集群的核心地区；这个区域是最拥挤的，而且它们更倾向于创新。后来的企业或追随企业都位于集群边缘，通常创新较少。企业的搬迁，部分是因为创新企业需要更大的厂区，在拥挤的集群里找不到拓展空间；部分是因为它们想避免被集群中不创新企业的模仿。如果对于这些创新企业的有效管理来说，需要分包给零部件商或者与贸易商的交易很重要，或者政府在附近建立宽敞的工业区，那么这些企业的搬迁就会是短距离的。如果搬迁的主要动因，是扩大生产规模到相当大的程度，并完全避开模仿企业，那么企业就会远距离搬迁。

234 　　正如我们之前所提到的，亚洲大多数创新企业都从原初的集群搬到工业区。在内罗毕金属制品集群和亚的斯亚贝巴皮鞋集群，我们观察到一些绩效好的企业也搬到了工业区。这些观察表明，在质量提高阶段的某个时期，产业集群的缺点超过了优点。考虑到在质量提高阶段，信息溢出依然严重，因而产业集群的作用就减弱了。[①] 但是，这一点需要在将来做进一步的研究。

10.4 集群发展战略

　　在最后一节，我们来探讨我们的研究对设计有效的集群发展政策的意义。

---

① 根据拉贝洛特（1999）和施米茨（1999）的研究，由于专属分包体系的发展，在质量提高阶段，生产商之间的信息溢出就失去了意义。如果情况是这样的话，那么可以继续发挥留在产业集群里所带来的优势。

10.4.1 对企业家的培训

最重要的政策是提供培训项目，加强企业经理的管理型人力资本，旨在从发达国家引进先进的技术和管理知识。毋庸置疑，进口的技术和管理方案必须是"合适的"，要避免过度资本运用和知识密集型的生产体系，低工资的发展中国家在这些生产体系没有比较优势。明智的做法是，通过建立职业学校和邀请外国管理和工程专家，形成制度化的培训体系。

孟加拉的模式显示，选择适当的产业、邀请合适的培训对象、教授合适的科目决不是件容易的事，但是可以提供这样的培训，以启动一个新的产业。风险相对较小的选择是，给增长停滞的集群提供培训项目。这些集群里，很多企业的经营者急于引进创新技术，以提高他们企业的利润。

为了检验此种培训的有效性，我们进行了一些实验项目。我们在肯尼亚内罗毕和加纳库马西的金属制品集群和埃塞俄比亚亚的斯亚贝巴的皮鞋和服装集群内，向随机选择的一些经理提供了3~4周的培训项目。我们现在计划和世界银行合作，为坦桑尼亚达累斯萨拉姆的服装集群、亚的斯亚贝巴的皮鞋集群，还有本书第2章和第4章讨论过的越南的两个集群，提供两个月的培训项目。由于需要时间使这种培训项目对管理效率发挥影响，我们计划在将来收集数据，对这种培训项目的影响进行严格评估。我们希望在不久的将来能在许多不同的背景下评估管理培训项目的真正影响。

从长期来看，提高潜在企业家的教育水平也将越发重要。不过，这并不一定是产业发展政策的一部分，因为学校教育有

235

许多其他的目的。

10.4.2 基础设施投资

至少两种基础设施投资可以促进产业集群的发展。第一种是为促进产业集群的形成而设计的。建设市场场所以便利市场交易（中国的浙江省和内罗毕的服装产业都已经积极地这样做了）；划定工业区域（内罗毕的金属制品集群已经这样做了）；提供优惠的所得税待遇（除了中国，其他国家很少这样做）；以及提供基本的基础设施，如道路和电力等。这些是政策支持产业集群形成的一些主要例子。

为创新性企业建造工业区是在质量提高阶段促进产业集群发展的一项极其重要的政策。正如从埃塞俄比亚的服装集群案例中看到的那样，在工业区给新企业提供场地是一项有风险的选择，因为不清楚所支持的企业是否真的是创新的和有前途的企业。一个更好的政策是，当在产业集群中的企业已经证明在提高企业管理方面取得了成功之后，再把它们纳入到工业区中。

10.4.3 补贴信贷的提供

据我们所知，在质量竞争加剧以前，信贷对于企业的成长来说不是一个主要的制约因素。无一例外，除了企业家的自有资金之外，企业的初始资本是从亲戚朋友处筹集的。因为在数量扩张阶段，经营的最优规模很小，所以对资本的需要也很少。此外，由于集群中制造企业间的劳动分工，新企业的资本需求往往也较小（阮和张，2009）。此外，在数量扩张阶段，

提供补贴信贷给有前途的企业难以实施，因为大部分企业的规 236
模都很小，并且生产相似的低质量产品。因而，如果信贷政策
在数量扩张阶段实施，就不能避免把补贴给予非创新性企业所
带来的逆向选择问题。

所以，一旦创新活动成为常态，就是到了提供补贴信贷给
创新企业的时候。为了提高生产规模，创新企业对信贷的需求
变大。在这个阶段，也相对容易区分创新企业和非创新企业。
因此，我们建议在基于集群的产业发展的质量提高阶段采取向
创新企业提供补贴信贷的政策。

10.4.4 随机的和自然的实验

我们的研究提供了强有力的证据说明，在数量扩张阶段，
应支持形成产业集群，提升管理型人力资本；在质量提高阶段
的恰当时期，提供场地和补贴信贷。但是，由于其有效性还有
待证实，所以没有一个严格而完全令人信服的建议。为了评估
为形成管理型人力资本所提供的培训项目的效果，随机实验将
是可行的，并且如前面所提到的，已经在开展之中。在这种随
机的实验中，向随机选择的企业的管理者提供培训。为了评估
建造产业区和提供补贴信贷的政策的效果，随机实验可能不可
行。在这种情况下，为了考察干预的因果关系，应该寻找
"自然"实验的机会。为了进行自然实验，我们希望在完成案
例研究后，与产业集群所在的当地政府和援助机构合作。

通过结合随机的和自然的实验，真正有效的产业发展政策
将被制定出来。这是我们必须要解决的遗留问题。

参考文献

Adelman, M. A. (1955) "Concept and Statistical Measurement of Vertical Integration, in G. J. Stigler (ed.), Business Concentration and Price Policy (Princeton, NJ: Princeton University Press).

阿德尔曼 (1955)，"纵向合并的概念及其统计测量"，施蒂格勒主编，《商业集中和价格政策》（普林斯顿，新泽西州：普林斯顿大学出版社）。

Akerlof, G. A. (1970) "The Market for Lemons: Quality Uncertainty and the Market Mechanism," Quarterly Journal of Economics, 84 (3), 488 – 500.

乔治·阿克罗夫，(1970)，"柠檬市场：质量不确定和市场机制"，《经济学季刊》，84 (3)，488 – 500。

Akoten, J. E., and Otsuka, K. (2007) "From Tailors to Mini-Manufacturers: The Role of Traders in the Performance of Garment Enterprises in Kenya," Journal of African Economies, 16 (4), 564 – 95.

约翰·阿克特、大冢敬二郎 (2007)，"从裁缝到小型制造商：商人的服装企业在肯尼亚的绩效中的作用"，《非洲经济杂志》16 (4)，564 – 95。

Akoten, J. E., Sawada, Y., and Otsuka, K. (2006) "The Determinants of Credit Access and Its Impacts on Micro and Small Enterprises: The Case of Garment Producers in Kenya," Economic Development and

Cultural Change, 54（4），927–44.

约翰·阿克特、泽田康之、大冢圭二郎（2006），"信贷准入及其对小微企业的影响因：肯尼亚服装生产商的案例"，《经济发展与文化变迁》54（4），927–44。

Arellano, M., and Bond, S.（1991）"Some Tests of Specification for Panel Data：Monte Carlo Evidence and an Application to Employment Equations," Review of Economic Studies, 58（2），277–97.

阿雷利亚诺·曼努埃尔、邦德. 斯蒂芬（1991），"面板数据的规范测试：蒙特卡罗证据和就业方程的应用程序"，《经济研究评论》58（2），277–97。

Arrow, K. J.（1962）"The Economic Implications of Learning by Doing," Review of Economic Studies, 29（3），155–73.

肯尼斯·约瑟夫·阿罗，（1962），"边干边学的经济学应用"，《经济研究评论》29（3），155–73。

Arrow, K. J.（1985）"Economic Development：The Present State of the Art," in K. J. Arrow（ed.）, Collected Papers of Kenneth J. Arrow, Volume 6：Applied Economics（Cambridge, MA：Harvard University Press）, reprinted from Papers of the East-West Communication Institute, No. 14, 1975.

肯尼斯·约瑟夫·阿罗（1985），"经济发展：艺术的现状，"肯尼斯·约瑟夫·阿罗集第6卷：《应用经济学》（剑桥，麻省：哈佛大学出版社），东西方传播研究所论文重印1975，第14版。

Bangladesh, Export Promotion Bureau（2005）Export from Bangladesh 1972–73 to 2004–2005（Dhaka：Export Promotion Bureau）.

孟加拉国，出口促进局（2005），《孟加拉国出口1972–73至2004–2005》（达卡：出口促进局）。

Bangladesh Garment Manufacturers and Exporters Association（BGMEA）（various years）BGMEA Members Directory（Dhaka：BGMEA）.

孟加拉国服装制造及出口商协会（BGMEA）（不同年份），《孟加拉国服装制造及出口商协会会员名录》（达卡：孟加拉国服装制造及出口商协会）。

Bangladesh Knitwear Manufacturers and Exporters Association（BKMEA）
（2005）BKMEA Members Directory 2005（Dhaka：BKMEA）.

孟加拉国针织品制造及出口商协会（BKMEA）（2005），《孟加拉国
针织品制造及出口商协会会员名录》（达卡：孟加拉国针织品制造及出口
商协会）。

Barr, A.（2000），"Social Capital and Technical Information Flows in the
Ghanaian Manufacturing Sector，" Oxford Economic Papers, 52（3），539
–59.

阿比盖尔·巴尔（2000），"加纳制造业中的社会资本与技术信息流
动"，《牛津经济论文集》52（3），539 –59。

Barro, R. J., and Sala-i-Martin, X.（1992）"Convergence"，Journal of
Political Economy，100（2），223 –51.

巴罗·罗伯特、萨拉·泽维尔（1992），"收敛"，《政治经济学杂
志》100（2），223 –51。

Bazan, L.，and Navas-Aleman, L.（2004）"The Underground
Revolution in the Sinos Valley：A Comparison of Upgrading in Global and
National Value Chains，" in H. Schmitz（ed.），Local Enterprises in the Global
Economy（Cheltenham, UK：Edward Elgar）.

路易莎·巴赞、利兹柏斯·阿莱曼（2004），"西诺斯谷的"地下革
命"：全球价值链与国家价值链升级的比较"，施密茨主编，《全球经济
中的当地企业》（切尔滕纳姆，英国：爱德华，埃尔加）。

Beck, T., Demirgüc-Kunt, A., and Honohan, P.（2009）"Access to
Financial Services：Measurement，Impact，and Policies，" World Bank
Research Observer, 24（1），119 –45.

贝克、德米入尔克—昆特、红那汉，（2009），"金融服务可获得性：
测量、影响和政策"，《世界银行研究观察家》，24（1），119 –45。

Becker, G. S.，and Murphy, K. M.（1992）"The Division of Labor,
Coordination Costs, and Knowledge，" Quarterly Journal of Economics, 107

(4)，1137 - 60.

加里·贝克尔学、凯文·墨菲（1992），"劳动分工、协调成本和知识"，《经济学季刊》，107（4），1137 - 60。

Bhagwati, J. (1982) " Directly Unproductive, Profit-Seeking Activities," Journal of Political Economy, 90 (5), 988 - 1002.

巴格瓦蒂（1982），"直接非生产性寻利活动"，《政治经济学杂志》，90（5），988 - 1002。

Bigsten, A., and Gebreeyesus, M. (2007) "The Small, the Young, and the Productive: Determinants of Manufacturing Firm Growth in Ethiopia," Economic Development and Cultural Change, 55 (4), 813 - 40.

阿恩·比格斯特、姆鲁·戈比瑞武瑟斯（2007），"弱小、年轻和生产：埃塞俄比亚制造企业成长的决定因素"，《经济发展与文化变迁》55（4），813 - 40。

Bigsten, A., and Soderbom, M. (2006), "What Have We Learned from a Decade of Manufacturing Enterprise Surveys in Africa?, WorldBank Research Observer, 21 (2), 241 - 65.

阿恩·比格斯特、瑟得·波穆芒（2006），"非洲制造企业的十年调查，我们学到了什么?"，《世界银行研究观察家》，21（2），241 - 65。

Bigsten, A., Collier, P., Dercon, S., Fafchamps, M., Gauthier, B., Gunning, J. W., Oduro, A., Oostendorp, R., Patillo, C., Soderbom, M,, Teal, F., and Zeufack, A. (2000), "Contract Flexibility and Dispute Resolution in African Manufacturing," Journal of Development Studies, 36 (4), 1 - 37.

阿恩·比格斯特、保罗·科利尔、斯特凡·德瑞克、马塞尔·法夫差姆普斯、伯纳德·戈捷、威廉·冈宁、奥杜洛、凯茜·派缇乐、瑟得·波穆芒、蒂尔·弗朗西斯和阿尔伯特·泽法克（2000），"非洲制造业中的合同的灵活性和纠纷解决"，《发展研究杂志》，36（4），1 - 37。

Bigsten, A., Collier, P., Dercon, S., Fafchamps, M., Gauthier, B., Gunning, J. W., Oduro, A., Oostendorp, R., Patillo, C., Soderbom, M.,

Teal, F., and Zeufack, A. (2004), "Do African Manufacturing Firms Learn from Exporting?," Journal of Development Studies, 40 (3), 115 – 41.

阿恩·比格斯特、保罗·科利尔、斯特凡·德瑞克、马塞尔·法夫差姆普斯、伯纳德·戈捷、威廉·冈宁、奥杜洛、凯茜·派缇乐、瑟得·波穆芒、蒂尔·弗朗西斯和阿尔伯特·泽法克（2004），"非洲制造业企业向出口学习了吗?"《发展研究杂志》40（3），115 – 41。

Bigsten, A., Kimuyu, P., and Lundvall, K. (2004), "What to Do with the InformalSector?," Development Policy Review, 22 (6), 701.

阿恩·比格斯特、彼得·克目予和卡尔伦德瓦尔（2004），"非正规经济部门做什么用?"《发展政策评论》22（6），701。^

Bloom, N., and Van Reenen, J. (2007), "Measuring and Explaining Management Practices Across Firms and Countries," Quarterly Journal of Economics, 122 (4), 1341 – 409.

布鲁姆·尼古拉斯、范·瑞恩（2007），"企业和国家中管理实践的测量与解释"，《经济学季刊》，122（4），341 – 409。

Bloom, N., and Van Reenen, J. (2010), "Why Do Management Practices Differ across Firms and Countries?," Journal of Economic Perspectives, 24 (1), 203 – 24.

布鲁姆·尼古拉斯、范·瑞恩（2010）"为什么各公司和国家的管理实践会不同?"《经济展望杂志》，24（1），203 – 24。

Bruhn, M., Karlan, D., and Schoar, A. (2010) "What Capital is Missing in Developing Countries?," American Economic Review, 100 (2), 629 – 33.

布鲁恩仪、卡兰和安托瓦内·斯考勒（2010），"什么发展中国家的资本在流失?"《美国经济评论》，100（2），629 – 33。

Burki, A., and Terrell, D. (1998), "Measuring Production Efficiency of Small Firms in Pakistan," World Development, 26 (1), 155 – 69.

德瑞克，阿比德、特雷尔，（1998），"巴基斯坦小公司生产效率的测量"，《世界发展》26（1），155 – 69。

Caniels, M. C. J., and Romijn, H. A. (2003), "Agglomeration Advantages and Capability Building in Industrial Clusters: The Missing Link," Journal of Development Studies, 39 (3), 129 – 54.

凯尼勒斯、亨尼罗梅恩 (2003)，"产业集群的集聚优势和能力建设：缺少的环节"，《发展研究杂志》39 (3)，129 – 54。

Caves, D. W., Christensen, L. R., and Diewert, W. E. (1982), "Multilateral Comparisons of Output, Input, and Productivity Using Superlative Index Numbers," Economic Journal, 92 (365), 73 – 86.

凯乌斯、克里斯滕森和迪沃特 (1982)，"使用最高级指数对投出、产出和生产效率的多边比较"，《经济学杂志》92 (365)，73 – 86.；M'Q

Central Bureau of Statistics (CBS), International Center for Economic Growth (ICEG), and K-Rep Holdings Ltd. (1999) National Micro and Small Enterprise Baseline Survey 1999: Survey Results (Nairobi: CBS, ICEG, and K-Rep Holdings Ltd).

中央统计局 (CBS)，国际经济增长中心 (ICEG) (1999) 全国微小型企业基线调查 1999：调查结果 (内罗毕：CBS，ICEG，K-Rep 控股有限公司)

China, National Bureau of Statistics (various years) China Labor Statistical Yearbook (Beijing: China Statistics Press).

中国，国家统计局 (历年)，中国劳动统计年鉴 (北京：中国统计出版社)。

China, National Bureau of Statistics (2005) China Statistical Yearbook (Beijing: China Statistics Press).

中国，国家统计局 (2005)，中国统计年鉴 (北京：中国统计出版社)

Collier, P., and Gunning, J. W. (1999), "Explaining African Economic Performance," Journal of Economic Literature, 37 (1), 64 – 111.

保罗·科利尔、冈宁，(1999)，"非洲经济表现解释"，《经济文献期刊》37 (1)，64 – 111。

Crespo, N. , and Fontoura, M. P. (2007),"Determinant Factors of FDI Spillovers-What Do We Really Know?" World Development, 35 (3), 410 – 25.

克雷斯波·努诺、托拉玛丽亚保,(2007)对外直接投资溢出效应的决定因素—我们真的知道吗?《世界发展》35 (3),410 – 25。

Daniels, L. , and Mead, D. C. (1998),"The Contribution of Small Enterprises to Household and National Income in Kenya," Economic Development and Cultural Change, 47 (1), 45 – 71.

丽莎·丹尼尔斯、唐纳·德米德 (1998),"肯尼亚小企业对家庭和国家收入的贡献",《经济发展与文化变迁》47 (1),45 – 71。

David, C. C. , and Otsuka, K. (1994), Modern Rice Technology and Income Distribution in Asia (Boulder:Lynne Rienner).

克里斯蒂娜、大冢敬二郎 (1994),《亚洲现代水稻技术和收入分配》(博尔德:琳恩雷纳出版社)。

Davidson, R. , and MacKinnon, J. G. (1993), Estimation and Inference in Econometrics (Oxford:Oxford University Press).

罗素·戴维森、詹姆斯·麦金农 (1993),《计量经济学中估计和推断》(牛津:牛津大学出版社)

DiGregorio, M. R. (2001), Iron Works:Excavating Alternative Futures in a Northern Vietnamese Craft Village, PhD dissertation, University of California, Los Angeles.

迪格瑞哲睿 (2001),《铁厂:探究越南北部工艺村的未来》,博士论文,加州大学洛杉矶分校。

Ding, K. (2007), Domestic Market-based Industrial Cluster Development in Modern China, IDS Discussion Paper No. 88, Institute of Developing Economies, Japan External Trade Organization.

丁克 (2007),《当代中国基于国内市场发展起来的产业集群》,IDS8 号讨论文件,亚洲经济研究所,日本贸易振兴社 (JETRO)。

Easterly, W. (2002), The Elusive Quest for Growth:Economists

Adventures and Misadventures in the Tropics（Massachusetts：MIT Press）．

威廉·伊斯特利，（2002），《难以捉摸的追求成长：经济学家在热带的冒险和不幸》（马萨诸塞州：麻省理工学院出版社）。

Evans, D. S.（1987）"Tests of Alternative Theories of Firm Growth", Journal of Political Economy, 95（4），657 – 74.

埃文斯（1987），"企业成长可替代理论检验"，《政治经济学杂志》95（4），657 – 74。

Fafchamps, M.（2004）, Market Institutions in Sub-Saharan Africa: Theory and Evidence（Cambridge, MA：MIT Press）．

法肯姆普斯（2004），《撒哈拉以南非洲的市场制度：理论与实证》（马萨诸塞州剑桥：麻省理工学院出版社）。

Fafchamps, M., and Minten, B.（2001）, "Social Capital and Agricultural Trade," American Journal of Agricultural Economics, 83（3），680 – 5.

法肯姆普斯、明腾（2001），"社会资本与农业贸易"，《农业经济学杂志》83（3），680 – 5。

Fafchamps, M., and Soderbom, M.（2006）, "Wages and Labor Management in African Manufacturing," Journal of Human Resources, 41（2），346 – 79.

法肯姆普斯、瑟德布穆，（2006），"非洲制造业中的工资与劳动管理"，《人力资源杂志》41（2），346 – 79。

Fisman, R.（2001）, "Trade Credit and Productive Efficiency in Developing Countries" World Development, 29（2），311 – 21.

菲斯曼·雷蒙德（2001），"发展中国家的贸易信贷与生产效率"，《世界发展》29（2），311 – 21。

Gereffi, G.（1999）, "International Trade and Industrial Upgrading in the Apparel Commodity Chain," Journal of International Economics, 48（1），37 – 70.

格里芬·加里（1999），"服装商品链的国际贸易和产业升级"，《国际经济学杂志》48（1），37－70。

Giuliani, E., Pietrobelli, C., and Rabellotti, R. (2005) "Upgrading in Global Value Chains: Lessons from Latin American Clusters," World Development, 33 (4), 549－73.

朱利亚尼、彼得罗贝利、热贝罗蒂（2005），"全球价值链升级：拉美产业集群的经验"《世界发展》33（4），549－73。

Gunning, J. W., and Mengistae, T. (2001) "Determinants of African Manufacturing Investment: The Microeconomic Evidence," Journal of African Economies, 10 (Suppl. 2), 48－80.

冈宁、门吉斯泰，2001，"非洲制造业投资的决定因素—微观证据"《非洲经济杂志》第10卷，增刊期2，48－80。

Hamada, K., Otsuka, K., Ranis, G., and Togo, K. (2010) The Miraculous Growth and Stagnation: Lessons from the Postwar Japanese Development Experience (London: Routledge).

滨田、冢敬二郎、雷恩斯和东乡（2010），《神奇增长与停滞：战后日本发展的经验》（伦敦：劳特利奇）

Hart, O., and Moore, J. (1990), "Property Rights and the Nature of the Firm," Journal of Political Economy, 98 (6), 1119－58.

哈特、摩尔（1990），"产权与企业的性质"，《政治经济学杂志》98（6）1119－58。

Hayami, Y. (1998) "Toward an Alternative Path of Economic Development: An Introduction," in Y. Hayami (ed.), Toward the Rural-Based Development of Commerce and Industry: Selected Experiences from East Asia (Washington, DC: World Bank Economic Development Institute).

早见裕次郎（1998），"经济发展的另一路径：导言"，载早见裕次郎主编《农村为基础发展的工商业：东亚的特定经验》（华盛顿特区：世界银行经济发展所）。

Hayami, Y. (2006) "Communities and Markets for Rural Development under Globalization: A Perspective from Villages in Asia," Discussion Paper

Series on International Studies 2006 – 08 – 02, Foundation for Advanced Studies on International Development.

早见裕次郎（2006），"社区和市场对全球化背景下的农村发展：一个亚洲村庄的视角"，国际研究讨论文章节选 2006 – 08 – 02 国际发展高级研究基金会。

Hayami, Y., and Godo, Y. (2005), Development Economics：From the Poverty to the Wealth of Nations, 3rd edn (Oxford：Oxford University Press).

早见裕次郎、贺寿悟道（2005），《发展经济学：从贫困到国富》，第三版（牛津大学出版社）

Hayami, Y., and Kawagoe, T. (1993), The Agrarian Origins of Commerce and Industry：A Study of Peasant Marketing in Indonesia (New York：St Martin's Press).

早见裕次郎、川越敏彦（1993），《土地工商业的起源：印度尼西亚农民营销研究》（纽约：圣马丁出版社）。

Heston, A., and Sicular, T. (2008), "China and Development Economics" in L. Brandt and T. G. Rawski (eds), China's Great Economic Transformation (New York：Cambridge University Press).

赫斯顿、西库勒（2008），"中国和发展经济学"，载勃兰特和罗斯基主编《中国的经济大转型》（纽约：剑桥大学出版社）。

Hong, C. M., and Gee, S. (1993), "National Systems Supporting Technical Advance in Industry：The case of Taiwan," in R. R. Nelson (ed.), National Innovation Systems：A Comparative Analysis (Oxford：Oxford University Press).

弘和吉（1993），"全国系统配套技术进步的行业：台湾为例"，载尼尔森主编《国家创新体系：一个比较分析》（牛津：牛津大学出版社）。

Hoq, M. (2004), "Knitwear Industry in Bangladesh：An Untold Story," in Bangladesh Knitwear Manufacturers and Exporters Association (BKMEA) (ed.), Explore the Galore of Bangladesh Knitwear 1st Bangladesh Knitwear Exhibition (Dhaka：BKMEA).

宏克（2004），"针织服装行业在孟加拉国：一个不为人知的故事"载孟加拉国针织品制造及出口商协会编《探索孟加拉国针织品第一个孟加拉针织展》（达卡：孟加拉国针织品制造及出口商协会）。

Huang, Y., and Bocchi, A. M. （eds）（2008）, Reshaping Economic Geography in East Asia（Washington, DC：World Bank）.

黄育空、波克池主编（2008），《重塑东亚经济地理》（华盛顿特区：世界银行）。

Humphrey, J., and Schmitz, H. （1996）, "The Triple C Approach to Local Industrial Policy", World Development, 24 （12）, 1859 – 77.

汉弗莱、施密茨（1996），"地方产业政策中的三 C 方法"，《世界发展》24 （12），1859 – 77。

Humphrey, J., and Schmitz, H. （1998）, "Trust and Inter-Firm Relations in Developing and Transition Economies", Journal of Development Studies, 34 （4）, 32 – 61.

汉弗莱、施密茨（1998），"发展和转型经济体的信任和企业间关系"，《发展研究杂志》34 （4），32 – 61。

Hymer, S., and Resnick, S. （1969）, "A Model of an Agrarian Economy with Nonagricultural Activities," American Economic Review, 59 （4）, 493 – 506.

海默、雷斯尼克（1969），"非农活动中的土地经济模型"，《美国经济评论》59 （4），493 – 506。

Iddrisu, A., and Sonobe, T. （2007）, Human Capital and Industrial Development：A Case Study of an Auto Repair and Metalworking Cluster in Ghana, mimeo, Foundation for Advanced Studies on International Development.

伊德里苏、园部哲史（2007），《人力资本和工业发展：汽车修理个案和加纳金属加工集群研究》，国际发展高级研究基金会。

International Monetary Fund （IMF）（2007）, World Economic Outlook Database, available at http：//www.imf.org/external/pubs/ft/weo/2007/01/

data/index. htm accessed on June 22, 2007.

国际货币基金组织（IMF）（2007），世界经济展望数据库，可访问 http：//www. imf. org/external/pubs/ft/weo/2007/01/data/index. htm 2007 年6月22日。

Itoh, M., and Tanimoto, M. （1998）, "Rural Entrepreneurs in the Cotton-Weaving Industry of

Japan," in Y. Hayami （ed.）, Toward the Rural-Based Development of Commerce and Industry: Selected Experiences from East Asia （Washington, DC: World Bank Economic Development Institute）.

伊藤、埃斯图迪略（1998），"日本棉织业的农村企业家"，载早见裕次郎，《农村为基础的发展工商业：东亚的特定经历》（华盛顿特区：世界银行经济发展学院）。

Jacobs, J. （1969）, The Economy of Cities （New York: Vintage）.

雅各布斯（1969），《城市的经济》（纽约：蓝登书屋）。

Jacobs, J. （1984）, The Wealth of Nations: Principles of Economic Life （New York: Vintage）.

雅各布斯（1984），《国家财富：经济生活准则》（纽约：蓝登书屋）。

Japan International Cooperation Agency （JICA）（2004）, The Study on Artisan Craft Development Plan for Rural Industrialization in The Socialist Republic of Vietnam （Hanoi: JICA）.

日本国际合作机构（JICA）（2004），《越南社会主义共和国农村工业化中工匠工艺发展规划研究》（河内：日本国际合作机构）

Kaldor, N. （1934）, "The Equilibrium of the Firm," Economic Journal, 44 （173）, 60 – 76.

卡尔多（1934），"公司的平衡"，《经济学杂志》44 （173），60 – 76。

Karlan, D. and Morduch, J. （2009）, "Access to Finance," in D. Rodrik and M. Rosenzweig （eds）, Handbook of Development Economics, Volume 5 （Amsterdam: North Holland）.

卡兰、默多克（2009），"融资渠道"，载罗德里克、罗森茨维格著《发展经济学手册》第5卷（阿姆斯特丹：北荷兰）。

Khan, S. (2004), Textile and Clothing Sector in Bangladesh: Post MFA Challenges and Action

Plan, mimeo, Bangladesh Ministry of Commerce and WTO Cell.

卡韩，S. （2004）：《盂加拉国的纺织和服装部门：后外交部时代的挑战和行动计划》，盂加拉国商务部和世界贸易组织。

Kikuchi, M. (1998), "Export-Oriented Garment Industries in the Rural Philippines," in Y. Hayami (ed.), Toward the Rural-Based Development of Commerce and Industry: Selected Experiences from East Asia (Washington, DC: World Bank Economic Development Institute).

克库池（1998），"菲律宾农村出口导向的服装产业"，载早见裕次郎，《农村为基础的发展工商业：东亚的特定经历》（华盛顿特区：世界银行经济发展学院）。

King, K. (1996), Jua Kali Kenya: Change & Development in an Informal Economy, 1970－95 (London: James Currey; Nairobi: East African Education Publisher; and Athens: Ohio University Press).

肯（1996），《肯尼亚手工业者：挑战和发展在非正式经济1970－95》（伦敦：詹姆斯 朗曼出版社；内罗毕：东非教育出版社；雅典：俄亥俄大学出版社)

Kinyanjui, N. (2007), "The Kamkunji metal work cluster in Kenya," in D. Z. Zeng (ed.),

Knowledge, Technology, and Cluster-Based Growth in Africa (Washington, DC: World Bank)

基尼安朱伊（2007），"肯尼亚金属制品集群"，载曾志华主编《知识、技术和非洲基于集群的增长》（华盛顿特区：世界银行）。

Klein, B., and Leffler, K. (1981), "The Role of Market Forces in Assuring Contractual Performance," Journal of Political Economy, 89 (4), 615－41.

克莱因、莱弗勒（1981），"市场力量在确保合同履行的作用"，《政治经济学杂志》89（4），615-41。

Knorringa, P, (1999), "Agra: An Old Cluster Facing the New Competition," World Development, 27 (9), 1, 587 - 1, 604.

克农瑞噶（1999），"阿格拉：老集群的新竞争"，《世界发展》27 (9), 1587 - 1604。

Krugman, P. (1991), Geography and Trade (Cambridge, MA: MIT Press).

克鲁格曼（1991），《地理与贸易》（剑桥，麻省理工学院出版社）。

Lazerson, M. (1995), "A New Phoenix: Modern Putting-Out in the Modena Knitwear Industry," Administrative Science Quarterly, 40 (1), 34 -59.

马克·拉泽松（1995），"新凤凰城：摩德纳针织品行业的新出局"，《行政科学季刊》40（1），34-59。

Levy, B. (1991), "Transaction Costs, the Size of Firms and Industrial Policy," Journal of Development Economics, 34 (1/2), 151 -78.

布莱恩·利维（1991），"交易成本，企业和产业政策的规模"，《发展经济学杂志》34（1/2），151-78。

Lika, T. (1997), Employment and Income in the Urban Informal Sector: A Case Study of Informal Leather Shoe Making Enterprises in Wereda 5, Addis Ababa, MA thesis, Addis Ababa University.

利卡（1997），《城市非正规部门的就业和收入：以非正式皮革制鞋企业亚的斯亚贝巴委雷德5区为例》，硕士论文，亚的斯亚贝巴大学。

Liu, D., and Otsuka, K. (1998), "Township-Village Enterprises in the Garment Sector of China"

in Y. Hayami (ed.), Toward the Rural-Based Development of Commerce and Industry: Selected

Experiences from East Asia (Washington, DC: World Bank Economic Development Institute).

刘德强、大冢敬二郎（1998），"中国服装行业中的乡镇企业"，载早见裕次郎等主编《以农村为基础发展的工商业：东亚的特定经历》（华盛顿特区：世界银行经济发展学院）。

Lucas, R. E. （1978），"On the Size Distribution of Business Firms," Bell Journal of Economics," 9（2），508 – 23.

卢卡斯（1978），"商业企业的规模分布"，《经济学贝尔杂志》9（2），508 – 23。

Marshall, A. （1920），Principles of Economics（London：Macmillan, now Palgrave Macmillan）.

马歇尔（1920），《经济学原理伦敦》（伦敦：麦克米伦；普罗米修斯）。

McCormick, D. （1999），"African Enterprise Clusters and Industrialization：Theory and Reality,"

World Development, 27（9），1531 – 51.

麦考密克（1999），"非洲企业集群和产业化：理论与现实"，《世界发展》27（9），1531 – 51。

McCormick, D., and Kinyanjui, M. N. （2000），Toward a Practical Understanding of Enterprise

Clusters in Kenya, Final Report Submitted to International Centre for Economic Growth,

University of Nairobi.

麦考密克、尼安朱伊（2000），《肯尼亚企业集群的实际理解》，最终报告提交给经济增长国际中心，内罗毕大学。

McCormick, D., Kinyanjui, M. N., and Ongile, G. （1994），Networks, Markets, and Growth in

Nairobi's Garment Industry, Final Report to International Centre for Economic Growth, University of Nairobi.

麦考密克、基尼安朱伊、奥格乐，（1994），《罗毕的服装行业的网络、市场和成长》，最终报告提交给经济增长国际中心，内罗毕大学。

McCormick, D., Kinyanjui, M. N., and Ongile, G. (1997), "Growth and Barriers to Growth

Among Nairobi's Small and Medium-Sized Garment Producers," World Development, 25 (7), 1095 – 1110.

麦考密克、基尼安朱伊、奥格乐 (1997)，"内罗毕中小服装企业的成长与制约"，《世界发展》25 (7) 1095 – 1110。

McPherson, M. (1996), "Growth of Micro and Small Enterprises in Southern Africa," Journal of

Development Economics, 48 (2), 253 – 77.

麦克弗森 (1996)，"南部非洲微小型企业的发展"，《发展经济学杂志》48 (2)，253 – 77。

Mengistae, T. (2001), Indigenous Ethnicity and Entrepreneurial Success in Africa: Some Evidence from Ethiopia, Policy Research Working Paper 2534, world bank.

门吉斯泰 (2001)，《非洲土著民族与创业成功：埃塞俄比亚的一些证据》，政策研究工作文件 2534，世界银行。

Mengistae, T. (2006), "Competition and Entrepreneurs' Human Capital in Small Business Longevity and Growth," Journal of Development Studies, 42 (5).

门吉斯泰 (2006)，"小企业持续和增长中的竞争和企业家人力资本"，《发展研究杂志》42 (5)。

Mlachila, M., and Yang, Y. (2004), The End of Textiles Quotas: A Case Study of the Impact on Bangladesh, IMF Working Paper No. WP/04/108, International Monetary Fund.

马拉池拉、杨雍正 (2004)，《纺织品配额的终结：以孟加拉国的影响为例》，国际货币基金工作文件第 04/108，国际货币基金。

Mottaleb, K. A. (2007), Human Capital and Industrial Development: The Case of the Knitwear Garment Industry in Bangladesh, PhD dissertation, National Graduate Institute for Policy Studies.

莫特乐博（2007），《人力资本和工业发展：以孟加拉国的针织服装行业为例》，博士论文，国家政策研究所。

Murakami, N., Liu, D., and Otsuka, K. (1994), "Technical and Allocative Efficiency among Socialist Enterprises: The Case of the Garment Industry in China," Journal of Comparative Economics, 19 (3), 410 –33.

村上直树、刘德强、大冢敬二郎（1994），"社会主义企业之间的技术和配置效率：以中国的制衣业为例"，《比较经济学杂志》19 (3)，410 –33。

Murakami, N., Liu, D., and Otsuka, K. (1996), "Market Reform, Division of Labor, and Increasing Advantages of Small-scale Enterprises: The Case of The Machine Tool Industry in China," Journal of Comparative Economics, 23 (3), 256 –77.

村上直树、刘德强、大冢敬二郎（1996），"市场改革、劳动分工和小企业优势的提高：以中国的机床行业为例"，《比较经济学杂志》，23 (3)，256 –77。

Nabi, E. (1988), Entrepreneurs and Markets in Early Industrialization: A Case Study from Pakistan (San Francisco, CA: ICS Press).

伊贾兹（1988），《企业家和早期的市场工业化：以巴基斯坦为例》（旧金山，加利福尼亚州，当代问题研究所出版社）

Nadvi, K. (1996), Small Firms Districts in Pakistan, PhD thesis, University of Sussex.

纳德维，K. (1996)，《巴基斯坦的小企业》，博士论文，萨塞克斯大学。

Nadvi, K. (1999a), "Collective Efficiency and Collective Failure: The Response of the Sialkot Surgical Instrument Cluster to Global Quality Pressures," World Development, 27 (9), 1605 –26.

纳德维（1999a），"集体效率与集体失败：锡亚尔科特手术器械集群对全球质量压力的响应"，《世界发展》，27 (9)，1605 –26。

Nadvi, K. (1999b), "Shifting Ties: Social Networks in the Surgical

Instrument Cluster of Sialkot, Pakistan," Development and Change, 30 (1), 141 – 75.

纳德维（1999b），"转移关系：社会网络在锡亚尔科特，巴基斯坦手术器械集群"，《发展与变迁》30（1），141 – 75。

Nadvi, K. (2008), "Global Standards, Global Governance and the Organization of Global Value Chains," Journal of Economic Geography, 8 (3), 323 – 43.

纳德维（2008），"全球标准，全球治理和全球价值链的组织"，《经济地理期刊》8（3），323 – 43。

Nam, V. H., Sonobe, T., and Otsuka, K. (2009), "An Inquiry into the Transformation Process of Village-based Industrial Clusters: The Case of an Iron and Steel Cluster in Northern Vietnam," Journal of Comparative Economics, 37 (4), 568 – 81.

武南晃、大冢敬二郎、园部哲史（2009），"探究以村为基础的产业集群的转型过程：以越南北部的钢铁产业集群为例"，《比较经济学杂志》37（4），568 – 81。

Nam, V. H., Sonobe, T., and Otsuka, K. (2010) "An Inquiry into the Development Process of Village Industries: The Case of a Knitwear Cluster in Northern Vietnam," Journal of Development Studies, 46 (2), 312 – 30.

武南晃、大冢敬二郎、园部哲史（2009），"探究村产业发展过程：以越南北部针织品群集为例"，《发展研究杂志》46（2），312 – 30。

Otsuka, K., Estudillo, J. P., and Sawada, Y. (2009), Rural Poverty and Income Dynamics in Asia and Africa (London: Routledge).

大冢敬二郎、埃斯图迪略、泽田康之（2009），《亚洲和非洲的农村贫困和收入动态》（伦敦：劳特利奇书局）。

Piore, M. J., and Sabel, C. F. (1984), The Second Industrial Divide: Possibilities for Prosperity (New York: Basic Books).

皮奥里、萨贝尔（1984），《第二次工业鸿沟：繁荣的可能性》（纽约：基础读物出版社）。

Quddus, M., and Rashid, S. (2000), Entrepreneurs and Economic Development: The Remarkable Story of Garment Exports from Bangladesh (Dhaka: University Press Limited).

库多斯、拉希德（2000），《企业家与经济发展：孟加拉国服装出口的非凡故事》（达卡：大学出版社有限公司）

Rabellotti, R. (1995), "Is There an Industrial District Model? Footwear Districts in Italy and Mexico Compared," World Development, 23 (1), 29 –41.

罗伯塔（1995），"是否有一个工业区模式？意大利和墨西哥鞋业区比较研究"，《世界发展》23（1），29–41。

Rabellotti, R. (1999), "Recovery of Mexican Cluster: Devaluation Bonanza or Collective Efficiency," World Development, 27 (9), 1571–85.

罗伯塔（1999），"墨西哥集群的复兴：财富贬值或集体效率？"《世界发展》27（9），1571–85。

Rahman, M. (2004), "Surviving in a Quota Free World: Will Bangladesh Make it?," Dialogue Reports No. 72, Centre for Policy Dialogue.

瑞安汉姆（2004），"无配额的世界的生存：孟加拉国做到了吗？"《对话报告》72期，政策对话中心。

Rahman, M. (2005), "Bangladesh After MFA Phase Out," South Asian Journal, 8 (April-June),

Available at http://www.southasianmedia.net/Magazine/journal/8_phases_ out. htm accessed on August 3, 2007.

瑞安汉姆（2005），"外交部后淘汰的孟加拉国"，《南亚杂志》，8（四月至六月），可访问 http://www.southasianmedia.net/Magazine/journal/8_ phases_ out. htm 2007 年 8 月 3 日。

Ramachandran, V., and Shah, M. K. (1999), "Minority Entrepreneurs and Firm Performance in Sub-Saharan Africa," Journal of Development Studies, 36 (2).

维贾雅德兰、沙阿（1999），"撒哈拉以南非洲少数民族企业家与企业绩效"，《发展研究杂志》36（2）。

Ranis, G., and Stewart, F. (1993), "Rural Nonagricultural Activities in Development," Journal of Development Economics, 40 (1), 75 –101.

拉尼斯、斯图尔特（1993），"发展中国家农村的非农活动"，《发展经济学杂志》40（1），75 – 101。

Rao, D. S. P., Selvanathan, E. A., and Pilat, D. (1995), "Generalized Theil-Tornqvist Indices with Applications to International Comparisons of Prices and Real Output," Review of Economics and Statistics, 77 (2), 352 – 60.

普拉萨德饶、赛瓦纳丹、派拉特（1995），"广义泰尔—奎斯特投入指数与应用对价格的国际比较和实际产出"，《经济学和统计学评论》77（2），352 – 60。

Rhee, Y. W. (1990), "The Catalyst Model of Development: Lessons from Bangladesh's Success with Garment Exports," World Development, 18 (2), 333 – 16.

瑞赫（1990），"发展的催化剂模式：来自孟加拉国服装出口成功的经验"，《世界发展》18（2），333 – 16。

Rivers, D., and Vuong, Q. H. (1988), "Limited Information Estimators and Exogeneity Testsfor SimultaneousProbitModels," Journal of Econometrics, 39 (3), 347 – 66.

瑞赫斯、维奥格（1988），"有限的信息估算和同步概率模型外生性检验"，《计量经济学期刊》39（3），347 – 66。

Romer, P. M. (1986), "Increasing Returns and Long-Run Growth," Journal of Political Economy, 94 (5), 1002 – 37.

罗默（1986），"报酬递增与长期增长"，《政治经济学杂志》94（5），1002 – 37。

Romer, P. M. (1990a), "Are Nonconvexities Important for Understanding Growth?," American Economic Review, 80 (1), 97 – 103.

罗默（1990a），"非凸性对于理解经济增长重要?"《美国经济评论》

80 (1), 97 – 103。

Romer, P. M. (1990b), "Endogenous Technological Change," Journal of Political Economy, 98 (5), S71 – 102.

罗默 (1990b), "内生技术变化",《政治经济学杂志》98 (5), S71 – 102。

Rosen, S. (1982), " Authority, Control, and the Distribution of Earnings," Bell Journal of Economics, 13 (2), 311 – 23.

舍温·罗森 (1982), "权威,控制和收益的分配",《经济学贝尔杂志》13 (2), 311 – 23。

Ruan, and Zhang, X. (2009), "Finance and Cluster-Based Industrial Development in China," Economic Development and Cultural Change, 58 (1), 143 – 64.

阮经天、张晓波 (2009), "金融与基于集群的产业在中国的发展",《经济发展与文化变迁》58 (1), 143 – 64。

Saxena, S. B., and Wiebe, F. (2005), The Phase-out of the Multi-fiber Agreement: policy Options and Opportunities for Asia (San Francisco: Asia Foundation).

赛克森纳和维贝 (2005),《从多纤维协定的退出看亚洲的政策选择及机遇》(旧金山:亚洲基金会)。

Schmitz, H. (1982), "Growth Constraints on Small-Scale Manufacturing in Developing Countries: A Critical Review," World Development, 10 (6), 429 – 50.

施密茨 (1982), "发展中国家小规模制造业的增长约束:批判性回顾",《世界发展》10 (6), 429 – 50。

Schmitz, H. (1995), "Small Shoemakers and Fordist Giants: Tale of a Supercluster," World Development, 23 (1), 9 – 28.

施密茨 (1995) "小鞋匠和福特巨人:超星集团神话",《世界发展》23 (1), 9 – 28。

Schmitz, H. (1999), " Global Competition and Local Cooperation:

Success and Failure in the Sinos Valley, Brazil," World Development, 27 (9), 1627 – 50.

施密茨（1999），"全球竞争与地方合作：巴西西诺斯谷的成功和失败"，《世界发展》27（9），1627 – 50。

Schmitz, H. (ed.) (2004), Local Enterprises in the Global Economy, Issues of Governance and Upgrading (Cheltenham, UK：Edward Elgar).

施密茨等主编（2004），《本土企业在全球经济：治理和升级的问题》（爱德华·埃尔加出版）。

Schmitz, H. (2005), Value Chain AnalysisPolicy Makers and Practitioners (Geneva：International Labor Office).

施密茨（2005），《政策制定者和从业者的价值链分析》（日内瓦，国际劳工局）。

Schmitz, H., and Knorringa, P. (2000), "Learning from Global Buyers," Journal of Development Studies, 37 (2), 177 – 205.

施米茨、克劳瑞盖（2000），"从全球买家学习"，《发展研究杂志》37（2），177 – 205。

Schmitz, H., and Nadvi, K. (1999), "Clustering and Industrialization：Introduction," World Development, 27 (9), 1503 – 14.

施米茨、那韦德（1999），"集群和产业化：导言"，《世界发展》27 (9), 1503 – 14。

Schultz, T. W (1975), "The Value of the Ability to Deal with Disequilibria," Journal of Economics Literature, 13 (3), 827 – 46.

西奥多·舒尔茨（1975），"应对不平衡规律能力的价值"，《经济文献期刊》13 (3), 827 – 46。

Schumpeter, J. A. (1912), The Theory of Economic Development：An Inquiry into Profits, Capital, Interest, and the Business Cycle (London：Oxford University Press).

熊彼特（1912），《经济发展理论：利润，资本，信贷，利息和经济周期》（伦敦：牛津大学出版社）。

Schumpeter, J. A. (1950), Capitalism, Socialism and Democracy (New York: Rand McNally).

熊彼特（1950），《资本主义，社会主义与民主》（纽约：兰德麦克纳利）。

Siddiqi, H. G. A. (2005), The Readymade Garment Industry of Bangladesh (Dhaka: University Press Limited).

西堤堤奇（2005），《孟加拉国的成品衣服装工业》（达卡：大学出版社有限公司）。

Sluwaegen, L., and Goedhuys, M. (2002), "Growth of Firms in Developing Countries: Evidence from Cote d'Ivoire," Journal of Development Economics, 68 (1), 117 – 35.

苏鲁外格、高德惠斯（2002），"发展中国家企业的增长：科特迪瓦的证据"，《发展经济学杂志》68（1），117 – 35。

Smith, R., and Blundell, R. (1986), "An Exogeneity Test for a Simultaneous Equation Tobit Model with an Application to Labor Supply," Econometrics, 54 (3), 679 – 85.

史密斯、布伦德尔（1986），"外生性检验的联立方程 Tobit 模型：劳动力供给的应用"，《计量经济学》54（3），679 – 85。

Sonobe, T., and Briones, R. M. (2001), Role of Urban-Rural Subcontracting in Rural Industrialization: A Case Study of the Export-oriented Garment and Metal Craft Industries in the Philippines, mimeo, Tokyo Metropolitan University.

哲史园部、东史郎（2001），《农村工业化城乡分包的作用：以菲律宾出口型服装和金属工艺产业为例》，东京都立大学。

Sonobe, T., and Otsuka, K. (2006), Cluster-Based Industrial Development: An East Asian Model (New York: Palgrave Macmillan).

哲史园部、大冢敬二郎（2006），《集群为基础的工业发展：东亚模式》（纽约：帕尔格雷夫 麦克米伦出版社）

Sonobe, T,, Hu, D., and Otsuka, K. (2002), "Process of Cluster

Formation in China: A Case Study of a Garment Town," Journal of Development Studies, 39 (1), 117 – 39

园部哲史、大冢敬二郎（2002），"中国集群形成的进程：一个服装城为例"，《发展研究杂志》39（1），117 – 39。

Sonobe, T., Kawakami, M., and Otsuka, K. (2003), "Changing Roles of Innovation andImitation in Industrial Development: The Case of the Machine Tool Industry in Taiwan," Economic Development and Cultural Change, 52 (1), 103 – 28.

园部哲史、桃子川上、大冢敬二郎（2003），"产业发展中不断变化的创新与模仿角色：以台湾机床行业为例"，《经济发展与文化变迁》52（1），103 – 28。

Sonobe, T., Hu, D., and Otsuka, K. (2004), "From Inferior to Superior Products: An Inquiry into the Wenzhou Model of Industrial Development In China," Journal of Comparative Economics, 32 (3), 542 – 63.

园部哲史、胡定环、大冢敬二郎（2004），"从劣到高级产品：探究中国工业发展的温州模式"，《比较经济学杂志》32（3），542 – 63。

Sonobe, T, Hu, D., and Otsuka, K. (2006), "Industrial Development in the Inland Region of China: A Case Study of the Motorcycle Industry," Journal of Comparative Economics, 34 (4), 818 – 38.

园部哲史、胡定环、大冢敬二郎（2006），"中国大陆地区的工业发展：摩托车行业为例"，《比较经济学杂志》34（4），818 – 38。

Sonobe, T. Akoten, J. E., and Otsuka, K. (2009), "An Exploration into the Successful Development of the Leather-Shoe Industry in Ethiopia," Review of Development Economics, 13 (4), 719 – 36.

园部哲史、阿克特和大冢敬二郎（2009），"在埃塞俄比亚皮鞋产业成功探究"，《发展经济学评论》13（4），719 – 36。

Sonobe, T., Akoten, J. E., and Otsuka, K. (2010, forthcoming), "The Growth Process of Informal Enterprises in Sub-Saharan Africa: A Case

Study of a Metalworking Cluster in Nairobi," Small Business Economics.

园部哲史、阿克特、大冢敬二郎 (2010)，"非洲撒哈拉以南地区正规企业发展历程：内罗毕金属加工集群的案例研究"，《小商业经济》。

Stigler, G. J. (1951), "The Division of Labor is Limited by the Extent of the Market," Journal of Political Economy, 59 (3), 185 – 93.

乔治·斯蒂格勒 (1951)，"市场延展制约劳动分工"，《政治经济学》59 (3)，185 – 93。

Stokke, H. E. (2008), "Productivity Growth and Organizational Learning," Review of Development Economics," 12 (4), 764 – 78.

斯特克 (2008)，"生产率增长与组织学习"，《发展经济学评论》12 (4)，764 – 78。

Syverson, C. (2010, forthcoming), "What determines productivity?," Journal of Economic Literature.

斯维尔松 (2010) "什么决定生产力?"，《经济文献杂志》。

Tewari, M. (1999) "Successful Adjustment in Indian Industry：The Case of Ludhiana's Woolen Knitwear Cluster," World Development, 27 (9), 1651 – 71.

特瓦里 (1999)，"印度工业的成功调整：以卢迪亚纳的毛织集群为例"，《世界发展》27 (9)，1651 – 71。

Tybout, J. R. (2000), "Manufacturing Firms in Developing Countries：How Well Do They Do, and Why?," Journal of Economic Literature, 38 (1), 11 – 44.

体波特 (2000)，"发展中国家的制造业企业：他们做的有多好，为什么?"，《经济文献杂志》38 (1)，11 – 44。

United Nations Industrial Development Organization (UNIDO) (2006), Diagnostic Report of Electrical Fittings Cluster Sargodha (Islamabad：UNIDO).

联合国工业和发展组织 (UNIDO) (2006)，《萨果达地区电器配件集群的诊断报告》(伊斯兰堡：联合国工业和发展组织)。

United States International Trade Commission（USITC）（2007），Sub-Saharan Africa：Factors Affecting Trade Patterns of Selected Industries：First Annual Report（Washington DC：USITC）

美国国际贸易委员会（USITC）（2007），撒哈拉以南非洲：特定行业贸易模式的影响因素：首份年报（华盛顿特区：美国国际贸易委员会）。

Viet Law（2005）available at http：//www. luatvietnam. vn.

越南法（2005）可访问 http：//www. luatvietnam. vn。

Vietnam, General Statistics Office（2005），available at http：//www. gso. gov. vn accessed on September 25, 2007

越南统计总局（2005），可访问 http：//www. gso. gov. vn 2007 年 9 月 25 日。

Villoria, N. B.（2009），"China and the Manufacturing Terms-of-Trade of African Exporters," Journal of African Economies, 18（5），781 – 823.

尼尔森（2009），"中国与非洲制造业出口商的贸易条款"，《非洲经济杂志》18（5），781 – 823。

Walker, F. A.（1887），"The Source of Business Profits," Quarterly Journal of Economics, 1（3），265 – 88.

沃克尔（1887），"商业利润的来源"，《经济学季刊》1（3），265 – 88。

Weijland, H.（1999），"Microenterprise Clusters in Rural Indonesia：Industrial Seedbed and Policy Target," World Development, 27（9），1515 – 30.

韦迪兰德（1999），"印尼农村微型企业集群：工业苗床和政策目标"，《世界发展》27（9），1515 – 30。

Williamson, O. E.（1985），The Economic Institutions of Capitalism：Firms, Markets, Relational Contracting（New York：Free Press）.

奥利弗·E. 威廉姆森（1985），《资本主义的经济制度：公司、市场与关系合同》（纽约：自由出版社）。

Wooldridge, J. M. （2001）, "Applications of Generalized Method of Moments Estimation," Journal of Economic Perspective, 15 （4）, 87 - 100.

杰弗里·伍尔德里奇（2001）, "矩估计广义方法的应用", 《经济展望杂志》15 （4）, 87 - 100。

Wooldridge, J. M. （2002）, Econometric Analysis of Cross Section and Panel Data（Cambridge: MIT press）.

杰弗里·伍尔德里奇（2002）, 《横截面和面板数据》（剑桥: 麻省理工学院出版社）。

World Trade OrganizationWorld （WTO） （2007）, International Trade Statistics, available at http: //www. wto. org/ english/res_ e/statis_ e/statis _ e. htm accessed on August23, 2007

世界贸易组织（WTO）（2007）, 《国际贸易统计》, 可访问 http: // www. wto. org/ english/res_ e/statis_ e/statis_ e. htm2007 年 8 月 23 日。

Yamamura, E., Sonobe, T., and Otsuka, K. （2003）, "Human Capital, Cluster Formation, and International Relocation: The Case of the Garment Industry in Japan, 1968 - 98," Journal of Economic Geography, 3 （1）, 37 - 56.

颖儿山村、哲史园部和大冢敬二郎（2003）, "人力资本, 集群的形成和国际迁移: 以日本服装业为例, 1968 年至 1998 年", 《经济地理杂志》3 （1）, 37 - 56。

Zafar, A. （2007）, "The Growing Relatonship between China and Sub-Saharan Africa: Macroeconomic, Trade, Investment, and Aid Links," World Bank Research Observer, 22 （1）, 103 - 130.

扎法尔（2007）, "中国和非洲撒哈拉以南地区之间日益增长的关系: 宏观经济、贸易、投资和援助链接", 《世界银行研究观察家》22 （1）, 103 - 130。

作者索引

主题索引

（索引所标页码为原书页码，见正文页边。）

Addis Ababa 亚的斯亚贝巴（埃塞俄比亚首都） 7，110，148 - 150，156 - 158，160，166 - 167，196，201 - 202，208，214，224，226，234，237，242，249

adverse selection 逆向选择 2，220，236

agglomeration 集聚 100，146，150，237，246；economies 集聚经济 150，237；也参见 localization economies；urbanization economies

AGOA（African Growth and Opportunity Act）非洲的增长与机会法案 195 - 196，198，201

assemblers 装配工 1，6，224

assembling 装配 125，127

backward linkages 后向联系 18

Bangladesh 孟加拉国 7，11，25，29，171 - 184，187 - 189，191 - 193，195 - 197，203，208，217，219，224 - 225，228 - 233，234，242 - 243，245，247 - 251

blood sibling 血亲兄妹 66 - 67，72，77，80 - 82，85 - 87，89，91 - 92

brand names 品牌、商标 5，125，126，151，197；establibhed 建立品牌 152；establishment of 品牌的确立 6

China 中国 3 - 4，8 - 9，16，20 - 21，25 - 26，43，48，55，60，65 - 68，70，94，99，102，122，124 - 145，128 - 130，132，146 - 147，

111，113，115 – 116，159，224，226，230，234 – 235，240，248；industry　金属制品产业　95，229，250

MFA（Multi-Fiber Arrangement）　多种纤维协定　173，175，195，248，250

micro and small enterprise　（MSE）小微型企业　10，39，245 – 246，249

mini-manufacturer　小型制造商　40 – 41，45 – 47，50，60，238，245

moral hazard　道德风险　220，240

motorcycle industry　摩托车产业　251；in Chongqing　重庆的摩托车产业；in Japan　日本的摩托车产业　222

multifaceted innovation　多方位的创新　7 – 10，15，65，76，94 – 95，212 – 122，128，131 – 132，146 – 147，151 – 152，168，171，221，226 – 229，231，233

Nairobl　内罗毕（肯尼亚首都）　7，9，39 – 44，50，54，56，58，65，96 – 97，106，117，147，149 – 150，224 – 226，228，230，232，234 – 235，237，240，246，248 – 249，251

new entry　新的进入　156，158，165，179，241

occupational backgrounds　职业背景　97，102 – 103，149，157，179

outsourcing　外购　130，197

Pakistan　巴基斯坦　7，9，10，72，121，123 – 124，126 – 127，129 – 130，132，134 – 136，140 – 142，144 – 145，149，168，225 – 226，228，230，232，241，246，249 – 250

Parts suppliers　零配件供应商　1，3，6，99，101，112，224，233，240

personal tie　私人关系　25，28，29，133；也参见 family tie and kinship　家庭关系和亲属

petty trader　小型贸易商、小商人　10，39，45，70，230，238

Philippines　菲律宾　59，197，248，251